POW

जिसने कश्मीर को बचाया

शेर बच्चा ब्रिगेडियर प्रीतम सिंह, एम सी की गुमनाम गाथा

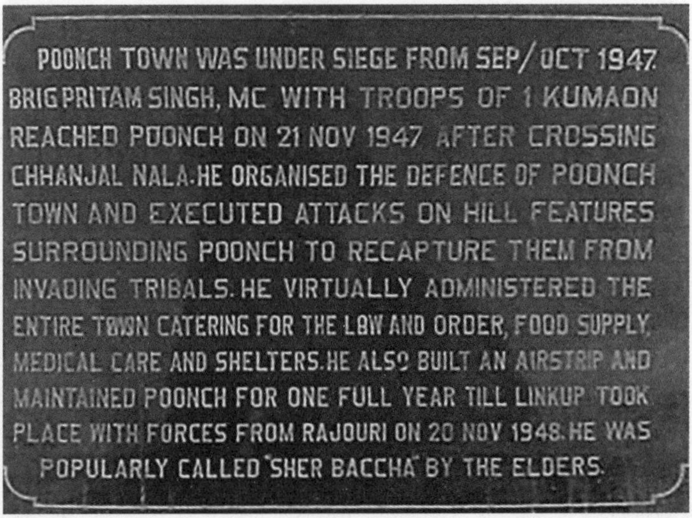

पुंछ शहर में एक शिलालेख

POW
जिसने कश्मीर को बचाया

शेर बच्चा ब्रिगेडियर प्रीतम सिंह, एम सी की गुमनाम गाथा

ब्रिगेडियर जसबीर सिंह, एस एम
और पंकज पी सिंह

THE BROWSER | FAUJI DAYS

Title: POW जिसने कश्मीर को बचाया
शेर बच्चा ब्रिगेडियर प्रीतम सिंह, एम सी की गुमनाम गाथा
Author: ब्रिगेडियर जसबीर सिंह, एस एम और पंकज पी सिंह

ISBN: 978-93-92210-38-9
Edition: 1

Published by:
JGS Enterprises Pvt Ltd
Imprint: The Browser

Publisher's Address:
SCO 14-15, FF, Sector 8-C, Chandigarh 160 009

Website: www.thebrowser.org
Email: service@thebrowser.org

This edition published by The Browser in 2024
Printed in India

THE BROWSER | FAUJI DAYS

www.thebrowser.org
Publishers & Booksellers

www.faujidays.com
Oral History and Military Publishing

विषयसूची

भूमिका

पंद्रह साल पहले, मैं देहरादून के क्लेमेंट टाउन में अपने पिता के साथ एक सुनसान परेड ग्राउंड पर खड़ा था। आस-पास कुछ खस्ता हालत बैरक थे जिनमें दूसरे विश्व युद्ध के दौरान इतालवी युद्धबंदी रखे गए थे और जो बाद में राष्ट्रीय सुरक्षा अकादमी की पूर्ववर्ती संस्था संयुक्त सेना विंग के प्रथम बैचों के प्रशिक्षण केंद्र बने। मेरे पिता मेजर जनरल अशोक कल्याण वर्मा को रिटायर हुए दस साल हो चुके थे। वह 8 जेएसडब्ल्यू से थे, जहाँ से वो 1955 में भारतीय सैन्य अकादमी (आईएमए) में चले गए थे।

मेरे पिता अपने स्वभाव के विपरीत काफी शांत लग रहे थे, उनके दिमाग में कीलों वाले जूतों और अपने पुराने उस्तादों की आवाजें गूँज रही थीं। रोशनी मंद पड़ रही थी और गहन होते अंधेरे में मैंने उनसे पूछ ही लिया, 'आपने सेना में शामिल होने का फैसला कब किया था?' उन्होंने उसी क्षण जवाब दिया, '1948 में। मैंने बिड़ला मंदिर (नैनीताल... जहां वह पहले हेड बॉय बने) में दाखिला लिया ही था और एक दिन स्कूल असेंबली में प्रिंसिपल ने घोषणा की कि भारतीय वायु सेना ने सुबह-सुबह पुंछ में 25-पाउंडर्स लड़ाकू जहाज उतारे। शहर महीनों से घेराबंदी में था और ब्रिगेडियर प्रीतम सिंह के नेतृत्व में आत्म-रक्षा के लिए संघर्ष कर रहा था। सभी बच्चे उत्साहित थे... कुछ भय के कारण रो रहे थे, क्योंकि ऑल इंडिया रेडियो के माध्यम से हम सभी घटनाओं के प्रति जागरूक थे... इससे मेरे मन मस्तिष्क पर एक बिजली कौंध गई... मुझे उसी क्षण आभास हुआ कि मैं सेना के लिए ही बना हूँ। यह आभास बिल्कुल स्पष्ट था।

पुंछ... झंगर... नौशेरा... 50 पैराशूट ब्रिगेड... बाबा मेहर सिंह... ब्रिगेडियर प्रीतम सिंह... यह सब मेरे दिमाग में इस तरह से बसे हुए थे जैसे मैंने खुद उन सब को देखा हो। मैंने पहले अपने पिता से उनकी कहानियाँ सुनी हुई थीं और बाद में, इन विषयों पर जो भी जानकारी मिल सकती थी, उसे ढूँढ-ढूँढ कर हासिल किया था। बोगी सेन की 'स्लेंडर वाज़ द थ्रेड' और एरिक वास की 'विदाउट बैगेज' तो मेरी साथी ही बन गईं। ऐसे ही रक्षा मंत्रालय की एक किताब 'ऑफिशियल हिस्ट्री ऑफ द जे एंड के ऑपरेशन्स' थी जो कि एसएन प्रसाद

ने लिखी थी। यह एक शानदार किताब है जिसमें आज़ादी के तुरंत बाद हुई लड़ाइयों को बहुत सावधानीपूर्वक दर्ज किया गया है।

1995 में मैं भारतीय सेना के इतिहास पर एक फिल्म बना रहा था, जो ज्यादातर जम्मू और कश्मीर की घटनाओं पर केंद्रित थी। कुछ ही समय बाद हमारा ध्यान पुंछ पर केंद्रित हो गया। हमारा काम 1948 की शुरुआत के संवेदनशील महीनों के दौरान हुई कुछ घटनाओं का पुनः सृजन करना था।भारत में सैन्य इतिहास के प्रति निठुराई एवं उदासीनता के कारण, हमारे पास घटनाओं के विषय में बहुत कम जानकारी थी, ऐसे में इसमें शामिल प्रमुख लोगों के बारे में जानकारी मिलना और भी ज्यादा मुश्किल था। हालांकि, जब भी हम उस मुश्किल और भयानक दौर से गुज़र चुके स्थानीय पुंछ वासियों से बात करते थे तो ब्रिगेडियर प्रीतम सिंह का नाम कहीं न कहीं से सामने आ ही जाता था। ये इंटरनेट के जमाने से पहले के दिन थे और मैंने इस अद्भुत व्यक्ति के बारे में और जानकारी जुटाने के जितने भी प्रयास किए वे व्यर्थ ही रहे। सालों बाद मेरी मुलाकात मेजर जनरल (बाद में लेफ्टिनेंट जनरल) खोंसोम हिमालय सिंह से हुई जो राजौरी स्थित 25 इन्फैंट्री डिवीजन की कमान संभाल रहे थे। उन्होंने मुझे बताया कि सेना ने 'पुंछ के रक्षक' की एक पेंटिंग बनवाई है। मैं तुरंत के एच सिंह के साथ डिविजनल म्यूज़ीयम के लिए निकला और प्रीतम सिंह की शानदार पेंटिंग की फोटो खिंचवाई, जिन्होंने न केवल पुंछ घाटी को मुश्किल हालातों में बचाया बल्कि लोगों का मनोबल भी ऊंचा उठाए रखा। घेराबंदी करने वाले मोर्चे के लिए भोजन का प्रबंध करने वाली छापामार पार्टियों का भी पटकथा में उल्लेख किया गया और मैंने बतर नाला, जो पाकिस्तानियों के लिए चिंता का विषय रहा था, के आस-पास के दृश्यों को भी फिल्माया। उस शाम के रेडियो इंटरसेप्ट से मिली सूचना को सुन कर हम दोनों हंस-हंस कर लोटपोट हो रहे थे क्योंकि स्थानीय पाकिस्तानी पोस्ट हमारी छोटी सी फिल्म की शूटिंग को 'बड़े सैन्य जमघट' के रूप में रिपोर्ट कर रहे थे। रेडियो पाकिस्तान ने भी अपनी उर्दू खबरों में घोषणा कर दी थी कि पुंछ सेक्टर में भारतीय सेना द्वारा कोई महत्वपूर्ण कार्रवाई की जा रही है... पर उन्होंने ने यह नहीं बताया कि वास्तव हो क्या रहा था।

आज़ादी के बाद भारत के प्रथम युद्ध में ब्रिगेडियर प्रीतम के योगदान को भलि-भाँति समझना आवश्यक है। 1 कुमाऊं, 1 सिख और 4 कुमाऊं अक्टूबर 1947 के आख़िर में घाटी में एयरलिफ्ट की जाने वाली पहली बाटलियनें थीं। शालतेंग की लड़ाई एक विशाल सेना के खिलाफ कुछ मुट्ठी भर सैनिकों द्वारा लड़ी गई थी। इस लड़ाई ने श्रीनगर की ओर बढ़ रहे कबाइली लश्कर की कमर तोड़ दी थी। 1 कुमाऊं के कमांडिंग अफसर के रूप में, प्रीतम सिंह को उरी से हैदराबाद नाले के साथ जाने और पुंछ स्थित राज्य सुरक्षा बलों के साथ ज़ुड़ने के लिए कहा गया था। चौतरफ़ा ऊँची पहाड़ियों पर पाकिस्तानी सेना का पूरी तरह से कब्जा

था और अगर यह कदम नहीं भी उठाया गया होता तो भी कोई आपत्ति नहीं उठाता, क्योंकि हाजी पीर के रास्ते से उरी को पुंछ से जोड़ने वाले इलाके की रक्षा दुश्मन के लिए बहुत आसान थी। इसके बावजूद 1 कुमाऊं ने जिस साहस और दृढ़ता का प्रदर्शन किया वह उनके कमांडिंग ऑफिसर के सफल नेतृत्व का परिचय देता है।

किताब में इसके बाद साल भर की घेराबंदी का भी वर्णन किया गया है। घेराबंदी को सम्मान से देखा जाना चाहिए। यह स्मरणीय है कि अगर प्रीतम ने साहस से काम नहीं लिया होता तो न केवल पुंछ बल्कि श्रीनगर की भी किस्मत मीरपुर से सौ गुना खराब होती जहाँ 400 महिलाएं खुद को कबाइलियों से बचाने के लिए कुएँ में कूद गई थीं।

गंदी राजनीति की वजह से न केवल प्रीतम सिंह का नाम बदनाम किया गया, बल्कि ग्रुप कैप्टन 'बाबा' मेहर सिंह जैसे लोगों को भी स्वार्थी लोगों ने नहीं बख्शा। अब, लगभग साढ़े सात दशकों के बाद, शायद समय आ गया है कि भारत इतिहास के इस घोर अन्याय पर गौर करे और एक बहादुर सपूत की दृढ़ता एवं कर्त्तव्य परायणता के लिए उसे सम्मानित करे। प्रीतम सिंह को निर्दोष साबित करने के लिए इस किताब के बहुत से अंश मोंटी पालित के रिकार्ड से लिए गए हैं और मैंने अपनी पुस्तकों के लिए शोध करते समय इस विषय पर उनसे लंबी बातचीत की है। सबसे महत्वपूर्ण बात यह है कि उस पीढ़ी के पुंछ के लोग जो प्रीतम सिंह के संपर्क में आये थे, वे उन्हें 'शेर बच्चा' के नाम से बुलाते थे। कहते हैं कि सम्मान खरीदा नहीं जा सकता, इसे केवल कमाया जा सकता है। ब्रिगेडियर प्रीतम सिंह के बारे में एक बात समझने की ज़रूरत है कि वह एक सच्चे सैनिक थे।

यह पुस्तक बहुत पहले लिखी जानी चहिए थी। लेकिन प्रसिद्ध कहावत है कि अन्याय से देरी भली। अब समय आ गया है कि भारत न केवल उस व्यक्ति की बहादुरी के लिए उसे सम्मानित करे बल्कि उसकी कहानी लोक कथाओं का हिस्सा बन जाए। 1948 में मेरे पिता और उनकी पीढ़ी पर इसका गहरा प्रभाव पड़ा था और यह कहानी आज की पीढ़ी के लिए भी उतनी ही प्रेरक साबित होगी।

शिव कुणाल वर्मा
नवंबर 2019
गुडगाँव

लेखक की टिप्पणी
—ब्रिगेडियर जसबीर सिंह, एस एम

> सैनिकों को युद्ध में आदेश देने के लिए नायक की आवश्यकता नहीं होती। नायक उन लोगों में से ही एक होता है जो युद्ध में जाते हैं।
>
> *—जनरल नॉर्मन श्वार्जकोफ*

यह किताब भारतीय सेना के एक बहादुर सैनिक—ब्रिगेडियर प्रीतम सिंह, एमसी की देशभक्ति और साहस की गाथा को याद करती है।

प्रीतम सिंह के साहसिक कारनामों ने जम्मू और कश्मीर के इतिहास को बहुत प्रभावित किया है। इसी वजह से उन्हें पुंछ के 'शेर बच्चा' का सम्मानजनक खिताब मिला है। महान् सैन्य और नेतृत्व गुणों से सम्पन्न वे एक ऐसे असाधारण व्यक्ति थे जिन्होंने अन्य बहादुर सैनिकों को अपनी तरफ आकर्षित किया। उन्होंने द्वितीय विश्व युद्ध और 1947-48 के प्रथम कश्मीर युद्ध में फैले अपने सैन्य करियर के दौरान बहादुरी के अविश्वसनीय काम किए।

दूसरे विश्व युद्ध में सिंगापुर की लड़ाई में प्रीतम सिंह एक जापानी हवाई हमले में गंभीर रूप से घायल हो गए थे और उनकी जान बहुत से मुश्किल बची थी। उन्हें जापानियों द्वारा बंदी बना लिया गया था और फिर सिंगापुर में एक युद्ध-बंदी (POW) शिविर में फेंक दिया गया था। प्रीतम सिंह भारतीय सेना के दो अन्य अधिकारियों—कप्तान बलबीर सिंह और जीएस परब के साथ वहां से फरार हो गए। तीनों एक दहलाने वाली और लंबी यात्रा के बाद, मलाया, थाईलैंड और बर्मा की दुश्मन के कब्जे वाली भूमि से गुजरते हुए भारत पहुंचे थे।

सक्रिय सेवा में वापस आने के बाद प्रीतम सिंह ने पैराशूट विंग्स की निपुणता हासिल करने के लिए प्रशिक्षण लिया और 30 अक्टूबर 1947 को 1 कुमाऊं (पैरा) की कमान संभाली। अगली ही सुबह उन्होंने अपनी यूनिट के साथ कबाइली हमलावरों और उनके साथ शामिल पाकिस्तानी सेना से लड़ने के लिए श्रीनगर के लिए उड़ान भरी। उन्होंने मोर्चे से अपने सैनिकों

का नेतृत्व करते हुए दुश्मन को लगभग नष्ट कर दिया और बाकी बचे हमलावरों को मैदान से भागने पर मजबूर कर दिया। यह एक महत्वपूर्ण लड़ाई थी जिसने कश्मीर के इतिहास को बदल दिया। 1 कुमाऊं (पैरा) ने भागते हुए कबाइली हमलावरों का उरी तक पीछा किया। वहां पहुंच कर उन्हें पता चला कि पुंछ पर हमला हो रहा है और शहर पर कबाइली लश्करों का कब्ज़ा की संभावना है। प्रीतम सिंह को आदेश मिला कि अपना रास्ता बदल कर हाजी पीर के रास्ते जल्दी से पुंछ पहुँचने के लिए आगे बढें।

हालांकि दुश्मन ने प्रीतम सिंह की यूनिट पर घात लगाकर हमला किया और उरी से पुंछ के रास्ते में एक महत्वपूर्ण लकड़ी के पुल में आग लगाकर उन्हें रोकने की कोशिश की, लेकिन वे इस तरह आगे बढ़ते रहे जैसे उन पर किसी भूत-प्रेत का साया हो। वह जानते थे कि अगर हमलावरों ने बस्ती में प्रवेश किया तो पुंछ के लोगों पर भयानक अत्याचार होंगे। बारामूला के असहाय लोगों और वहां के स्थानीय कान्वेंट और अस्पताल की भिक्षुणियों पर की गई क्रूरता की यादें उनके दिमाग में अभी भी ताजा थीं जो उन्हें और उनके साथ बाकी सैनिकों को प्रेरित कर रहीं थीं। सौभाग्य से वे नागरिक आबादी को हमलावरों से बचाने के लिए समय पर पुंछ पहुंच गए। पाकिस्तान के कबाइली लश्कर पुंछ के आसपास की पहाड़ियों पर पहले से ही तैनात थे जो किसी भी समय शहर पर हमला कर सकते थे।

जब प्रीतम सिंह ने शहर में प्रवेश किया, तो उन्होंने देखा कि संकटग्रस्त शहर की रक्षा कर रहीं जम्मू-कश्मीर स्टेट फोर्स की दो बटालियन कबाइली लश्करों के हमलों के कारण पीछे हटने की तैयारी कर रहीं थीं। प्रीतम ने राज्य सुरक्षा बलों की इकाइयों को पुंछ छोड़ने से रोका और उन्हें लड़ने के लिए प्रेरित किया।

वह पूरे एक साल तक घिरे रहे और इस दौरान बार-बार कबाइली हमलावरों को हराया और उन्हें शहर के पास फटकने नहीं दिया। यह पुंछ की ऐतिहासिक रक्षा थी। 6 दिसंबर 1947 को उन्होंने 1 कुमाऊं (पैरा) की कमान अपने सेकेंड-इन-कमांड लेफ्टिनेंट कर्नल धरम सिंह को सौंप दी। उन्हें ब्रिगेडियर बना दिया गया और उन्होंने पुंछ में शहर की रक्षक सेना दल (गैरीसन) की कमान संभाली।

पुंछ में घेराबंदी के दौरान हमलावर दुश्मन को पीछे हटाने के प्रीतम सिंह के कारनामे आधुनिक सैन्य इतिहास में सम्मान की जगह पाने के हकदार हैं। साल भर की घेराबंदी के दौरान उन्होंने बार-बार हमलावरों पर हमले किये और भारत के लिए पुंछ और उसके आसपास के ऊंचे इलाकों को सुरक्षित किया। एक बार जब वह गंभीर रूप से घायल हो गए तो कुछ लोगों ने तो यहां तक मान लिया कि उनकी मृत्यु हो गई है। लेकिन वह चामत्कारिक रूप से बच गए और बहादुरी से लड़ाई जारी रखी।

उन्होंने हमलावरों को हराने के बाद ब्रिगेडियर यदुनाथ सिंह के माध्यम से भारतीय सेना के साथ संपर्क करने का प्रयास किया जो कि जम्मू से निकल चुके थे। पहला प्रयास विफल रहा, लेकिन दूसरा सफल रहा।

हालांकि पुंछ अब सुरक्षित था, लेकिन दुख की बात है कि घटनाओं ने इस जीत के नायक के लिए एक अप्रत्याशित मोड़ ले लिया। प्रीतम सिंह को मामूली प्रशासनिक उल्लंघनों के लिए बहिष्कृत किया गया, बदनाम किया गया और पुंछ में ब्रिगेड की कमान से हटा दिया गया। दुखद हालात यहीं खत्म नहीं हुए और उनके पदक भी जब्त कर लिए गए। हालांकि अकृतज्ञ अधिकारी अपने पूरे प्रयासों के बावजूद ब्रिटिश सरकार द्वारा प्रदान किए गए मिलिट्री क्रॉस और द्वितीय विश्व युद्ध के पदकों को जब्त नहीं कर सके। पेशेवर ईर्ष्या के कारण भी प्रीतम सिंह के साहसिक कार्यों को जल्दी ही भुला दिया गया।

पुंछ को भारत के लिए बचाने की बहादुरी के बावजूद उन्हें सम्मान नहीं मिला। काव्य विशेषण कहता है:

संकट से टकराते हुए, देख युद्ध के बादल मंडराते हुए,
अंधकार के नाश को, वीर अपना सिर उठाते हैं,
पर संकट के विनाश पर, हालातों के ठहराव पर,
वीर भुला दिए जाते हैं और शायद डिगा दिए जाते हैं।

अपने आखिरी दिनों में ब्रिगेडियर प्रीतम सिंह, एमसी, कहते थे:

> "कभी-कभी गंभीर संदेह मुझ मुझे घेर लेते हैं, क्या यह बेहतर होता कि हम राज्य सुरक्षा बलों की चौकी को पुंछ से पीछे हटने देते और उस मुश्किल लड़ाई को लड़ने के बजाए उनके पीछे चले जाते। लेकिन, मैं दृढ़ विश्वास के साथ इस संदेह को नकारता हूँ कि मैंने भारत के लिए अपना कर्तव्य नहीं निभाया और एक दिन सच्चाई सबके सामने आएगी।"

भारतीय सेना और भारत के लिए उनके सभी उत्कृष्ट कार्यों के बावजूद उनके साथ बहुत ही अनुचित व्यवहार किया गया।

मुझे आशा है कि इस किताब को पढ़कर पाठक इस बात से सहमत होंगे कि ब्रिगेडियर प्रीतम सिंह, एम सी उनकी बहादुरी के लिए सम्मान मिलना चाहिऐ। न्याय की जीत के लिए मरणोपरांत उनके मामले की समीक्षा की जानी चाहिए। भारत के इस भूले हुए नायक की मृत्यु कुछ साल पहले पंजाब के ग्रामीण इलाके में हुई। हमारे ऊपर इस बहादुर सैनिक की स्मृति को आने वाली पीढ़ियों के लिए तत्काल पुनर्जीवित करने की जिम्मेदारी है।

मुझे आशा है कि इस किताब को पढ़कर पाठक इस बात से सहमत होंगे कि ब्रिगेडियर प्रीतम सिंह, एम सी उनकी बहादुरी के लिए सम्मान मिलना चाहिऐ। न्याय की जीत के लिए मरणोपरांत उनके मामले की समीक्षा की जानी चाहिए। भारत के इस भूले हुए नायक की मृत्यु कुछ साल पहले पंजाब के ग्रामीण इलाके में हुई। हमारे ऊपर इस बहादुर सैनिक की स्मृति को आने वाली पीढ़ियों के लिए तत्काल पुनर्जीवित करने की जिम्मेदारी है।

कप्तान (बाद में ब्रिगेडियर)
प्रीतम सिंह, एम सी

कप्तान (बाद में ब्रिगेडियर)
बलबीर सिंह, एम सी

कप्तान (बाद में ब्रिगेडियर)
जीएस परब, एम सी

किताब का पहला भाग सिंगापुर में एक जापानी युद्धबंदी शिविर से प्रीतम, बलबीर और परब द्वारा साहसी तरीके से फरार होने की ऐसी कहानी बताता है जिसके बारे में बहुत कम लोग जानते हैं। वह दुश्मन के इलाके में लगभग छह महीने तक पैदल, हाथियों, रेल, बस, नाव और अंत में हवाई मार्ग से यात्रा करते हुए भारत पहुंचे।

इस थका देने वाली यात्रा में वे युद्ध से तबाह मलाया, थाईलैंड और बर्मा के कुछ हिस्सों से गुजरे। इस दौरान तीनों अधिकारियों ने बहुत से रोमांचों और कठिनाइयों का अनुभव किया जिन्हें उन्होंने साहस और दृढ़ता के साथ सहन किया। जापानियों ने दो बार उनको वापस पकड़ लिया था। मोनीवा में जापानी कब्ज़े के बाद उन्हें शारीरिक रूप से प्रताड़ित किया गया और बहुत कड़ाई से पूछताछ की गई। केम्पेताई या जापानी सैन्य पुलिस के हाथों तीव्र यातना के बावजूद उन्होंने अपने बंदीकर्ताओं को यकीन दिला दिया कि वे निर्दोष नागरिक थे जो युद्ध से विस्थापित हो गए थे। केम्पेताई ने उनकी कहानी पर विश्वास किया और उन्हें रिहा कर दिया।

मोनीवा में जापानी क्रूरता के अपने अनुभव के बाद समूह विभाजित हो गया क्योंकि उन्हें एहसास हो गया था कि तीन व्यक्तियों का एक समूह कभी भी पकड़ा जा सकता था। दुश्मन के गश्ती दल ने उत्तरी बर्मा में बलबीर और परब को दूसरी बार पकड़ लिया। दुश्मन के खेमे में ले जाते समय वे घने जंगल में भागने में सफल रहे। कैप्टन प्रीतम सिंह मणिपुर में तमू के रास्ते भारत आए। बाकी दो उत्तर में माइतकीना से निकल गए और ऊपरी बर्मा में काचिन

स्काउट्स के गश्ती दल के संपर्क में आए। उन्हें सम्प्रबम (बर्मा) से तिनसुकिया (भारत) के लिए हवाई मार्ग से भेजा गया था।

तीनों अधिकारियों ने बाद में स्वतंत्र भारत की सेना में सेवा जारी रखी और शानदार जीवन व्यतीत किया। दुख की बात है कि उनमें से कोई भी आज जीवित नहीं है, लेकिन उनके इस साहसिक कार्य ने कई लोगों के जीवन को प्रभावित किया है और अक्सर इसे धैर्य और दृढ़ संकल्प की एक महान गाथा के रूप में याद किया जाता है।

1988 में जापानी कैद से फरार होने के लगभग आधी सदी के बाद बलबीर दोबारा उन्हीं जगहों पर गए और उन सभी लोगों से मिले जिन्होंने उनकी मदद की थी। उनमें से बहुत से बहादुर लोग, जिन्होंने इतनी उदारता से धन, शरण और कभी-कभी महत्वपूर्ण जानकारी के साथ उनकी मदद की थी, उनकी मौत हो चुकी थी। हालांकि, बलबीर ने उनके बच्चों और रिश्तेदारों से मुलाकात की और उनका धन्यवाद किया।

विशेष रूप से प्रभावित करने वाली मुलाकात पठान पशु तस्कर ज़मान खान की बेटी के साथ थी जो थाईलैंड के पूर्वी तट पर प्राचु-अब-खिरिकान में अपनी थाई पत्नी के साथ रहता था। वह एक मांस की दुकान चलाता था। उसने तीनों फरार अधिकारियों को बर्मा जाने में मदद की थी। हालांकि खान ज़मान और उनकी पत्नी दोनों का निधन हो गया था, उनकी बेटी, जो मई 1942 में एक चुलबुली छोटी बच्ची थी, ने बलबीर के साथ लम्बी बातचीत की।

बलबीर को देख कर वह बहुत अच्छा महसूस कर रही थी और उसने बताया कि उनके जाने के तुरंत बाद कुछ थाई पुलिसकर्मियों के साथ एक जापानी गश्ती दल प्राचु-अब-खिरिकान आया था। जापानियों ने निवासियों को इकट्ठा किया और घोषणा की कि अलाइड सेना के फरार हुए तीन अधिकारियों को फिर से पकड़ गोली मार दी गई थी। उन्होंने लोगों को चेतावनी दी थी कि यदि उन्होंने जापानी हिरासत से फरार किसी भी कैदी की मदद की तो इसके गंभीर नतीजे होंगे। जापानी घोषणा ने उसके माता-पिता दोनों को बहुत दुखी किया था। वो अक्सर उनके फरार होने और उनकी सिंगापुर से लंबी साहसिक यात्रा के बारे में बात करते थे।

मैं अपने पिता के जीवनकाल में पूरे प्रकरण का केवल कुछ हिस्सा ही जान सका, क्योंकि उन्होंने शायद ही कभी अपने महान साहसिक कार्य के बारे में बात की हो। हालांकि उन्होंने कुमाऊं रेजीमेंट के जर्नल में इसके बारे में कुछ लेख लिखे थे। अपने पिता के फरार होने के दुर्लभ विवरणों को ध्यान से सुनने और उनके लेखों को पढ़कर मैं इस अविश्वसनीय कहानी को पूरी तरह समझने में कामयाब रहा।

कर्नल जी एस परब ने भी इस यात्रा का संक्षिप्त विवरण लिखा था। जब मैंने अपने पिता के साथ कर्नल जीएस परब द्वारा लिखे गए रोमांचक लेख पर चर्चा की तो उन्होंने भारत की अपनी यात्रा के कुछ और दिलचस्प किस्से सुनाए।

1976 में 4 कुमाऊं में कमीशन प्राप्त करने के कुछ सालों के बाद, मैं सिंगापुर, मलेशिया और थाईलैंड गया और आम तौर पर उस मार्ग से यात्रा की जिससे वे फरार हुए थे। अपनी यात्रा के दौरान मैंने महत्वपूर्ण जानकारी हासिल की और इस महान साहसिक कार्य को करीब से महसूस किया।

मैं 4 कुमाऊं (1978 से 1981) के कमांडिंग ऑफिसर कर्नल नरेंद्र सिंह को तहेदिल से धन्यवाद देता हूं। उन्होंने 2007 में लंदन, यूके से तीनों पलायन कर्ताओं की पूछताछ रिपोर्ट [सीएसडीआईसी (भारत), लाल किला, दिल्ली, (नंबर 2 खंड) रिपोर्ट नंबर 16, दिनांक 2 नवंबर, 1942)] की एक कॉपी प्राप्त की। रिपोर्ट में ऐतिहासिक डेटा और पलायन के बारे में जानकारी है और मैंने इसे अपने लेखन में बखूबी इस्तेमाल किया है।

किताब का दूसरा भाग कश्मीर में प्रीतम सिंह के कारनामों, पुंछ की वीरतापूर्ण रक्षा और उनके दुखद कोर्ट-मार्शल से जुड़ी घटनाओं के दुखद क्रम के बारे में है।

मैं लेफ्टिनेंट जनरल हरवंत सिंह, मेजर जनरल आर के खन्ना, मेजर जनरल आर एस मेहता, शिव कुणाल वर्मा और अन्य विद्वानों का बहुत आभारी हूं जिन्होंने प्रीतम सिंह के जीवन के बाद के सालों की जानकारी एकत्रित करने के लिए बड़ा सूक्ष्म और विस्तृत शोध किया है। उनके विस्तारपूर्वक अध्ययन ने मुझे इस पुस्तक को लिखने में काफी मदद की है। मैं उनके महान प्रयासों के लिए तहे दिल से उन्हें धन्यवाद देता हूँ।

अंत में, मैं इस पुस्तक को भारतीय सेना के बेहतरीन सैनिकों में से एक, ब्रिगेडियर प्रीतम सिंह, एमसी—की याद में समर्पित करता हूं।

'वैली व्यू विला' नवंबर 2019
ग्राम नैनी, पी ओ कालिका,
रानीखेत 263645 (उत्तराखंड)।

पश्चलेख

इस किताब के पूरा होने से पहले संयोग ने अपनी भूमिका निभाई। जब हम छपाई और प्रकाशन के लिए किताब की मूल कॉपी को अंतिम रूप दे रहे थे, मेरे सह-लेखक पंकज पी सिंह ने मेजर जनरल डी के पालित, वीआरसी की दो भागों में लिखी आत्मकथा म्युज़िन्ज़ एंड मेमोरीज़ को ढूंढ निकाला। मोंटी पालित को जब प्रीतम सिंह की कमान के तहत पुंछ शहर की रक्षक सेना (गैरीसन) का हिस्सा बनने के लिए जनवरी-फरवरी 1948 में पुंछ भेजा गया तब वे एक युवा और अनुभवहीन लेफ्टिनेंट कर्नल के रूप में 3/9 जीआर के कमांडिंग ऑफिसर थे।

पालित ने कार्रवाई को प्रत्यक्ष रूप से देखा और उसमे भाग भी लिया। इसके साथ ही उन्होंने अपनी सभी यादों को बारीकी से दर्ज किया। उन्हीं के एक बयान को प्रीतम सिंह के कोर्ट-मार्शल के दौरान सबसे गंभीर हत्या का आरोप लगाने के लिए इस्तेमाल किया गया था।

पालित के विवरण से चौंकाने वाले तथ्य सामने आते हैं और प्रीतम सिंह के साथ हुए अन्याय पर अविश्वास पैदा करते हैं। कई दशकों बाद पालित अपने प्रकाशित संस्मरणों में कहते हैं, "मैंने तय किया कि इस अंतिम चरण में भी मुझे 'उनको (प्रीतम सिंह) न्याय दिलाने के लिए' कुछ करने की कोशिश करनी चाहिए। चाहे अब कोर्ट-मार्शल के फैसले और सजा को रद्द नहीं किया जा सकता, कम से कम उनकी प्रतिष्ठा को हुए नुकसान को कम करने के लिए, यदि संभव हो तो, भारत के राष्ट्रपति से मरणोपरांत क्षमा याचना की मांग की जानी चाहिए।"

वे आगे लिखते हैं, "... अगर प्रीतम के मामले को फिर से खोलने और उन्हें मरणोपरांत बरी करने के लिए कोई औपचारिक कदम है तो मेरा बयान स्पष्ट रूप से इस प्रक्रिया में मदद करेगा। इसलिए मैंने अपनी कहानी को रिकॉर्ड करने और आपको (तत्कालीन निदेशक यूएसआई को) भेजने का फैसला किया है ताकि प्रीतम के लिए अभियान को आगे बढ़ाने वाले किसी भी तरीके में इसे उपयोग किया जा सके... मैंने युद्ध में और शांति के समय में वरिष्ठ भारतीय जनरलों के अधीन काम किया है। प्रीतम सिंह के बेदाग और निडर नेतृत्व की

बराबरी कोई नहीं कर सकता। घटना के लगभग पचास साल बाद उनको न्याय दिलाने के लिए कोई क्या कर सकता है?"

एक ऐसी गवाही की खोज करने के बाद, जो एक अप्रिय सच्चाई को उजागर करती है, हमने अब अपनी अपील से पहले एक अध्याय जोड़ा है जो मोंटी पालित द्वारा अपने पूर्व ब्रिगेड कमांडर प्रीतम सिंह के बारे में कहे गए शब्दों के अंश को पेश करता है:

> हर बार जब कोई व्यक्ति एक आदर्श के लिए खड़ा होता है या दूसरों की भलाई के लिए कार्य करता है या अन्याय के खिलाफ लड़ता है तो वह आशा की एक छोटी सी लहर भेजता है और ऊर्जा के एक लाख विभिन्न केंद्रों से एक दूसरे को पार करते हुए उन तरंगों को बनाने का साहस करता है जो एक धारा के रूप में दमन और प्रतिरोध की सबसे शक्तिशाली दीवारों को बहा सकती है।"
>
> —*रॉबर्ट एफ कैनेडी*

परिचय

> समूह के प्रति पूर्ण समर्पण की भावना एक सेना के मुख्य आधार-स्तंभों में से एक मुख्य स्तंभ होती है, वह भावना जो एक सैनिक को वहाँ तक आगे बढ़ते रहने का उद्देश्य और धीरज देती है जहां अन्य लोग हार मान सकते हैं।
>
> —*अज्ञात*

प्रीतम सिंह पंजाब के फिरोजपुर में दीना गांव के एक कुलीन परिवार से संबंध रखते थे। चमकौर साहिब और मुक्तसर की लड़ाई के बाद अंतिम सिख गुरु गुरु गोबिंद सिंह कुछ समय के लिए दीना में रहे थे। यहां उन्होंने मुगल सम्राट औरंगजेब को प्रसिद्ध पत्र ज़फरनामा लिखा था। प्रीतम सिंह वहीं पले-बढ़े और जवानी में एक सैनिक सदृश मजबूत शरीर एवं छह फुट से अधिक प्रभावशाली कद-काठी रखने वाले युवक थे। सेना में भर्ती होने की प्रबल इच्छा के कारण उन्होंने ब्रिटिश-भारतीय सेना में एक कमीशन प्राप्त किया और 1938 में सिकंदराबाद में 4/19 हैदराबाद रेजिमेंट (वर्तमान 4 कुमाऊं) में शामिल हो गए।

नवाब सलाबत खान ने 1788 में एलिचपुर (अब अचलपुर, महाराष्ट्र) में जब से 4/19 हैदराबाद रेजिमेंट (4 कुमाऊं) की स्थापना की थी तब से इस रेजिमेंट का एक उल्लेखनीय इतिहास रहा है। यूनिट ने सबसे पहले मध्य भारत में, फिर 1900-1901 में चीन में, 1914-1915 में पूर्वी अफ्रीका में, 1919 में अफगान-इस्तान और 1923-1924 में इराक

में अपने कार्यों से एक उल्लेखनीय रिकॉर्ड स्थापित किया। 1936 में क्वेटा (अब पाकिस्तान में) से सिकंदराबाद स्थानांतरित होने से पहले यह 31 मई 1935 की रात को क्षेत्र में आए बड़े भूकंप के बाद महत्वपूर्ण राहत कार्यों में शामिल था। भूकंप के कारण भारी क्षति और विनाश हुआ था और राहत कार्यों के दौरान अपने उत्कृष्ट योगदान के लिए यूनिट को भारत के तत्कालीन वायसराय लॉर्ड विलिंगडन से सम्मान-पत्र प्राप्त हुआ था। इसके अलावा, लांस नायक माता दीन को मलबे में दबे दो नागरिकों को बचाने के लिए अपनी जान जोखिम में डालने के लिए प्रतिष्ठित जॉर्ज क्रॉस से सम्मानित किया गया था।

सिकंदराबाद में खुशी के दिन (1937-39)

4 दिसंबर 1937 को रंग की प्रस्तुति

सिकंदराबाद में, यह यूनिट स्थानीय रक्षक सेना का एक हिस्सा था और बोलारम में इसकी एक कंपनी तैनात की गई थी। इसने कई सैन्य कार्यों और परेडों में भाग लिया। प्रीतम सिंह के 4/19 हैदराबाद रेजिमेंट में शामिल होने से ठीक पहले इसे 4 दिसंबर 1937 को लेफ्टिनेंट जनरल जे ई एस ब्रिंड, केसीबी, केबीई, सीएमजी, डीएसओ, जीओसी-इन-सी दक्षिणी कमान द्वारा एक शानदार सैन्य परेड में कलर्स के साथ प्रस्तुत किया गया था। उस समय भारतीय अधिकारियों (कप्तान के भगवती सिंह और लेफ्टिनेंट दिलसुख मान) को पहली बार कलर्स से सम्मानित किया गया था।

सिकंदराबाद (1938) में कैप्टन आजम खान की शादी में लेफ्टिनेंट प्रीतम सिंह (बाएं से चौथे स्थान पर खड़े) और अन्य। बाद में आजम पाकिस्तानी सेना में लेफ्टिनेंट जनरल और पूर्वी पाकिस्तान के गवर्नर बने।

विश्व भर में राजनीतिक हालातों के बिगड़ने के साथ यूनिट को तीन बार अज्ञात जगहों पर जाने के लिए आदेश मिले। पहले दो मौकों पर आदेश रद्द कर दिए गए थे। अंत में अगस्त 1939 को यूनिट दस हजार टन के जहाज एसएस तिलवा पर यात्रा करने के आदेश से लेफ्टिनेंट कर्नल डी स्टुअर्ट, ओबीई के नेतृत्व में रेल द्वारा मद्रास (अब चेन्नई) में उतरी। वे 12 भारतीय इन्फैंट्री ब्रिगेड [फोर्स 'ईएमयू'] के हिस्से के रूप में रवाना हुए। ब्रिगेड कमांडर, ब्रिगेडियर पेरिस थे और ब्रिगेड की अन्य पैदल सेना बटालियनों में सेकंड बटालियन, अर्गिल और सदरलैंड हाइलैंडर्स (ए एंड एसएच) और 5/2 पंजाब रेजिमेंट थीं। उन दिनों यूनिटों के गंतव्य स्थान के मुहरबंद आदेश औपचारिक रूप से तभी खोले जाते थे जब जहाज समुद्री यात्रा पर निकल चुके होते थे। इस स्थिति में स्टीवर्ट ने मद्रास बंदरगाह से दूर प्रचंड समुद्र के मध्य ऑर्डर खोले और बड़े उत्साह के साथ आधिकारिक तौर पर घोषणा की कि यूनिट सिंगापुर की ओर जा रही है।

अगस्त 1939 में सिंगापुर के लिए रवाना होने से पहले 4/19 हैदराबाद रेजिमेंट के अधिकारी और वीसीओ (लेफ्टिनेंट प्रीतम सिंह मध्य पंक्ति में, दाएं से पांचवें स्थान पर खड़े हैं)।

4/19 हैदराबाद रेजिमेंट अगस्त 1939 में एसएस तिलवा पर सवार होकर मद्रास से सिंगापुर प्रस्थान

लेफ्टिनेंट प्रीतम सिंह 4/19 हैदराबाद रेजिमेंट

सिंगापुर और मलाया

मैं सिर्फ सैनिकों से प्यार करता हूँ। मुझे भाईचारा पसंद है। मैं हर उस वर्दीधारी को धन्यवाद देता हूँ, जो अपने साथी की सेवा करता है। मैं इस देश से कई कारणों से प्यार करता हूँ। हमारा देश महान है, इसकी रक्षा की जानी चाहिए और इसके लिए बलिदान दिया जाना चाहिए।

—रॉब रिगल, यू एस मरीन लेफ्टिनेंट कर्नल

अपनी मंज़िल पर पहुंचने के बाद, यूनिट कुछ दिनों के लिए सिंगापुर के तट पर स्थित पुलाओ ब्लाकांग मैटी नामक एक छोटे से द्वीप पर रुकी। जब तक कि टायसॉल पार्क में लकड़ी की झोंपड़ियों का निर्माण पूरा नहीं हो गया, तब तक सिंगापुर द्वीप में टैंगलिन के मैदान में बने तंबुओं में आवास स्थानांतरित किया गया। दूसरी बटालियन, मैनचेस्टर रेजिमेंट, पहले से ही टायसॉल पार्क में कुछ नई झोंपड़ियों पर कब्जा कर चुकी थी, पर वे बाद में उत्तरी सिंगापुर चले गए। लकड़ी की झोंपड़ियों का ठिकाना जोहोर के सुल्तान की जागीर में बॉटेनिकल गार्डन के पास था।

टायसॉल पार्क में 4/19 हैदराबाद रेजिमेंट के अलावा 12 भारतीय इन्फैंट्री ब्रिगेड मुख्यालय, ए एंड एसएच और 12 भारतीय सामान्य अस्पताल भी थे। तीसरी पैदल इन्फेंट्री यूनिट (5/2 पंजाब) सिंगापुर शहर के उत्तर में लगभग 15 मील की दूरी पर सिंगापुर नौसेना बेस के निकट स्थित थी।

कैप्टन एस एम श्रीनागेश (बाद में जनरल और गवर्नर-नोर) एडजुटेंट थे और कैप्टन आज़म खान (बाद में लेफ्टिनेंट जनरल और पूर्वी पाकिस्तान के गवर्नर) क्वार्टरमास्टर (क्यूएम) थे। श्रीनागेश दिसंबर 1939 में भारत में नियुक्त किये गये और उन्होंने एडजुटेंट के अपने कर्तव्यों को कैप्टन एम जी जिलानी (बाद में पाकिस्तानी सेना के मेजर जनरल और एडजुटेंट जनरल) को सौंप दिया। मेजर के एस थिमैया (बाद में जनरल) कंपनी कमांडरों में से एक थे। उन्हें भी सिंगापुर से भारत वापस भेज दिया गया था।

दूसरे विश्व युद्ध के शुरू होने के साथ मध्य-पूर्व क्षेत्र (मिस्र) में तैनाती के लिए भारत में तेजी से नए यूनिट बनाए गए। 4/19 हैदराबाद रेजिमेंट जैसे पुराने यूनिटों को इन नए यूनिटों के लिए कुछ अनुभवी सैनिकों को वापस लाने के लिए कहा गया था जो उस समय मिस्र में विशेष रूप से लड़े थे जिसमें भारी संख्या में सैनिक हताहत भी हुए थे।

नई तैनातियों में भेजे गए अनुभवी कर्मियों की जगह सिंगापुर में आगरा से 19वें हैदराबाद रेजिमेंट प्रशिक्षण केंद्र और अन्य प्रशिक्षण केंद्रों से नए रंगरूटों और रिज़र्व सैनिकों को भेजा गया था। इन सैनिकों की अनुभवहीनता ने यूनिटों की युद्ध-योग्यता को काफी हद तक प्रभावित किया। नए आने वाले सैनिकों को बुनियादी प्रशिक्षण देने में काफी समय और प्रयास भी लग रहे थे।

प्रशिक्षण की कमी के अलावा सैनिक राइफल, स्टील हेलमेट और अन्य जरूरी युद्ध उपकरणों के बिना सिंगापुर पहुंचे थे। जहाँ तक कि भारत में किसी अनुभवहीन अधिकारी ने उन्हें केवल चागुल्स (छोटे, कैनवास के पानी के वाहक) के साथ सिंगापुर जाने का आदेश दे दिया था। यूनिट के उपकरणों की स्थिति भी निराशाजनक थी। आधी से ज्यादा राइफलें 1918 से पहले की थीं। इन हथियारों का उपयोग लगभग एक चौथाई सदी पूर्व पहले विश्व युद्ध के दौरान पूर्वी अफ्रीका और फारस में किया गया था।

मलाया (जिसे अब मलेशिया कहा जाता है) उस समय सिंगापुर के उत्तर में एक ब्रिटिश उपनिवेश था। इसमें कई राज्य शामिल थे जिन पर सुल्तानों का शासन था। यहां के लोग कई जातियों का मिश्रण थे। अधिकांश आबादी में स्वदेशी मलय शामिल थे। हालांकि कुछ यूरोपीय, भारतीय (मुख्य रूप से तमिल और सिख) और चीनी भी थे।

सिंगापुर तब भी एक आधुनिक महानगरीय शहर था और इसकी तुलना दुनिया के बड़े शहरों से की जाती थी। जब बटालियन भारत से आई तो सिंगापुर में जीवन काफी खुशगवार था। वहाँ अच्छे होटल थे और बहुत सारे सामाजिक कार्यक्रम भी होते रहते थे। भारतीय मूल के लोग भारतीय सैनिकों वाली यूनिटों को देखकर बहुत खुश थे। सैनिक कई बाजारों में समय बिता सकते थे और साफ-सुथरे तटों पर समुद्र में स्नान कर सकते थे। कुछ अधिकारियों ने कारें खरीदीं और मलाया का दौरा किया जबकि अन्य ने कंबोडिया (अब कम्पूचिया) में अंगकोर वाट के ऐतिहासिक मंदिरों का दौरा किया।

अधिकारियों के लिए रविवार की सुबह सी व्यू होटल जाना और बैडमिंटन या टेनिस खेलना काफी लोकप्रिय था। बाद में वे नाश्ता करते हुए, बड़ी-बड़ी लहरों को तट से टकराते हुए देखते थे। फ्रांस के पतन के बाद वहाँ का माहौल अक्सर भावनाओं से सराबोर हो जाता था। लोग खड़े होकर कोरस में उन दिनों के प्रसिद्ध युद्धकालीन गीत गाते थे: 'देअर विल ऑल्वेज़ बी इंग्लैंड; एंड इंग्लैंड विल बी फ्री...'। वहाँ मौजूद कई युवतियों की तो आंखों से आँसू छलक जाते थे!

मलाया की मुख्य भूमि में घने जंगल थे जहाँ जंगल-युद्ध प्रशिक्षण आयोजित किया जाता था। सिंगापोर के द्वीप में भी कुछ घने जंगल थे जहाँ मलाया जाए बिना भी अच्छी प्रशिक्षण सुविधाएँ मिल जाती थीं। उन दिनों थाईलैंड की सीमाएँ मलाया के साथ पूरी तरह से निर्धारित नहीं थीं, जो घने जंगलों और निचली पहाड़ियों के साथ तय की जाती थीं।

भौगोलिक रूप से मलय प्रायद्वीप में पहाड़ी इलाकों की रीढ़ जैसी संरचना है जिसमें हरे-भरे जंगल हैं और दोनों तरफ समतल तटीय मैदान हैं जिन्हें कई नदियाँ टुकड़ो में विभाजित कर देती हैं। पूरा साल भारी वर्षा होने के कारण इसकी जलवायु उष्णकटिबंधीय है। उस समय नदियों के आस-पास के दलदली क्षेत्रों का घनी झाडियों और बेलों से घिरे होने के कारण आवाजाही मुश्किल हो जाती थी। अधिकतर क्षेत्र में रबर के बागान थे और रबर के घने पेड़ जंगल में कम दिखाई पड़ने की समस्याओं को बढ़ा रहे थे। धान की खेती और अनानास के बागानों वाले इलाकों को छोड़कर देश भर में यातायात बहुत मुश्किल था। कुल मिलाकर यह जगह सैन्य गतिविधिओं के लिए कठिन थी और हमें रसद के लिए भारी समस्याओं का सामना करना पड़ा। हालांकि यह जगह घुसपैठ करने, घात लगाने और चुपके से हमलों के लिए आदर्श रूप से अनुकूल थी।

4/19 हैदराबाद रेजिमेंट के सीओ लेफ्टिनेंट कर्नल स्टुअर्ट ने यह सुनिश्चित किया कि उनकी यूनिट मलय प्रायद्वीप की अलग-अलग जगहों पर जंगल-युद्ध के लिए प्रशिक्षित हो सके। सीखने के लिए बहुत कुछ था और अधिकारियों ने यह सुनिश्चित किया कि सैनिकों को पेड़ों और घने झाड़-झंखाड़ के बीच स्वतंत्र रूप से काम करने में निपुणता हासिल हो सके। सबसे पहले उन्होंने जंगलों में चुपचाप घूमना सीखा। हालांकि आगे के घने जंगलों में अन्य किसी भी प्रकार की गतिविधि के लिए कटाई कर रास्ता निकालना पड़ा। झाडियों की इस कटाई से बहुत शोर होता था और सैनिकों की प्रगति धीमी हो जाती थी। कहीं-कहीं तो जंगल इतना घना था कि सैनिकों को झाड़ियों से ट्रैक काटने और केवल 10 किमी आगे बढ़ने में पूरा दिन लग जाता था!

सभी सैनिकों को 'दोस्त जोड़ों' में व्यवस्थित करना एक स्थापित प्रक्रिया बन गई। आमतौर पर दोस्तों को इस तरह से जोड़ा जाता था कि वे एक-दूसरे की देखभाल कर सकें। इससे यह सुनिश्चित हो गया कि सैनिक दूसरों से अलग नहीं हुए और न ही उनके रास्ता

भटकने का डर रहा। वे ज़रूरत पड़ने पर एक दूसरे की सहायता करने में भी सक्षम थे। इस योजना के कारण यूनिट के सक्रिय होने पर कई अनावश्यक दुर्घटनाओं से बचाव हो गया। जंगल में अनजाने में गलत दिशा में उठाए गए कुछ कदम व्यक्ति का अपने साथियों से संपर्क तोड़ सकते थे और फिर घंटों तक संपर्क स्थापित करना असंभव था! जब एक आदमी ने अपने साथी को अपनी देखभाल करने का काम सौंप दिया तो उसके बाद उसके खो जाने की संभावना कम थी और उसे विश्वास होता था कि मदद करने वाले उसके आसपास ही हैं।

जंगल प्रशिक्षण के दौरान जब पहली बार सैनिकों ने खुद को जोंक से ढका हुआ पाया, तो वे भयभीत हो गए। लेकिन उन्होंने जल्द ही एक जलती हुई बीड़ी या सिगरेट के सिरे से जोंकों को छूकर या केवल नमक छिड़क कर उन्हें हटाना सीख लिया। जंगल में आत्मा-रक्षा यूनिट के प्रशिक्षण का एक महत्वपूर्ण पहलू था और पीने का पानी प्राप्त करना सैनिकों के सामने पेश आने वाली सबसे बड़ी समस्याओं में से एक थी। इसलिए सैनिकों को प्रशिक्षित किया गया था कि वे किस प्रकार जंगल में हर जगह पेड़ों पर लदी लताओं अथवा एक इंच मोटी बेल की टहनियों को काटकर मीठे पानी की प्राप्ति कर सकते थे। बेलों के कटे हुए सिरे से जो पानी टपकता था वह साफ, ठंडा और किसी प्रकार के अप्रिय स्वाद से रहित होता था। जंगल विभिन्न प्रकार के जंगली जानवरों से भरा हुआ था जिन पर अगर हमला न किया जाए तो वे काफी दोस्ताना थे। आम तौर पर वे सैनिकों के रास्ते से दूर ही रहते थे।

बंदर अक्सर सैनिकों का पीछा करते थे और ऊंचे पेड़ों पर उछलते कूदते हुए तीखी आवाज़ें निकालते थे। सैनिकों ने यह समझ लिया था कि बंदर शिकारियों या मनुष्यों के पास आने पर ऐसी चेतावनी भरी आवाजें निकालते थे। जंगल में ऑपरेशन के दौरान यह चेतावनी बहुमूल्य थी क्योंकि इससे उन्हें किसी भी दुश्मन के अचानक हमला करने पर चौंकने से पहले कवर करने का समय मिल सकता था। जंगल में प्रशिक्षण के दौरान सैनिकों को कई प्रकार के साँपों का सामना करना पड़ा और वे खौफनाक और रेंगने वाले इन जीवों के प्रति अपनी घृणा को आसानी से दूर नहीं कर सके। जंगल में बड़ी संख्या में फैले मच्छर एक बड़ी समस्या थे और उनके दर्दनाक ढँक से अक्सर बहुत ज्यादा खुजली और जहाँ तक कि भयानक मलेरिया भी हो जाता था। सैनिकों को एक विशेष प्रकार के तेल से युक्त छोटी बोतलें दी गईं थीं जिनमें तेज गंध थी, जो उड़ने वाले कीड़े-मकोड़ों को दूर रखने में बहुत उपयोगी थी।

सिंगापुर द्वीप मलय प्रायद्वीप के दक्षिणी सिरे पर स्थित है और एक मजबूत कंक्रीट पुल के साथ मुख्य भूमि से जुड़ा हुआ था (और अभी भी है)। द्वीप सुदूर पूर्व में ब्रिटिश सत्ता का गढ़ था और अंग्रेजों ने इसकी मरम्मत पर 60 मिलियन पाउंड से अधिक खर्च करने के बाद इसे लगभग एक किले में बदल दिया था। यहाँ पर कम से कम छह महीने तक के लिए गोला-

बारूद, राशन और पानी का पर्याप्त भंडार था। द्वीप को अपने तटीय तोपखाने द्वारा भी दृढ़ता से संरक्षित किया गया था, जो नौसेना लैंडिंग के खिलाफ सुरक्षा प्रदान करता था।

इस बीच लेफ्टिनेंट प्रीतम सिंह को उस समय सिंगापुर में स्थित 3/16 पंजाब रेजिमेंट में पोस्टिंग के आदेश प्राप्त हुए थे। नई यूनिट 4/19 हैदराबाद रेजीमेंट से काफी अलग थी क्योंकि इसमें पंजाबी मुस्लिम, सिख और डोगरा सैनिकों की एक अलग वर्ग संरचना थी। रेजिमेंटल बैज में एक मुस्लिम क्रिसेंट के साथ एक माल्टीज़ क्रॉस और एक सिख क्वोइट (कड़ा) शामिल था जिसके सबसे ऊपर ट्यूडर क्राऊन के साथ नीचे की ओर रेजिमेंट का नाम था। 16 पंजाब रेजीमेंट की प्रशिक्षण बटालियन पंजाब के मुल्तान में स्थित थी। प्रीतम सिंह अक्सर 4/19 हैदराबाद रेजीमेंट के अपने पुराने साथियों से मिलते थे और उनसे पत्राचार भी करते थे।

क्रेस्ट 16 पंजाब रेजिमेंट

1940 और 1941 के दौरान मित्र राष्ट्रों ने जापान पर व्यापार प्रतिबंध लगा दिया था और उनके द्वारा एकत्र की गई खुफिया जानकारी, सिंगापुर पर कब्जा करने की जापानी योजना की ओर संकेत कर रही थी। अंग्रेजों ने महसूस किया कि मलाया के घने जंगलों के कठिन इलाके से जापानी आगे नहीं बढ़ सकते क्योंकि इस रास्ते में उनको 700 मील से अधिक के क्षेत्र में संचार स्थापित करना पड़ता जो कि व्यवहारिक विकल्प नहीं था! इसके बजाय उन्हें उम्मीद थी कि सिंगापुर पर समुद्र की ओर से हमला किया जाएगा, जिस स्थिति के लिए द्वीप का किला पूरी तरह से तैयार था। 8 दिसंबर 1941 को जापानी 25 वीं सेना ने उत्तरी मलाया और थाईलैंड पर आक्रमण किया, लगभग उसी समय पर्ल हार्बर पर हमला किया गया और इस घटना ने संयुक्त राष्ट्र अमेरिका को भी युद्ध में खींच लिया।

हालांकि उत्तरी मलाया में कुछ हवाई क्षेत्र थे, पर पूरे क्षेत्र में विमानों की भारी कमी थी। ब्रिटिश विशेषज्ञों ने स्पष्ट रूप से कह दिया था कि देश में आस-पास मौज़ूद टैंक किसी काम के नहीं हैं, इसलिए किसी भी सहयोगी टैंक को शामिल नहीं किया गया था! फिर भी इन्फैंट्री डिवीजनों के पास कुछ टैंक-विरोधी बारूदी सुरंगें थीं। विडंबना यह थी कि इन सुरंगों को रिजर्व में रखा गया था और शायद ही कभी यूनिटों को जारी की गयी थीं!

अंत में जब सैन्य अभियान शुरू हुआ तो बारूदी सुरंगें न तो जापानी टैंकों को रोक सकीं और न ही डरा सकीं। इन्फैंट्री बटालियनों को कुछ हल्के बख़्तरबंद वाहन दिए गए थे जो खुली छत पर लगे एलएमजी के साथ सीमित संख्या में बौय एंटी टैंक राइफल्स से लैस थे। कुछ पुरानी लैंकेस्टर बख़्तरबंद कारें भी उपलब्ध थीं और बाद में उनकी जगह अधिक आधुनिक मॉर्मन-हैरिंगटन बख़्तरबंद कारों को लाया गया। हालांकि कोई भी टैंक रोधी उपकरण जापानी टैंकों के मुकाबले का नहीं था, जो उनके हमले का सामना कर पाता।

इन कमियों का रक्षात्मक अभियानों पर गंभीर असर होने वाला था और ये मलाया में मित्र देशों की हार के लिए जिम्मेदार सबसे प्रमुख कारक साबित होने वाले थे।

पहले इस बात की सराहना की गई थी कि भूमि-आधारित आक्रमण की कम संभावना वाली स्थिति में थाईलैंड में सिंगोरा और पट्टानी समुद्र तटों पर जापानी लैंडिंग हो सकती है। विस्तृत स्तर पर जासूसी की गई और दोनों समुद्र तटों को कवर करने के लिए तुरंत सैनिकों को भेजने के लिए 'ऑपरेशन मैटाडोर' के नाम से एक योजना बनाई गई।

जापानी लैंडिंग इन्हीं समुद्र तटों पर हुई। हालांकि, जापानी लैंडिंग का मुकाबला करने के लिए सेना भेजने की योजना को कभी भी लागू नहीं किया गया। शुरू में कुछ थाई सेना यूनिटों द्वारा उनका मुकाबला किया गया था, जबकि उत्तरी मलाया में मित्र-राष्ट्र मलाया-थाईलैंड सीमा पर इसका परिणाम देखने के लिए बेचैन थे!

मलाया में ब्रिटिश सेना में लेफ्टिनेंट जनरल पर्सीवल के अधीन 9 और 11 भारतीय इन्फैंट्री डिवीजन और 3 भारतीय कोर शामिल थे। इन दोनों डिवीजनों में से प्रत्येक में केवल दो ब्रिगेड थे। शेष दो ब्रिगेड समूहों को 3 भारतीय कोर के लिए रिजर्व रखा गया था।

जल्द ही, दोनों यूनिट—3/16 पंजाब रेजिमेंट और 4/19 हैदराबाद रेजिमेंट—तेजी से आगे बढ़ रही जापानी सेनाओं को रोकने के लिए उत्तर दिशा में मलाया की तरफ बढ़ीं।

उन्होंने भीषण लड़ाई की और इस लड़ाई में भारी संख्या में हताहत हुए। ये मुठभेड़ें, युवा प्रीतम सिंह के युद्ध अभियानों का पहला अनुभव था और उन्होंने जंगल की कड़ी लड़ाइयों में शानदार प्रदर्शन किया। 16 पंजाब रेजिमेंट के दो यूनिट भारी दबाव में पीछे हटने पर मजबूर हो गए, उन दोनों को भारी जान-माल का नुकसान हुआ था। सिंगापुर की लड़ाई के बाद उन्हें पकड़ लिया गया और बिदादरी युद्धबंदी कैंप में नजरबंद कर दिया गया।

नी सून में कैदी

धैर्य और समय दो सबसे शक्तिशाली योद्धा हैं।

—लियो टॉल्स्टॉय

13 फरवरी 1942 को सिंगापुर के किले पर भारी जापानी बमबारी और हवाई हमले हो रहे थे। 14 फरवरी 1942 को शाम 7 बजे तक सिंगापुर शहर जापानियों के हाथों में आ गया था और उसके बाद, केवल छोटे हथियारों की थोड़ी बहुत गोलीबारी सुनी जा सकती थी। लेफ्टिनेंट जनरल ए ई पर्सीवल ने अगले ही दिन बिना शर्त आत्मसमर्पण समझौते पर हस्ताक्षर कर दिए। 70,000 सैनिकों की सिंगापुर सुरक्षा सेना के साथ 4/19 हैदराबाद रेजिमेंट, 3/16 पंजाब रेजिमेंट और अन्य यूनिटों के बचे हुए सैनिक युद्धबंदी (POWs) बन गए।

हारने से ठीक पहले यूनिटों को उन अधिकारियों के नाम बताने के लिए कहा गया था जो सैनिकों की वास्तविक कमान में नहीं थे और जिन्हें जंगल युद्ध में विशेषज्ञता हासिल थी। ऐसे अधिकारियों को नए यूनिटों और सैन्य समूहों की स्थापना के लिए सैनिकों को प्रशिक्षित करने के लिए भारत वापस भेजा जाना था। 4/19 हैदराबाद रेजिमेंट के मेजर (बाद में लेफ्टिनेंट जनरल) के बहादुर सिंह भारत जाने के लिए चुने गए लोगों में से एक थे। उन्हें उनके अधिकारियों द्वारा पत्र दिए गए थे जिन पर मुहर लगाकर भारत में नियुक्त किया जाना था।

दुर्भाग्य से जापानियों ने इस दल को ले जा रहे जहाज़ को टारपीडो करके डुबो दिया जिससे उसमें सवार कई कर्मियों की मौत हो गई। कई अन्य लोगों को पकड़ लिया गया और वापस सिंगापुर भेज दिया गया और मेजर के. बहादुर सिंह भी उन लोगों में शामिल थे जो युद्धबंदी कैम्प में अपने यूनिट में फिर से शामिल हुए। बाद में उन्होंने कैंप में बटालियन की निष्ठापूर्वक देखभाल करने की जिम्मेदारी निभाई।

मेजर के बहादुर सिंह

सिंगापुर की लड़ाई के दौरान शहर पर एक विनाशकारी जपानी हवाई हमला हुआ और बमों ने 3/16 पंजाब रेजिमेंट को निशाना बनाया। इस हवाई हमले के दौरान गंभीर रूप से घायल होने वालों में कैप्टन प्रीतम सिंह भी शामिल थे। उनके कुछ सैनिकों ने उन्हें उठा कर स्ट्रेचर पर लिटाया और पास के सैन्य अस्पताल में ले गए। वहाँ के समर्पित चिकित्सा कर्मचारियों ने उनकी उचित देखभाल की और वे ठीक हो गए। इसके बाद उन्हें बिदादरी युद्धबंदी कैंप भेजा गया जहाँ उनकी यूनिट—3/16 पंजाब रेजिमेंट—को नजरबंद किया गया था।

17 फरवरी 1942 को जापानी सैनिकों ने सिंगापुर से मार्च किया

17 फरवरी को जापानी अधिकारियों ने सभी हथियार इकट्ठा करने का आदेश दिया। यूरोपीय कैदियों को चांगी युद्धबंदी कैंप में ले जाया गया जबकि एशियाई अधिकारियों और सैनिकों को फरार पार्क में ले जाया गया, जहाँ उन्हें एक बड़े पविलियन के सामने परेड कराया गया। अधिकारियों और सैनिकों को केवल वही कपड़े लेने की अनुमति थी जो वे पहनते थे और वे भोजन के लिए दो वक़्त का राशन ले जा सकते थे। मेजर फुजिवारा (जापानी इंटेलिजेंस से), कैप्टन कोनिशिता (एक जापानी दुभाषिया), कर्नल हंट (OC 2nd Echlon), कर्नल निरंजन सिंह गिल (आईएनए), कैप्टन मोहन सिंह (आईएनए) और ज्ञानी प्रीतम सिंह के फरार पार्क में आगमन पर सभी कैदियों को खड़े होने का आदेश दिया गया।

कर्नल निरंजन सिंह गिल

यहाँ उस दिन मौजूद, इंडियन नेशनल आर्मी के दो अधिकारियों का संक्षिप्त परिचय देना जरूरी है। इनमें से गिल की भूमिका, बाद में भागने (प्रीतम सिंह और साथियों के) की गाथा में महत्वपूर्ण साबित होगी। आईएनए जापानी सेना की मदद से बनाई गई एक सैन्य शाखा थी और यह उनके साथ मिलकर ब्रिटिश और मित्र देशों की सेना के खिलाफ लड़ी थी। अपने चरम पर इसमें सिंगापुर के पतन के बाद कैदी बनाए गए 45,000 से अधिक भारतीय युद्धबंदी शामिल थे। मोहन सिंह ने अप्रैल 1942 तक इसका नेतृत्व किया था। तब तक उनके अन्य आईएनए नेताओं के साथ मतभेद हो गए थे और 1943 में नेतृत्व सुभाष बोस के पास चला गया। गिल ने आरआईएमसी (राष्ट्रीय इंडियन मिलिट्री कॉलेज), देहरादून में अध्ययन किया और आरएमए, सैंडहर्स्ट, यू के में प्रशिक्षिण प्राप्त किया था। वह 4/19 हैदराबाद रेजिमेंट में शामिल होने वाले पहले भारतीय अधिकारियों में से थे और फिर उन्होंने 1936 में 19वीं हैदराबाद रेजिमेंट ट्रेनिंग सेंटर, बनारस में भी अपनी सेवाएँ प्रदान की। 1936-37 में वह सेना मुख्यालय, नई दिल्ली में फिर से नियुक्त होने वाले पहले भारतीय अधिकारियों में से एक थे। यह तब की बात है जब केवल ब्रिटिश अधिकारी ही वहाँ नियुक्त किए जाते थे। क्वेटा में स्टाफ कॉलेज का पाठ्यक्रम पूरा करने के बाद वे स्टाफ के रूप में नियुक्ति प्राप्त कर मलाया के

लिए रवाना हुए। मलाया और सिंगापोर के पतन के बाद वे मोहन सिंह, शाह नवाज खान और गुरदयाल सिंह के साथ एक संस्थापक सदस्य के रूप में इंडियन नेशनल आर्मी (आईएनए) में शामिल हो गए। युद्ध के बाद उन पर अंग्रेज़ों द्वारा दिल्ली के लाल किले में आईएनए के अन्य वरिष्ठ अधिकारियों के साथ मुक़दमा चलाया गया था। बाद में उन्होंने 1963-1964 में पनामा में भारत के राजदूत के रूप में कार्य किया।

अब दोबारा फरार पार्क चलते हैं, जहाँ एक छोटा सा समारोह हुआ। कर्नल हंट ने मेजर फुजिवारा तक मार्च किया और अंग्रेज़ी में कहा, "मैं युद्ध के सभी भारतीय कैदियों को जापानी सरकार को सौंपता हूँ।" वह मेजर को कुछ कागज़ सौंपने के लिए आगे बढ़े, बड़े अदब से घूमें और चल गये। फुजिवारा ने कैदियों को कैप्टन मोहन सिंह को सौंप दिया। इसके तुरंत बाद, अंग्रेज़ी और हिंदुस्तानी दोनों भाषाओं में लाउड स्पीकरों पर घोषणा की गई जिसमें कैदियों को बैठने के लिए कहा गया। फिर उन्हें मेजर फुजिवारा, कैप्टन मोहन सिंह और ज्ञानी प्रीतम सिंह द्वारा संबोधित किया गया।

जब भाषण समाप्त हो गए तो, लेफ्टिनेंट के पद से ऊपर के अधिकारियों को पवेलियन के अंदर आमंत्रित किया गया और बढ़िया नीट ऑस्ट्रेलियाई ब्रांडी पेश की गई। ड्रिंक्स के दौरान मेजर फुजिवारा ने हर उस अधिकारी के साथ बात की, जो किसी न किसी मामले पर उनसे चर्चा करना चाहता था। इसके बाद समारोह संपन्न हुआ और 4/19 हैदराबाद रेजीमेंट के अधिकारियों को नी सून युद्धबंदी कैंप में जाने के लिए कहा गया। यूनिट के सैनिक कुछ अन्य यूनिटों के कर्मियों के साथ पहले ही वहाँ जा चुके थे।

नी सून युद्धबंदी कैंप द्वीप के उत्तरी छोर की तरफ था और इसमें एक फुटबॉल ग्राउंड के चारों ओर बने पुराने बैरकों की एक शृंखला थी। हालांकि उस छावनी में लगभग एक हज़ार सैनिक रह सकते थे, फिर भी उसमें बाईस हज़ार से अधिक कैदी रखे गए थे! अगले कुछ दिनों में, युद्धबंदी अधिकारियों को कैप्टन मोहन सिंह और फुजिवारा दोनों ने कई बार संबोधित किया। मोहन सिंह का पद जनरल ऑफिसर कमांडिंग (जीओसी), इंडियन नेशनल आर्मी था और सेकेंड लेफ्टिनेंट रतन सिंह उनके एडीसी थे। जीओसी के स्टाफ में, वे कर्मी शामिल थे जिन्हें अधिकारी के पद पर पदोन्नत किया गया था। मोहन सिंह ने कहा कि प्रत्येक अधिकारी किसी भी समय उनसे मिलने और किसी भी मुद्दे पर उनके साथ खुलकर चर्चा करने के लिए आ सकता है। उनका मुख्यालय थॉम्पसन रोड और बुकित तिमाह रोड के बीच पुलिस बैरक में था।

नी सून कैंप की प्रशासनिक समिति में आईएनए के कर्नल गिल और 4/19 हैदराबाद रेजिमेंट के कैप्टन मुन्नावर हुसैन सहित सात भारतीय अधिकारी शामिल थे जो उनके सहायक के रूप में कार्य कर रहे थे। इसके अलावा मेजर कियानी (14 पंजाब रेजिमेंट), कर्नल गिलानी (भारतीय

राज्य बल [बहावलपुर]), कर्नल चटर्जी (भारतीय चिकित्सा सेवा), कैप्टन कश्यप (15 फील्ड कंपनी मद्रास सैपर्स एंड माइनर्स) और लेफ्टिनेंट कर्नल भोंसले (गढ़वाल राइफल्स) भी थे।

ये अधिकारी नी सून युद्धबंदी कैंप के बगल में रहते थे। समिति के सदस्य केवल प्रशासनिक कार्यों से जुड़े थे और उन्होंने कैदियों के बीच कोई भी दुष्प्रचार (प्रोपेगंडा) नहीं किया। उन्होंने कैप्टन मोहन सिंह के माध्यम से कार्य किया, जो जापानियों के साथ सामान्य संपर्क में था। केवल मोहन सिंह, एम अकरम और जापानी अधिकारियों ने ही युद्धबंदियों के बीच दुष्प्रचार करने का प्रयास किया। प्रशासनिक समिति के प्रमुख 14 पंजाब रेजिमेंट के मेजर शाह नवाज़ खान थे।

कैदियों की दशा सुधारने के लिए कर्नल एन एस गिल विशेष रूप से सक्रिय रहे। वह उच्च अधिकार रखते थे और कई बार अपने दखल से तत्कालीन परिवर्तन करवा देते थे। उन्होंने अधिकारियों को अनुशासन की आवश्यकता पर व्याख्यान देते हुए युद्धबंदियों के रूप में सम्मान के साथ जीने के लिए और कैदियों के मनोबल को बनाए रखने के लिए हर प्रयास किया। गिल या किसी अन्य प्रशासनिक समिति के सदस्यों ने कभी भी भारतीय कैदियों को जापानियों के साथ मिल जाने या आईएनए में शामिल होने के लिए मनाने की कोशिश नहीं की। आईएनए ऐसे किसी भी कैंप में शामिल नहीं था जहाँ भारतीय कैदियों को नज़रबंद किया गया हो। सिंगापुर में आईएनए का एक अलग कैंप था जिसे वालंटियर कैंप कहा जाता था। इसमें मुख्य रूप से मलाया की मुख्य भूमि पर लड़ाई के दौरान पकड़े गए भारतीय सैनिक थे। सिंगापुर में ऐसे सात युद्धबंदी कैंप थे जिनमें भारतीय सेना के जवानों को नज़रबंद किया गया था।

इस प्रकार उन हालातों के अचानक बदलने पर अधिकतर भारतीय सैनिक सदमें में थे जिनके कारण कैदियों के रूप में वे एक अपमानजनक स्थिति में पहुँच चुके थे। वे निराश थे, क्योंकि अधिकांश भारतीय बटालियनों ने बहादुरी से लड़ाई लड़ी थी और अभियान के दौरान मलाया में भारी रूप से हताहत हुए थे। वे जानते थे कि जापानियों को भी भारी नुकसान हुआ था, पर अचानक ही वे उनके बंदी बन गए। मलाया में लड़ाई के दौरान भारी बाधाओं का सामना करने के बावजूद प्रीतम सिंह की भूतपूर्व यूनिट, 4/19 हैदराबाद रेजिमेंट ने ऑपरेशन के दौरान बहादुरी से लड़कर अपना नाम किया था और उत्तर मलाया तथा स्लिम नदी के इलाके में दो युद्ध सम्मान जीते थे।

नी सून कैंप के अलावा, सिंगापुर में भारतीय सेना के जवानों के लिए छह अन्य युद्धबंदी कैंप थे—सेलेटर, बिदादरी (अल्काफ गार्डन), टायसॉल पार्क, बुलर, तेंगाह एयरोड्रोम (फटीग कैंप) और क्रांजी कैंप। सेलेटर और बिदादरी कैंपों की प्रशासनिक समितियों के प्रमुख लेफ्टिनेंट कर्नल उशाक (1 हैदराबाद इन्फैंट्री) और लेफ्टिनेंट कर्नल नागर

(आरआईएएससी) थे। लेफ्टिनेंट कर्नल गुरबक्स सिंह (जींद फोर्सेज) ने टायसॉंल पार्क कैंप का नेतृत्व किया जबकि कैप्टन फरनवीस (4/19 हैदराबाद रेजिमेंट) ने बुलर कैंप का नेतृत्व किया। बाद में उन्होंने बीटी कैंप की कमान संभाली। मेजर घनश्याम सिंह (आरआईएसी) फटीग कैंप के प्रमुख थे जबकि क्रांजी कैंप की प्रशासनिक समिति के प्रमुख के बारे में कोई जानकारी उपलब्ध नहीं है।

नी सून युद्धबंदी कैंप में भीड़-भाड़ की स्थिति असहनीय थी। फिर भी कमांड सिस्टम की यूनिट की क्रमबद्धता और कार्यप्रणाली बरकरार रखी गयी थी। सैनिकों को बेढंगे बैरकों में ठहराया गया था और सेक्शन और प्लाटून नियुक्ति धारकों द्वारा उनकी देखभाल की जाती थी। दवाइयाँ दुर्लभ थीं और हज़ारों की संख्या में मक्खियाँ थीं। भीड़-भाड़ ने सैनिकों के दुख को और बढ़ा दिया था। पानी की व्यवस्था दयनीय थी और कैद के पहले महीने में ही बीस से तीस सैनिक पेचिश से मर गए थे। गर्मी, उमस और कठिन परिस्थितियों में काम करने से सैनिकों की प्यास बढ़ती जा रही थी। पर पानी दुर्लभ था और गंदा था। सैनिकों के लिए अपनी प्यास बुझाना मुश्किल हो रहा था। पहले महीने के बाद स्थिति में कुछ सुधार हुआ और पानी की आपूर्ति बेहतर हुई। लेकिन स्वास्थ्य सुविधाएँ दयनीय बनी रहीं। कैंप में एक छोटा सा अस्पताल था, जहाँ लगभग चार सौ मरीज हर समय भर्ती रहते थे जिनमें से अधिकांश पेचिश से पीड़ित थे। भीड़-भाड़ वाली स्थिति और मच्छरों के मुक्त प्रजनन के कारण पेचिश और मलेरिया जैसी बीमारियां तेजी से फैल रहीं थीं।

कैंप में हज़ारों की संख्या में मक्खियां पैदा हो रहीं थीं और हर दिन सैनिक मर रहे थे। कैदियों के बीच मौजूद डॉक्टरों ने दवाओं के सीमित स्टॉक के साथ अपना सर्वश्रेष्ठ प्रदर्शन किया। उन्होंने कई लोगों की जान बचाई। हालांकि युद्धबंदी कैंप के सभी डॉक्टर अस्पताल में काम करते थे, फिर भी मेडिकल स्टाफ और दवाओं की कमी हमेशा बनी रहती थी। अपने बीमार और घायल सैनिकों लिए जापानियों ने सिंगापुर के सभी सिविल अस्पतालों को कब्जे में ले लिया था। अलाइड हताहतों को इन अस्पतालों से बाहर ले जाया गया और युद्धबंदी कैंपों में भेज दिया गया। देखभाल और दवाओं के अभाव में वहाँ कई लोगों की मौत हो गई।

दयनीय परिस्थितियों के अलावा कैंप में जापानी गार्डों का व्यवहार कठोर और आक्रामक था। उनका रवैया बेरुखी भरा था और वे व्यवहार से काफी असभ्य थे। छोटी सी बात पर वे कैदियों को बेरहमी से पीटते और विभिन्न प्रकार के अपमानजनक शारीरिक दंड देते थे। कैदियों को गंभीर यातनाएँ देना आम बात थी और कुछ को तो मौत के घाट उतार दिया जाता था या मामूली गलती होने पर ही गर्दन काट दी जाती थी। कैदियों को सभी जापानी और आईएनए सैन्य कर्मियों को सलामी देनी पड़ती थी। जापानी गार्ड अक्सर कैंप में या फटीग ड्यूटियों के दौरान अधिकारियों और वी सी ओ कैदियों के सामने अकड़ कर चलते थे। स्मार्ट

सलामी न मिलने पर वे, बदकिस्मत अधिकारियों या वीसीओ को शारीरिक रूप से उत्पीड़ित करते थे। 11 इन्फैंट्री डिवीजन ट्रांस-पोर्ट कंपनी के कुछ वीसीओ को फटीग ड्यूटी के दौरान दो बार बुरी तरह पीटा गया और उन्हें गंभीर चोटों के साथ अस्पताल में भर्ती कराना पड़ा। जब वरिष्ठ जापानी अधिकारी को इसकी सूचना दी गई तो उन्होंने कहा कि अनुशासन बनाए रखने के लिए पिटाई आवश्यक थी और यह जापानी सेना का नियम था। उन्होंने कहा कि कैदियों को शारीरिक दंड से अनावश्यक रूप से परेशान होने की जरूरत नहीं है।

सभी जापानी कब्जे वाले क्षेत्रों में भोजन की और विशेष रूप से चीनी, आटे, दूध और तेल की कमी थी। नी सून कैंप में यूनिट के रसोइए अंधेरे और गंदे बाड़ों में बंदियों के लिए भोजन तैयार किया करते थे, जिसे लंगर कहा जाता था। रसोइए प्रशासनिक कर्मचारियों या जापानियों से प्राप्त सामान का इस्तेमाल करते थे। पहले रोटी बनाने के लिए गेहूं का आटा मिलता था। उसके बाद केवल चावल प्रदान किए गए। लेकिन सैनिकों को सिर्फ पानीदार चावल का घोल ही मिल पाता था। राशन सीमित था और ताजी सब्जियों या दाल की आपूर्ति की कोई व्यवस्था नहीं थी। कुछ विशेष दिनों में कैदी घोल में कुछ सब्जियों के पत्तों को देखकर प्रसन्न हो जाते थे। कभी-कभी उबले हुए चावल को पानी वाली दाल के साथ परोसा जाता था। ऐसा कहा जाता था कि चांगी पाओ कैंप में यूरोपीय कैदियों को कभी-कभी टिन की मछली या मांस भी मिलता था। लेकिन उनके आहार में भी मुख्य रूप से उबले हुए चावल शामिल थे। विरले सैनिकों को ही सिगरेट, चाय की पत्ती, चीनी और नमक मिल पाता, लेकिन दूध कभी भी नसीब नहीं होता था।

हर सुबह, दिन निकलने के साथ, कैदियों को कैंप में अलग-अलग जगहों पर इकट्ठा होने का आदेश दिया जाता था। यूनिट को रोजाना कैंप के केंद्र में एक बड़े खेल के मैदान में जुटना पड़ता था। यहाँ सैनिकों की गिनती की जाती थी और जिसकी रिपोर्ट जापानी अधिकारी या वरिष्ठ जापानी एनसीओ को दी जाती थी।

जापानी अत्याचार

हालांकि कुछ कर्मचारी पेचिश या मलेरिए से कमजोर थे, फिर भी उन्हें सभा में उपस्थित होना पड़ता था और जापानी अधिकारियों/वरिष्ठ एनसीओ के समक्ष गिनती में शामिल होना पड़ता था। केवल अस्पताल में भर्ती कर्मियों को ही सुबह गैरहाज़िरी की अनुमति थी। कुछ बीमार कर्मियों को थक कर, जमीन पर गिरते हुए देखना बहुत दुखदायक होता था। वे आधे घंटे तक दर्द से कराहते रहते जब तक कि सभी कैदी अपने-अपने काम के लिए तितर-बितर नहीं हो जाते थे। किसी को भी समूह छोड़कर उन बदकिस्मत सैनिकों की मदद करने की अनुमति नहीं थी। काम के घंटे सुबह 6.30 बजे से 10 बजे तक और फिर दोपहर 12 बजे से शाम 5 बजे तक थे। जापानी संतरी कैदियों को गर्व से बताते थे कि जापान में वे सूरज उगने से कुछ घंटे पहले ही काम करना आरम्भ कर देते थे।

युद्ध के शस्त्र-बल के सैनिकों का मनोबल प्रायः ऊँचा था। जबकि लेबर कोर और अन्य सेवाओं के कुछ कैदियों को एक घिनौने मार्च अनुशासन का पालन करना पड़ता था, जो कि शस्त्र-बल के सैनिकों के लिए शर्मिंदगी का सबब था। नियमित सैनिक अच्छी स्थिति में थे, विशेष रूप से यूरोपीय कैदी, जिन्हें अक्सर फटीग ड्यूटी के लिए मार्च करते समय जोर से गाने गाते हुए सुना जा सकता था। चाहे कोई भी कारण था, जापानी हमेशा भारतीय और ऑस्ट्रेलियाई अधिकारियों को आपस में बात करते देख भड़क जाते थे।

एक दिन एक ऑस्ट्रेलियाई दल नी सून कैंप की एक फटीग पार्टी के पास रुका। जल्द ही दोनों पक्षों के जापानी गार्ड एक गहरी चर्चा में लग गए। एक अच्छा मौका देखकर, भारतीय अधिकारियों में से एक अधिकारी कैप्टन बलबीर सिंह सावधानी से उस दल के पास गए और एक पतले और बेहाल ऑस्ट्रेलियाई कैदी से उनके कैंप की स्थितियों के बारे में पूछने लगे। ऑस्ट्रेलियाई सैनिक ने पलक झपकते ही हल्की सी मुस्कान के साथ जवाब दिया, "हालात और भी खराब हो सकते हैं, दोस्त। फिर भी यह सब लंबे समय तक नहीं चलेगा—अमेरिकी जावा में उतर चुके हैं।" इस उत्तर ने सिंगापुर में ऑस्ट्रेलियाई कैदियों के सकारात्मक रवैये को अभिव्यक्त किया। हालांकि उनकी जावा में अमेरिकियों के उतरने की जानकारी गलत थी। बलबीर युद्धबंदी बनने से पहले 4/19 हैदराबाद रेजिमेंट की 'बी' कंपनी के कंपनी कमांडर थे।

कैदियों को भागने से रोकने के लिए सुरक्षा-घेरे के रूप में नी सून युद्धबंदी कैंप के चारों ओर छह फीट गहरी और छह फीट चौड़ी खाई खोदी गई थी। जापानी और आईएनए संतरियों के सशस्त्र जोड़े खाई के बाहरी किनारे पर गश्त करते रहते थे। संतरी उन सभी कैदियों के साथ असभ्य और कठोर व्यवहार करते थे जो कि ऑस्ट्रेलियाई कैदियों के साथ बातचीत करने की कोशिश करते थे। जापानी गार्ड अपनी राइफलों और उन पर लगी किर्चों से धमकी भरे इशारे करते थे।

11 मार्च 1942 को नी सून कैंप के कमांडेंट ने 4/19 हैदराबाद रेजिमेंट के 500 लोगों को कैप्टन बलबीर सिंह के अधीन बुकित पंजांग गांव के पास एक नए कैंप में जाने का आदेश दिया। एक और साथी, रेजिमेंटल अधिकारी बलबीर सिंह और 4/19 हैदराबाद रेजिमेंट पर स्लिम नदी पर जापानी हमले में बचे कैप्टन गंगाराम परब उनके साथ थे। कैंप तेंगा में बनाए जा रहे नए हवाई अड्डे से लगभग छह मील की दूरी पर बुकित-तिमाह रोड पर 9½ मील दूर था और इसे फटीग कैंप कहा जाता था। कैदियों को पुरानी झोंपड़ियों में रखा गया था जिनकी मरम्मत सैनिकों ने वहां पहुंच कर की थी। मेजर घनश्याम सिंह नये फटीग कैंप के इंचार्ज थे जबकि बलबीर 4/19 हैदराबाद रेजिमेंट के कैदियों में वरिष्ठ अधिकारी थे।

जल्द ही जापानियों ने सभी कैदियों को काम पर लगा दिया। तेंगाह एयरफील्ड में निर्माण कार्य के लिए हर रोज 4/19 हैदराबाद रेजिमेंट के सैनिकों को ले जाया जाता था। कैदियों ने रनवे और हवाईअड्डे की इमारतों के निर्माण स्थल पर काम किया। सभी इंजीनियर जापानी थे जबकि कैदियों से मेहनत मजदूरी के काम करवाए जाते थे। इन्हें पत्थरों को तोड़ने और निर्माण कार्य के लिए सीमेंट की बोरियों और अन्य सामग्री को ढोने के लिए रखा गया था। कैदियों में पोषण की कमी का प्रभाव तब दिखने लगा जब उन्हें तेज धूप में लंबे समय तक कड़ी मेहनत करने से थकावट होने लगी। युद्धबंदी कैंप में जापानी गार्डों द्वारा अंधाधुंध मारपीट और अपमान लगभग रोज़मर्रा की बात थी। लेकिन सजा के डर ने कैदियों के हौंसलों को कम नहीं होने दिया। वे छिप कर एक-दूसरे को अविश्वसनीय कहानियाँ सुनाते और उस समय के लिए योजनाएँ बनाते जब युद्ध समाप्त हो जाएगा और वे भारत में अपने घरों को वापस चले जाएँगे।

एक जापानी दुभाषिया एक जापानी अधिकारी (लेफ्टिनेंट इनोवा) के साथ कैंप का दौरा करता था और काम की देखरेख करता था। एक बार एक जापानी अधिकारी कैंप में यह पता लगाने के लिए आया था कि क्या सैनिकों की संख्या में बढ़ोतरी करके हवाई अड्डे पर काम तेज किया जा सकता है। कुछ दिनों बाद जापानी इंजीनियरों की एक प्लाटून पहुँची और कैंप के चारों ओर एक ऊंची तार के जाल की बाड़ लगा दी। उन्होंने खंभों पर कुछ सर्चलाइट भी लगाईं। हर रोज सूर्यास्त के समय बत्तियां जला दी जाती थीं और उनकी तीव्र किरणें बाड़ के साथ-साथ बनी रहती थीं। जापानियों के इस प्रयास का उद्देश्य किसी भी कैदी को रात में कैंप से भागने से रोकना था। जापानी इंजीनियरों ने लगभग एक सप्ताह तक काम किया और फिर चले गए। कैदियों से कोई मदद नहीं मांगी गई। उन्होंने तेंगाह हवाई अड्डे पर अपना काम जारी रखा।

कैद से फ़रार होना

अगर मुझे पकड़ लिया गया तो मैं हर प्रकार से निरंतर विरोध करता रहूँगा। मैं स्वयं मुक्त होने के लिए और दूसरों की मुक्ति में मदद के लिए हर संभव प्रयास करूंगा।

—संयुक्त राज्य अमेरिका की सैन्य आचार संहिता, युद्ध बंदियों के लिए सैन्य नियम, अनुच्छेद III

कैप्टन बलबीर सिंह और कैप्टन गंगाराम परब दोनों ही पकड़े जाने के बाद से ही फ़रार होने की योजना बना रहे थे। लेकिन हालात अस्त-व्यस्त थे और अक्सर अंधाधुंध गोलीबारी होती रहती थी। चूंकि वे नए शिविर में 4/19 हैदराबाद रेजिमेंट के एकमात्र अधिकारी थे, उन्होंने महसूस किया कि सैनिकों की देखभाल के लिए उनका वहाँ होना जरूरी था। उनके भागने पर जापानियों द्वारा तुरंत खोज की जाने की संभावना थी, जिससे फिर से पकड़े जाने, क्रूर सजा और जहाँ तक कि सिर कलम कर मौत की सजा मिलने की भी संभावना थी।

जब भी वे तेंगाह एयरफील्ड में निर्माण कार्य के लिए बाहर जाते वे अपनी योजनाओं की समीक्षा करते रहते। उन्हें उम्मीद थी कि सिंगापुर के पास के किसी भी द्वीप के लिए सांपन (नाव) मिल जाएगी और फिर वे किसी तरह भारत पहुँचेंगे। लेकिन यह एक खतरनाक योजना थी क्योंकि जापानियों ने तट और बंदरगाह क्षेत्रों में कड़ी सुरक्षा की हुई थी। जहाँ तक

कि अगर वे नाव खरीदने में कामयाब भी हो जाते तो भी उन्हें उसे खुले समुद्र में संभालने का बहुत कम अनुभव था।

1942 के मध्य अप्रैल तक मेजर फरनवीस, कैप्टन दिल सुख मान और कैप्टन रमनिया, रेजिमेंटल मेडिकल ऑफिसर (आरएमओ), 4/19 हैदराबाद रेजिमेंट के लगभग 300 से 400 सैनिकों के साथ, फटीग कैंप में जा चुके थे। इस प्रकार भागना आसान हो गया था। कैप्टन प्रीतम सिंह मेजर जीआर नागर (जो कि पहले 4/19 हैदराबाद रेजीमेंट में थे) की मदद से बिदादरी कैंप से आया करते थे। नागर उस कैंप की प्रशासनिक समिति के सदस्य थे। बाद में नागर आईएनए में शामिल हो गए थे।

जेल में बंद प्रीतम सिंह ने अपने पूर्व सहयोगियों बलबीर सिंह और परब द्वारा रची गई फ़रार होने की योजना के बारे में सुना रखा था। वे भी भारत लौटने के लिए उत्सुक थे। इसलिए उन्होंने बलबीर सिंह को अपने साथ शामिल करने के लिए कहा। बलबीर और परब ने इस पर विचार किया और मान गए।

सिंगापुर के द्वीप में आवास और भोजन की भारी कमी हो गई थी। जापानियों ने नागरिकों को उनके द्वारा जारी किए गए परमिट के साथ मुख्य भूमि पर अपने घरों में लौटने की अनुमति देने का निर्णय लिया। उन तीनों को पता था कि जापानियों द्वारा उनको पकड़े जाने का मतलब होगा क्रूर यातना और उसके बाद लगभग निश्चित मौत।

अपने फ़रार होने की तैयारी में उन्होंने अपना नाम बदल लिया और एक रबर एस्टेट से क्लर्क होने का स्वांग धारण कर लिया। सिंगापुर सिटी में फटीग ड्यूटी पर रहते हुए बलबीर और परब ने खुद को इंडिया इंडिपेंडेंस लीग (आईआईएल) के नागरिक सदस्यों के रूप में नामांकित कराने में कामयाबी हासिल की और ज़रूरी यात्रा परमिट भी प्राप्त कर लिए। उन्होंने प्रीतम सिंह के लिए भी आईआईएल की सदस्यता प्राप्त कर ली थी। जहां बलबीर सिंह ने सेंसर कार्यालय के एक पूर्व क्लर्क भजन सिंह की पहचान ग्रहण की, वहीं परब एक स्पोर्ट्स डीलर प्रेम सिंह बन गये। प्रीतम सिंह ने बलवंत सिंह का नाम धारण किया जो कि सेंसर कार्यालय में एक पूर्व क्लर्क थे।

चूंकि हर गुजरते दिन के साथ कैदी, पेचिश, मलेरिया और अन्य बीमारियों के कारण शारीरिक रूप से कमजोर होते जा रहे थे, इसलिए उन्होंने जल्दी फ़रार होने का फैसला किया। वे गुप्त रूप से कैंप में कपड़े, राशन और पैसे की तस्करी करते थे। कुनैन और अन्य दवाओं की कमी के बावजूद आरएमओ कैप्टन रमनियाह ने कुछ मूल्यवान दवाओं की व्यवस्था की। इसी बीच प्रीतम सिंह ने बिदादरी कैंप की एडमिनिस्ट्रेटिव कमेटी में कुछ 'दोस्तों' के जरिए खुद को नी सून युद्धबंदी कैंप में ट्रांसफर करवा लिया।

एक अन्य युद्धबंदी, लेफ्टिनेंट बलवंत सिंह (जो पहले 4/19 हैदराबाद और बाद में 5/14 पंजाब में थे) ने भी कई बार फ़रार होने की योजना में तीनों के साथ शामिल होने की इच्छा व्यक्त की थी।

बलबीर, परब और प्रीतम ने इस मामले पर विस्तार से चर्चा की। उन्होंने महसूस किया कि जापानियों द्वारा चार लोगों को आसानी से खोजा और पकड़ा जा सकता था। बलवंत सिंह को अपनी योजना में शामिल करना खतरनाक हो सकता था।

जब उन्होंने बलवंत से कहा कि वह उनकी योजना में शामिल नहीं हो सकता, तो वह चुप हो गया। ऐसा लग रहा था कि उसे अपने भाग्य का पूर्वाभास हो गया था—बाद में उसे बोर्नियो भेज दिया गया और युद्धबंदी कैंप के नियमों के मामूली उल्लंघन के लिए मौत की सजा दे दी गई। इसके बहुत समय बाद उनकी विधवा ने, भारत भागने की योजना में बलवंत को शामिल न करने के लिए बलबीर सिंह को प्रताड़ित किया।

लेफ्टिनेंट बलवंत सिंह

फ़रार होने के लिए, तीनों अधिकारियों द्वारा विशेष प्रशासनिक व्यवस्थाएँ की जा चुकी गई थीं। बलबीर सिंह ने एक पुराने तंबू से कुछ मोटा सफेद कपड़ा निकाला। उसने दर्जी से कहा कि वह उस कपड़े से एक बैगी शर्ट और पायजामे जैसी पतलून को सिल दे जिसके एक तरफ जूतों के फीते से बने ड्रॉ-स्ट्रिंग लगे हों। भागने के दौरान उन्होंने इसे सफेद रंग की पगड़ी और कैनवास पीटी शूज के साथ पहना था। उन्होंने जानबूझकर खाकी से परहेज किया क्योंकि वह एक सैन्य रंग था। प्रीतम सिंह की तरह बलबीर सिंह ने भी टेंट की बची हुई सामग्री से अपने लिए भी वैसे ही कपड़े सिलवा लिए थे। परब ने एक स्ट्रेट्स डॉलर (जापान द्वारा शुरू की गई आधिकारिक मुद्रा) से ऑफ-व्हाइट ट्राउज़र और कैनवास पीटी जूतों की एक जोड़ी खरीदी।

परब को नी सून कैंप के रॉयल आर्टिलरी बैरक में एक नागरिक टोपी मिली। हालांकि यह दिखने में बहुत अजीब थी, लेकिन इसमें बुकिट पंजांग विलेज कैंप के पास एक बंगले से लाए गए नक्शे के एक हिस्से को छुपाना बहुत आसान था। नक्शे का वह छोटा सा टुकड़ा मूल रूप से एक स्कूल की किताब का था और बहुत महत्त्वपूर्ण साबित हुआ क्योंकि इसमें मलाया, थाईलैंड,

बर्मा और पूर्वी भारत के कुछ हिस्सों को दिखाया गया था। इससे उन्हें उस सामान्य रास्ते की योजना बनाने में मदद मिली जिस पर वे चलने वाले थे और इससे भी महत्वपूर्ण बात यह थी कि इसमें रास्ते में पड़ने वाले विभिन्न देशों की सीमाओं को भी दर्शाया गया था। इसमें विभिन्न समुद्री रास्तों को भी दिखाया गया था जिनसे भारत की यात्रा के दौरान उनका सामना हो सकता था।

इसके बाद, उन्हें फ़रार होने के दौरान टिकट, यात्रा के खर्चे, परमिट, भोजन और अन्य खर्चों के लिए तत्काल पैसों की जरूरत थी। यह पैसे उन्हें मुख्य रूप से सिंगापुर के व्यापारियों और रास्ते में कुछ बड़े शहरों से उधार लेने पड़े। नी सून और फटीग कैम्पों में कैदियों के पास बहुत कम या बिल्कुल भी पैसा नहीं था। 4/19 हैदराबाद रेजिमेंट के एक उद्यमी वीसीओ ने सूबेदार त्रिलोक सिंह नाम के एक व्यक्ति को चौंका दिया। उसने उदारता से उन्हें 60 रुपये दिये जिसे उन्होंने फटीग कैंप में बैरक की दीवार में एक गहरी दरार के अंदर सावधानी से छिपा दिया था।

सिंगापुर में कुछ भारतीय व्यापारियों ने कुछ अतिरिक्त पैसों और जानकारी से उनकी सहायता की। नॉर्थ ब्रिज रोड पर रोज एंड कंपनी नाम की मशहूर खेल कूद के सामान की दुकान थी। वहाँ के एक व्यापारी लाभ सिंह से प्रीतम सिंह और बलबीर सिंह की मित्रता थी। उसने उदारतापूर्वक उन्हें 70 स्ट्रेट्स डॉलर उधार दिए।

काफी चर्चा और कुछ रिश्वत देने के बाद बलबीर सिंह ने यह सुनिश्चित किया कि एक मलय चौकीदार मित्र के माध्यम से फटीग कैंप के पास रेलवे क्रॉसिंग पर लाभ सिंह से धन एकत्र कर लिया जाए। चौकीदार को उनके फ़रार होने की योजना के बारे में पता नहीं था और उसने अनजाने में प्रीतम सिंह और बलबीर सिंह को बता दिया कि आम लोगों के लिए रेल टिकटों की बिक्री 1 मई 1942 से शुरू हो गई थी। जापानी अधिक से अधिक नागरिकों को मलाया की मुख्य भूमि में पहुंचाना चाहते थे ताकि सिंगापुर द्वीप में भोजन की स्थिति को सुधारा जा सके। तब तक सिंगापुर से केवल विशेष सैन्य ट्रेनें और मालगाड़ियाँ ही चल रही थीं। उद्यमी नागरिक मालगाड़ियों में गुप्त रूप से यात्रा करते थे। लेकिन उन पर चढ़ना काफी मुश्किल था और दुर्घटना का खतरा हमेशा बना रहता था।

रोज़ एंड कंपनी के पास बलबीर एंड कंपनी नाम की खेल कूद के सामान की एक अन्य दुकान थी। इसके मालिक, एक मिलनसार सिख, बलकार सिंह, शांतिकाल में अक्सर बैंकॉक और मलाया के बीच यात्रा करते थे। बैंकॉक में उनके कुछ रिश्तेदार थे जो कपड़े के कारोबार में थे। बलबीर सिंह उन्हें अच्छी तरह से जानते थे क्योंकि यूनिट हॉकी टीम के कप्तान के रूप में वह उनकी दुकान से हॉकी उपकरण खरीदा करते थे।

युद्धबंदी कैंप के एक वर्किंग पार्टी के सदस्य के रूप में सिंगापुर के बाजार में अपनी एक विरली यात्रा के दौरान तीनों बलकार सिंह की दुकान पर गए और उनसे बात करने लगे। उन्होंने जापानी आक्रमण के बाद के मुश्किल दौर और युद्धबंदी कैंपों में पेश आने वाली

कठिनाइयों जैसे अन्य मुद्दों पर बातचीत की। फिर उन्होंने उसे मलाया और बर्मा के रास्ते भारत भागने की अपनी योजना के बारे में बताया।

सहायता करने के लिए पूरी तरह से तैयार बलकार सिंह ने भी उन्हें कर्ज़ दे दिया और अब उनके पास 210 स्ट्रेट्स डॉलर और 60 भारतीय रुपये थे। बलकार सिंह ने जसवंत सिंह नाम के अपने एक रिश्तेदार की तस्वीर भी दी। जसवंत सिंह रॉयल डच सेना में एक पूर्व कप्तान थे और सुमात्रा द्वीप पर बस गए थे जहाँ एक छोटा सिख समुदाय था।

कैप्टन जसवन्त सिंह रॉयल डच सेना

दिलचस्प बात यह है कि बलकार सिंह ने कहा कि उन्हें सिंगापुर से भाग जाना चाहिए और फिर नाव से सुमात्रा जाना चाहिए। उन्होंने उन्हें जसवंत सिंह के लिए एक पत्र देने का भी वादा किया और बताया की वह निश्चित रूप से ऑस्ट्रेलिया जाने में उनकी सहायता करेगा।

बलकार सिंह के सुझाव ने प्रीतम, बलबीर और परब को फ़रार होने के लिए एक अन्य रोमांचक विकल्प प्रदान किया और उन्होंने इस पर काफी विचार किया। अंत में उन्होंने इसे अस्वीकार कर दिया क्योंकि वे एक अनजान क्षेत्र मे, जो उनकी मंज़िल भारत से बिलकुल विपरीत दिशा में था, नहीं जाना चाहते थे। फिर भी बलबीर सिंह ने जसवंत सिंह के फोटोग्राफ को पॉलिथीन के एक छोटे से टुकड़े में लपेट कर अपनी जेब में रख लिया। मोनीवा (बर्मा) में उनके पकड़े जाने के बाद जापानी सैन्य पुलिस द्वारा उनकी पूछताछ के दौरान यह तस्वीर काम आने वाली थी।

बीटी रोड फटीग कैंप में रहते हुए बलबीर और परब अपने आरएमओ कैप्टन रमनिया के खिलाफ उपेक्षणीय व्यवहार की शिकायत दर्ज कराने के लिए अक्सर व्यक्तिगत दौरे के कारण नी सून कैंप के संपर्क में रहते थे। यात्रा के लिए उन्हें बहुमूल्य कुनैन की गोलियाँ, पानी को स्टरलाइज़ करने वाली गोलियाँ और कुछ पट्टियाँ देने के लिए वे हृदय से उनके आभारी थे।

अचानक एक ऐसी चिंताजनक स्थिति सामने आ गई कि उनके लिए जल्दी से जल्दी वहाँ से फ़रार होना जरूरी हो गया। कैदियों को बताया गया कि 4/19 हैदराबाद रेजिमेंट (बलबीर और परब दोनों के साथ) की एक कंपनी जल्द ही अंडमान द्वीप समूह में भेज दी जाएगी। हालांकि इस कदम के लिए कोई तारीख निर्धारित नहीं की गई थी, लेकिन यह उसी महीने के दौरान होने की संभावना थी।

इसलिए जब कर्नल निरंजन सिंह गिल ने नी सून युद्धबंदी कैंप का दौरा किया तो बलबीर सिंह ने उन्हें अपने फ़रार होने के बारे में बताया और उनसे अंडमान द्वीपों में कंपनी भेजने की योजना रद्द करने का अनुरोध किया। गिल जापानी योजनाओं के बदलने के विषय में निश्चित नहीं थे और उन्होंने सुझाव दिया कि बलबीर और अन्य साथी अंडमान द्वीपों के रास्ते से भाग जाएँ और नाव से भारत की यात्रा करें। पर बलबीर ने अंडमान द्वीपों के लिए नियोजित कदम को रद्द करने पर जोर दिया क्योंकि वहाँ से भागना और अंडमान सागर और बंगाल की खाड़ी में यात्रा करना मुश्किल था। उनके पास समुद्र में नाव चलाने का कोई अनुभव नहीं था और ये यात्रा करना सबसे खतरनाक होता। गिल बलबीर के विचारों से सहमत थे और उन्होंने कहा कि वह जापानी अधिकारियों को अपनी योजनाओं को बदलने के लिए मनाने की पूरी कोशिश करेंगे।

हर दिन वे अंडमान द्वीपों की ओर जाने की योजना के रद्द होने का बेसब्री से इंतजार करते थे। दस दिन बीत गए पर गिल से कोई ख़बर नहीं मिली। इस बीच कंपनी को अगले दिन अंडमान द्वीपों के लिए रवाना होने का आदेश मिला। उस दिन बलबीर सिंह और परब भारी मन से सैनिकों के साथ खड़े हुए। वाहनों को लोड किया गया था और सैनिक अंडमान द्वीपों के लिए रवाना होने के लिए सिंगापुर बंदरगाह जाने के अपने अंतिम आदेश की प्रतीक्षा करने लगे। दोनों अधिकारियों को लगा कि भागने का प्रयास करने से पहले ही उनकी योजना विफल हो गई।

तभी, एक जीप तेज गति से युद्धबंदी कैंप में जा घुसी। कर्नल गिल सह चालक की सीट पर आधे खड़े थे। उन्होंने अपने सिर के ऊपर से हाथ लहराया और खुशी से चिल्लाए, 'बलबीर, बलबीर, योजना रद्द कर दी गई है। आपको अंडमान द्वीप समूह में नहीं जाना है।' गिल का आगमन भाग्यशाली था और फ़रार होने की योजना एक बार फिर सफल होती दिखाई देने लगी। अधिकारी उत्साहित थे और उन्होंने खुशी-खुशी उन लोगों को वाहनों से उतरने और युद्धबंदी कैंप में झोंपड़ियों में वापस जाने का आदेश दिया।

बुकिट-तिमाह रोड फटीग कैंप सिंगापुर द्वीप के केंद्र में स्थित था। यह सिंगापुर शहर से लगभग साढ़े नौ मील दूर था। जल्द ही तेंगाह एयरफील्ड में निर्माण कार्य तेज हो गया और कैदियों को हर रोज पत्थर तोड़ने और उन्हें वाहनों में लोड करने के लिए ट्रको द्वारा पास की

खदान में ले जाया जाता था। इसके बाद वाहन तेंगाह हवाई अड्डे के लिए रवाना होते थे जहाँ कैदियों का एक अन्य समूह पत्थरों को उतार देता था।

अंडमान द्वीप समूह की ओर जाने की योजना रद्द होने के बाद भारत भागने के लिए तेजी से तैयारी शुरू हो गई। युद्धबंदी कैंप में अन्य अधिकारियों की सलाह से फ़रार होने के लिए 4 मई 1942 की तारीख़ निर्धारित की गई।

वरिष्ठ अधिकारी मेजर फरनवीस ने पहले 24 घंटों तक जापानियों से फ़रार होने की ख़बर छुपाकर रखने की बात कर बलबीर, परब और प्रीतम को एक अच्छी शुरुआत देने का वादा किया। भागने की अंतिम तैयारी के हिस्से के रूप में कैंप की सीमा में लगी कटीली तार की बाड़ में गुप्त रूप से एक छेद कर दिया गया था और उसे बड़े पत्थरों और कुछ टाट की बोरियों और कटी हुई झाड़ियों के साथ छिपा दिया गया था।

फ़रार होने के लिए तैयार किए गए कपड़े पहनकर तीनों अधिकारी काफी उत्साहित हो गए। ये कपड़े फरार होते समय उनकी पहचान छिपाने के लिए थे और उन्हें उन भारतीय शरणार्थियों की तरह दिखाने के लिए थे जो जापान के नवीनतम आदेशों के अनुसार सिंगापुर से बाहर जा रहे थे। वे एक चादर, कंबल, तौलिया और कुछ छोटे व्यक्तिगत सामान वाले छोटे बंडल भी ले जा रहे थे।

4 मई 1942 को शाम होने से पहले, तीनों अधिकारियों को, सावधानीपूर्वक तस्करी की गई खाद्य सामग्री से तैयार किया गया अच्छा सा भोजन दिया गया। इसके बाद जेसीओ और सैनिकों सहित पुराने साथियों से हृदय विदारक विदाई हुई।

भावभीनी विदाई के बाद तीनों अधिकारी बैरक छोड़कर चुपचाप बाड़ के पास चले गए। वे जानते थे कि अंधेरा होने के बाद बैरक के बाहर सभी तरह की आवाजाही पर रोक थी और कड़ी सजा दी जा सकती थी। जहाँ तक कि किर्च से घोप कर मौत या गर्दन भी काटी जा सकती थी।

एक बार जब वे बाड़ के पास पहुंचे तो वे नीचे झुक कर मैदान में एक गढ्ढे में इंतजार करने लगे। यह यकीन होने के बाद कि आसपास कोई जापानी या आईएनए गार्ड नहीं है, बलबीर सिंह आगे की ओर दौड़े और तेजी से बाड़ में छिपे छेद से निकल गए। एक बार पार करने के बाद वह औंधे मुँह और गतिहीन पड़े रहे। डर और उत्तेजना के कारण वह अपने दिल की तेज़ हुई धड़कनों को सुन सकते थे।

यह पुष्टि होने के बाद कि उन्हें किसी ने नहीं देखा उन्होंने दूसरों को हाथ उठाकर संकेत दिया, जिसका अर्थ यह था कि आस-पास के ठिकाने पर कोई दुश्मन संतरी नहीं था। परब बाड़ में छेद के माध्यम से रेंगते हैं और उनके पीछे प्रीतम सिंह भी आ जाते हैं।

आखिरकार उनका महान साहसिक अभियान शुरू हो गया था।

बलबीर बाड़ में से निकलने के लिए आगे बढ़ता है, जबकि परब और प्रीतम झाड़ियों में छिपे रहते हैं।

थाईलैंड में घुसना

हम पर्वत नहीं बल्कि स्वयं को जीतते हैं।

—एडमंड हिलेरी, ओ पत्रिका, अप्रैल 2007

एक बार जब तीनों अधिकारी बाड़ के पार हो गए, तो वे पास के बुकित-तिमाह रोड पर चले गए। अपनी मंजिल सिंगापुर रेलवे स्टेशन तक पहुंचने से पहले तीनों ने लगभग दस मील की दूरी तय की। उन्होंने सुनिश्चित किया कि वे रोशनी और दुश्मन के पहरेदारों से बचते रहें। सौभाग्य से जापानी प्रतिबंधों के कारण उस समय सड़क पर कोई वाहन नहीं चल रहा था। वे सावधानी से सड़क के किनारों पर लगी घास की पट्टी पर चलने लगे और सिंगापुर सिटी की ओर बढ़ते रहे। यह एक लंबा रास्ता था और सिंगापुर की अंधेरी और सुनसान सड़कों पर चुपचाप चलते हुए उनका आत्मविश्वास बढ़ने लगा। युद्धबंदी कैंप से फ़रार होने की पहली बाधा को पार करने के बाद वे अंततः सही रास्ते पर पहुँचने से खुश थे।

नॉर्थ ब्रिज रोड पर उन्हें एक ट्राम लाइन मिली जो ट्राम स्टेशन तक जाती थी। हालांकि यह उनकी योजना का हिस्सा नहीं था लेकिन तीनों हिम्मत जुटाते हुए सुनसान ट्राम स्टेशन चले गए। जल्द ही एक जगमगाती ट्राम ने स्टेशन में शोर मचाया, जोर से हॉर्न बजाया और रुक गई। वे चुपचाप ट्राम में चढ़ गए और बुरी तरह से पीली पड़ती लकड़ी की सीटों पर बैठ गए। एकमात्र अन्य यात्री एक बूढ़ा और मैला-कुचैला मलय व्यक्ति था, जो प्रवेश द्वार के पास

बैठा था और खिड़की से बाहर देख रहा था। कंडक्टर, एक अधेड़ उम्र का चीनी व्यक्ति था जो नीले रंग का सूती कोट पहने हुए था। अपने चमड़े के बैग के साथ उनके पास पहुंचा। चूंकि वे जापानी कब्जे से पहले सिंगापुर ट्राम में यात्रा कर चुके थे, वे बैठने और फिर अपने टिकट खरीदने की प्रक्रिया के बारे में जानते थे। बलबीर ने आत्मविश्वास से सिंगापुर रेलवे स्टेशन के लिए तीन टिकट खरीदे। तीनों इस नयी आज़ादी का आनंद ले रहे थे। सड़कें अंधेरी और सुनसान थीं और जैसे ट्राम लगातार चलती रही, वैसे ही खिड़की के सामने से दुकानों के जाने-पहचाने संकेत-चिह्न चमकने लगे। वे रेलवे स्टेशन के स्टॉप पर उतर गए। ट्राम स्टेशन पर रोशनी का अच्छा प्रबंध था और वहाँ कई सशस्त्र जापानी सैनिक छोटे समूहों में घूम रहे थे।

उतरने के बाद, तीनों ने ट्राम-लाइन के पास अंधेरे में कुछ देर इंतजार किया। अंत में, उन्होंने हिम्मत जुटाई और आत्मविश्वास के साथ सिंगापुर रेलवे स्टेशन की ओर चल पड़े। परब और प्रीतम उस समय असहज महसूस कर रहे थे जब उन्हें तेज रोशनी में एक बेंच पर बैठना पड़ा। प्लेटफार्म पर कुछ जापानी सैनिक दिखाई दिए, लेकिन आईएनए का कोई गार्ड नजर नहीं आया। एक हथियारबंद जापानी सैनिक प्लेटफार्म पर घूम रहा था। वह समय-समय पर बुकिंग कार्यालय की ओर मुड़ता था और फिर वापस आता था। थोड़े से सिखों और तमिलों के साथ बड़ी संख्या में मलय ट्रेन में चढ़ने के लिए प्लेटफॉर्म पर इंतजार कर रहे थे। लेकिन तीनों अधिकारियों पर किसी का ध्यान नहीं गया। बलबीर सिंह कुछ देर बेंच के पीछे खड़े रहे और फिर तेजी से टिकट काउंटर पर चले गए। जब हथियारबंद जापानी गार्ड ने अपनी पीठ घुमाई और दूसरी तरफ बढ़ा, तब ही वह आगे बढ़े। बलबीर सिंह ने आईआईएल कार्ड्स की मदद से प्राई के लिए तीन ट्रेन टिकटों के लिए बातचीत की। प्राई का किराया 10 स्ट्रेट्स डॉलर प्रति टिकट था। जैसा कि वह उनके लिए भुगतान कर रहे थे, ऊंघते हुए मलय टिकट क्लर्क ने जानना चाहा कि अन्य दो व्यक्ति कहाँ हैं जो प्राई की यात्रा के लिए जा रहे थे। बलबीर सिंह पहले तो इस सवाल से घबरा गए, लेकिन फिर उन्होंने उस बेंच की ओर इशारा करके, जहां परब और प्रीतम रोशनी के नीचे बैठे थे, शांति से क्लर्क को संतुष्ट कर दिया। क्लर्क मलय में बोल रहा था और ऐसे साधारण से कपड़े पहने हुए एक व्यक्ति द्वारा बोली जाने वाली अच्छी, सुसंस्कृत अंग्रेजी सुनकर हैरान था! हालांकि उसने बिना किसी और सवाल के तीन टिकट बलबीर सिंह को सौंप दिए। उन्होंने राहत की साँस ली और अपने साथियों के पास चले गए। इसके बाद क्लर्क पैसे की जाँच करने और उसे बार-बार गिनने में व्यस्त हो गया।

टिकट खरीदने के बाद, तीनों न और अधिक आत्मविश्वास महसूस किया और सारी रात लकड़ी की बेंच पर बैठकर बिताई। एक जगह बैठकर और फुसफुसाहट में ही बातचीत करने से उन पर किसी का ध्यान नहीं गया। वे जापानी सैनिकों की कई टुकड़ियों से दूर ही रहे और

सुबह ट्रेन में चढ़े और अपनी पहचान उजागर होने से बचाने के लिए अलग-अलग बैठ गए। प्रीतम सिंह एक मोटे सिख की बगल में बैठे थे जो अलोर सेतर की यात्रा कर रहा था। एक लकड़ी से जलने वाला भाप-इंजन ट्रेन को, मरम्मत किए गए सिंगापुर कॉज़वे (पुल) पर, मलाया के घने जंगलों और सुंदर ग्रामीण इलाकों में से खींच कर ले जा रहा था।

वे अगले दिन और रात के लिए रेलवे डिब्बे में चुपचाप बैठे रहे। उन्हें इस बात की राहत थी कि उनकी महान यात्रा आखिरकार शुरू हो गई थी। सिंगापुर से सफलतापूर्वक निकल आने की खुशी ने दोबारा पकड़े जाने के डर और आगे आने वाली मुश्किल यात्राओं की चिंताओं को रोक दिया। ट्रेन के पहियों की लयबद्ध आवाज़ों ने एक गहरी नींद को प्रेरित किया और बहुत जल्द तीनों अधिकारी हिलते हुए डिब्बे में आराम से सो रहे थे।

यात्रा के दौरान उनके साथ किसी भी तरह की छेड़छाड़ नहीं की गई। यात्रियों के बीच सिर्फ टिकट निरीक्षक आए। जैसे ही रेलवे स्टेशनों के नाम सामने आए, तीनों अधिकारियों ने उन भीषण लड़ाइयों के बारे में सोचा जो उन्होंने कुछ समय पहले ही लड़ी थीं। जापानियों से लड़ाई के अशांत दिनों के बारे में सोचते हुए, उन्होंने खुद को भाग्यशाली माना कि वे जीवित हैं और कई वीर सैनिकों को याद किया जो गहरे जंगलों में शहीद हो गए थे। अफसोस की बात है कि ये वीर सैनिक दूर भारत में अपने घरों को कभी नहीं लौटेंगे। उन्होंने कई रेलवे स्टेशनों पर सशस्त्र जापानी सैनिकों के समूहों को देखा, जिन्हें वहां बिलेट (फौज के रहने के लिए घर) दिए गए थे, जबकि कुछ सैनिक संतरी की तरह खड़े थे, उनके कंधों पर राइफलें लटकी हुई थीं।

6 मई की दोपहर को ट्रेन प्राई पहुंची। इधर, बलबीर सिंह उतरे और उसी ट्रेन से अलोर सेतर के लिए आगे के टिकट खरीदे। 6 मई को शाम करीब 7 बजे ट्रेन थाईलैंड की सीमा के पास स्थित अलोर सेटर के लिए रवाना हुई। प्रीतम सिंह ने रेल में बैठे डोगर सिंह नाम के एक सिख यात्री से बातचीत करते हुए पूछा कि क्या अलोर सेतर में कोई गुरुद्वारा है। डोगर सिंह ने हां में जवाब दिया और उन्हें वहां ले जाने की पेशकश की, लेकिन तीनों अधिकारियों ने उसके साथ न जाने का फैसला किया। अपनी बातचीत के दौरान प्रीतम सिंह को पता चला कि डोगर सिंह एक पीडब्ल्यूडी इंजीनियर था उसके कुछ कामों की वजह से अंग्रेजों उसे ने नौकरी से हटा दिया था। जापानियों ने अब उसे बहाल कर दिया था। इसलिए प्रीतम सिंह ने डोगर सिंह को अपने फ़रार होने के बारे में कभी नहीं बताया और उसकी पृष्ठभूमि ने अधिकारियों को जापानियों द्वारा पकड़े जाने के डर से गुरुद्वारे का उपयोग करने से रोक दिया।

रेलवे स्टेशन पर उन्होंने ने जल्दी से अपने फटे-पुराने बंडल उठाए और ट्रेन से नीचे उतर गए। वे बिना किसी से बात किए या रास्ता पूछे, अँधेरे में उस शहर से बाहर निकल गए। जल्द ही वे अलोर सेतर के चारों ओर के जंगलों में सुरक्षित रूप से छिपे गए।

उन्हें यह जान कर बहुत निराशा हुई कि मलय से थाईलैंड में सीमा पार करने के लिए उन्हें जापानी कब्जे वाले अधिकारियों द्वारा स्टैम्प किए हुए वैध पासपोर्ट की आवश्यकता होगी। उन्होंने पार करने का जोखिम उठाने का फैसला किया और कुछ रातों के बाद तीनों जंगल में चलते हुए, एक सीमा पार करने के लिए पहुँच गए। झाड़ियों में छिप कर उन्होंने स्थिति का मुआयना किया। उन्होंने देखा कि यह सीमा एक सशस्त्र जापानी गश्ती दल द्वारा संरक्षित थी। दूसरी तरफ के थाई गार्डों के जापानियों के साथ अच्छे संबंध थे, क्योंकि उन्हें गश्ती दल के साथ हँसते और मजाक करते सुना गया था। वे तीनो लौट आए और सीमा के पास घने जंगलों में छिपे रहे। उन्होंने सीमा न पार करने का फैसला किया क्योंकि उनकी दूसरी तरफ पकड़े जाने की संभावना थी और उन्हें जापानी सैन्य पुलिस को वापस सौंप दिया जाता जिसके गंभीर नतीजे होते।

वे कई दिनों तक छिपते रहे और थाईलैंड में घुसने का रास्ता खोजने की असफल कोशिश करते रहे। मच्छरों के झुंड ने जीना मुश्किल कर दिया था और मलेरिया होने का खतरा लगातार बना हुआ था। हालत इसलिए भी खराब थे कि उनके पास न तो पासपोर्ट थे और न ही अधिकारियों से उन्हें हासिल करने के लिए पैसे थे। धैर्य के साथ-साथ उनके खाने-पीने का सामान भी खत्म हो रहा था और इससे पहले कि वे किसी प्रकार की बीमारी से प्रभावित हो जाते और आगे की यात्रा असम्भव हो जाती, उन्होंने थाईलैंड में अंतरराष्ट्रीय सीमा पार करने की कोशिश करने का फैसला किया।

उन्होंने 19 मई को क्रॉसिंग का प्रयास करने का निर्णय लिया। लगभग 11 बजे, जब वे कुआला नेरंग की सीमा के पास पहुंच रहे थे, तो उन्होंने अपने पीछे किसी के चिल्लाने की आवाज सुनी। पीछे मुड़ने के बजाय, वे तेजी से भागे, लेकिन उनके सिर पर राइफल लोड होने की तेज आवाजों ने उन्हें रोक दिया। वे मुड़े और हाथ खड़े कर दिए। जापानी गश्ती दल के गुस्साए सदस्यों ने जल्दी से उन्हें पकड़ लिया और गुस्से में उनके सिर पर मुट्ठियों को मोड़ कर राइफल बटों से जोर से हथकड़ी लगा दी। वे जमीन पर गिर पड़े और सिपाही उनकी पसलियों पर लात मार रहे थे।

इस दौरान परब किसी तरह अपनी बड़ी टोपी को संभाले हुआ था। जमीन पर गिरते हुए उसने बड़ी चतुराई से कीमती नक्शा निकाला और उसे अपनी कमीज के सामने की तरफ गहराई में धकेल दिया। तीनों अधिकारियों को उनके पैरों पर खड़ा किया गया और उन्हें पदंग बेसर में पास की सीमा चौकी पर ले जाया गया। पूरे समय, वे अपनी बेगुनाही की याचना करते रहे और सीमा के स्थान के बारे में अज्ञानता का ढोंग करते रहे।

सौभाग्य से, जापानी सीमा गार्डों ने उनके बयानों पर विश्वास किया और जी भर कर पिटाई के बाद उन्हें छोड़ दिया, लेकिन इससे पहले उनकी बेरहमी से तलाशी ली गई और

उनकी कीमती मलेरिया-रोधी कुनैन और पानी को स्टरलाइज़ करने वाली गोलियाँ जब्त कर ली गईं। यह एक गंभीर झटका था क्योंकि उस समय मलेरिया और पेचिश बड़े पैमाने पर फैले हुए थे और उनमें से कोई भी भागने के दौरान बीमार पड़ने का जोखिम नहीं उठा सकता था। इसके अलावा, कैप्टन रमनिया, एमओ ने काफी मुश्किल से कीमती कुनैन की गोलियाँ खरीदी थीं।

इस करीबी मामले के बावजूद वे दो सप्ताह से अधिक समय तक सीमा के पास गीले जंगल में छिपे रहे। गुनगुनाते मच्छरों और जोंकों ने जीवन को दयनीय बना दिया था। खाने और पानी की कमी के कारण, उन्होंने ने महसूस किया कि उन्हें पकड़े जाने से बचने के लिए आगे बढ़ना ही होगा।

हताशा भरी हालत में प्रीतम सिंह को याद आया कि डोगर सिंह ने उनसे कहा था कि वे पिनांग में आसानी से पासपोर्ट प्राप्त कर सकते हैं और उन पर मुहर भी लगवा सकते हैं। चूंकि वे अंतर्राष्ट्रीय सीमा पार करने में विफल रहे थे, इसलिए उन्होंने पिनांग जाकर अपनी किस्मत आजमाने का फैसला किया। उसी शाम वे ट्रेन में पिनांग पहुंचे और उतरकर जेट्टी के पास के सरकारी कार्यालय में चले गए। यहाँ उनकी मुलाकात एक भारतीय क्लर्क से हुई जिसने सहानुभूतिपूर्वक उनकी बात सुनी और अगले दिन फिर आने को कहा। वे स्थानीय गुरुद्वारे में रात भर रुके और अगली सुबह वापस चले गए। क्लर्क मददगार साबित हुआ और वे आवश्यक पास प्राप्त करने में सफल रहे, जो अंग्रेजी और जापानी दोनों में लिखे गए थे। ये पास तीन महीने की अवधि के लिए वैध थे। उनके लिए बैंकॉक में अपने रिश्तेदारों से मिलने के लिए पास बनाए गए थे। यह सब इतना अच्छा लग रहा था कि उन्हें विश्वास ही नहीं हो रहा था!

पिनांग में बलबीर सिंह को 4/19 हैदराबाद रेजीमेंट के एक सिपाही ने पहचान लिया जो अब वहाँ एक दुकान चला रहा था। उसने उन्हें बताया कि सूबेदार दीवान सिंह नामक यूनिट के एक वीसीओ ने पास के आईएनए कैंप में शरण ली है। तीनों आईएनए कैंप गए और उन्हें वीसीओ से मिलने का सौभाग्य प्राप्त हुआ।

दीवान सिंह करीब दो सप्ताह पहले 9 1/2 माइलस्टोन फटीग कैंप से फ़रार हो गया था। और उनकी तरह ही, वह भी सीमा पार करने और थाईलैंड के लिए आगे बढ़ने में विफल रहा। हालांकि, ऐसा लग रहा था कि उसे एक बुरा अनुभव हुआ था, क्योंकि जब तीनों ने दीवान को अपने साथ ले जाने की पेशकश की, तो उसने मना कर दिया और कहा कि वह वहाँ ही ठीक था और एक और सीमा पार करने का प्रयास नहीं करना चाहता था। ऐसा लग रहा था कि उसने भारत लौटने की इच्छा ही छोड़ दी थी।

इन तीनों को दो अन्य भारतीय कमीशन अधिकारियों—सेकेंड लेफ्टिनेंट माथुर और सेकेंड लेफ्टिनेंट त्रिलोककर—और रिसाल सिंह नामक एक सिपाही से मिलने का भी मौका

मिला। वे सभी रॉयल इंडियन सप्लाई कॉर्प्स (आरआईएएससी) के थे। हैरानी की बात यह है कि पिनांग में मिले भारतीय सैनिकों में से कोई भी भारत लौटने का इच्छुक नहीं था। इसके बाद तीनों ट्रेन से अलोर सेतर लौट आए और फिर जाकर घने जंगल में छिप गए।

अगली सुबह, प्रीतम सिंह दूसरों को वापस गुरुद्वारा ले गया और डोगर सिंह से संपर्क किया। वह उनके पास अपने एक जानकर जापानी अधिकारी के पास सत्यापन के लिए ले गया और उन्हें बाद में मिलने के लिए कहा।

लेकिन अगले दिन डोगर सिंह के पास एक बुरी खबर थी। जापानी और थाई अधिकारियों के बीच एक बड़ा विवाद हो गया था। नतीजतन, थाई अधिकारी जापानी पक्ष द्वारा जारी किए गए पास को स्वीकार करने से इनकार कर रहे थे। डोगर ने यह भी कहा कि सीमा पार करने और थाईलैंड में यात्रा करने के लिए, उन्हें अब पिनांग में प्राप्त जापानी यात्रा पत्रों के अलावा थाई पासपोर्ट की भी जरूरत होगी। डोगर सिंह द्वारा थाई पासपोर्ट प्राप्त करने की आवश्यकता के बारे में पहले नहीं बताने के कारण तीनों अधिकारी निराश और नाराज थे। उन्हें लग रहा था कि पिनांग की उनकी यात्रा पूरी तरह से विफल रही और समय और प्रयास की बर्बादी हुई थी।

अब कानूनी रूप से सीमा पार करने की बहुत कम या कोई उम्मीद नहीं बची थी। तीनों फिर से जोखिम लेने के लिए एकमत हुए और एक बार फिर अवैध रूप से थाईलैंड में प्रवेश करने का प्रयास किया। सौभाग्य से, अलोर सेतार शहर की अपनी एक गुप्त यात्रा के दौरान उन्हें उजागर सिंह नाम के एक सिख किसान के बारे में पता चला जो अक्सर एक भरी हुई बैलगाड़ी के साथ सीमा पार करता था। वह कथित रूप से सीमा के दोनों ओर के पहरेदारों को अच्छी तरह जानता था।

अधिकारियों ने सतर्कता के साथ किसान से संपर्क किया। वह उन्हें उचित राशि के लिए सीमा पार ले जाने के लिए तैयार हो गया। पर वह बदमाश कुछ पैसे पहले ही लेना चाहता था! एक चालाक मुस्कान के साथ, किसान ने कहा कि वह उन्हें घास से ढक देगा और अपनी बैलगाड़ी में सीमा पार ले जाएगा।

हालांकि किसान की ईमानदारी के बारे में उनके मन में बहुत सारी शंकाएं थीं, लेकिन उन्होंने इस नाजुक स्थिति में जोखिम उठाने का फैसला किया। आखिर डोगर सिंह ने किसान की गारंटी ली थी और उन्हें परिचय पत्र भी दिया था। तीनों ने काफी सोच-विचार किया और अवैध रूप से सीमा पार करने का फैसला करने के बाद 21 मई को सावधानी से पदंग बेसर में प्रवेश कर गए। वे अपने पिछले बुरे अनुभव के बाद काफी सतर्क थे। उन्हें अपने पैसे को थाई मुद्रा में बदलने के लिए एक दुकानदार मिला और इसके बाद वे जल्दी से अपने जंगल के ठिकाने पर लौट आए।

थाईलैंड-मलाया सीमा, सिंगापुर और सुमात्रा

अगला दिन, 22 मई 1942, तीनों के लिए एक बड़ा दिन था। वे चुपचाप अपने जंगल के ठिकाने से निकले और उजागर सिंह से मिलने पहुंचे, जो अपनी बैलगाड़ी के साथ निर्धारित स्थान पर आ चुका था। जमा किए गए पैसों में से उन्होंने किसान को एडवांस दिया ताकि वह उन्हें सीमा पार थाईलैंड में गुप्त रूप से पहुँचा दे। फिर उसने उन्हें बैलगाड़ी में उनके सामान के छोटे-छोटे बंडलों के साथ लेटा दिया और चतुराई से उन्हें ढीले घास के बंडलों से ढक दिया। उसने उन्हें बात न करने या हिलने-डुलने से भी मना किया और चल पड़ा।

बैल और गाड़ी आगे की ओर झुकी हुई थी और उसके लकड़ी के पहिये जोर-जोर से चीख रहे थे। उजागर सिंह गाड़ी के एक तरफ चल रहा था। घास के नीचे छिपे हुए तीनों अधिकारियों के मन में कई चिंता भरे विचार थे। जब उन्होंने सीमा की क्रासिंग पर जापानी गार्डों की तेज आवाज सुनी तो वे सचमुच जम गए।

तीनों घास के नीचे बिना हिले-डुले लेटे रहे। वे जानते थे कि अगर गार्डों ने अपने लंबे किर्चों के साथ घास को जाँचने का फैसला किया तो उनके पास बचने का कोई मौका नहीं होता। सौभाग्य से, गार्डों ने उजागर सिंह के साथ मजाक किया और सिर्फ घास के ऊपरी बंडलों की थोड़ी बहुत जांच की। किसान की ईमानदारी के बारे में उनका शक तब कम हुआ जब उन्होंने उसे पहले जापानियों के साथ और फिर थाई बॉर्डर गार्ड्स के साथ मजाक करते सुना।

उसने सीमा पार सुरक्षित रूप से बैलगाड़ी ले जाते हुए ठेठ पंजाबी में जोर से कहा, ‘बंदेओ, चुप-चाप छिपे रहो, हिलना नहीं।’

जैसे ही गाड़ी थाईलैंड के जंगल में छिप गई, तो तीनों अधिकारी घास से बाहर निकले और खुशी-खुशी जमीन पर कूद पड़े। अपने कपड़ों से चिपकी हुई घास को हटाकर उन्होंने मुस्कुराते हुए किसान का तहेदिल से शुक्रिया अदा किया और बाकी बची रकम का खुशी-खुशी भुगतान कर दिया। फिर उन्होंने अपने बंडल उठाए और जंगल की ओर चले गए। थाईलैंड पहुँचकर तीनों बहुत खुश थे क्योंकि आधिकारिक तौर पर ये क्षेत्र जापानी कब्जे में नहीं था!

अधिकारियों ने अपनी ट्रेन यात्रा के दौरान सुना था कि थाई सीमा शुल्क अधिकारी अक्सर कोंगे और हादई के बीच चलने वाली ट्रेनों के दस्तावेजों की सख्त जाँच करते हैं। दुर्भाग्य से, उन्हें ऐसा कोई न मिला जो उनके लिए जमानत देने के लिए तैयार होता और न ही उनके पास थाई इमिग्रेशन अधिकारियों से आवश्यक पासपोर्ट प्राप्त करने के लिए पैसे ही थे। उनको पता चला था कि एक थाई पासपोर्ट के लिए उन्हें 210 टिकल खर्च करना पड़ता। इस प्रकार, उनके पास बिना दस्तावेजों के थाईलैंड में यात्रा करने का जोखिम उठाने के अलावा कोई विकल्प नहीं था और ट्रेन में चढ़ने के बजाय, उन्होंने पैदल ही हादई जाने का फैसला किया।

रेल की पटरियों के नीचे लकड़ी के स्लीपरों पर एक रात और एक दिन चलने के बाद, वे सावधानी से हादई रेलवे स्टेशन में प्रवेश कर गए। उस समय लगभग आधी रात होने के कारण प्लेटफार्म पूरी तरह से सुनसान था। बाकी की रात उन्होंने प्लेटफॉर्म पर, लकड़ी के बेंचों पर बैठ कर बिताई। लगभग 30 जापानी सैनिक भी प्लेटफॉर्म पर साथ बैठे हुए थे और उन्होंने अपनी बंदूकें पास में एक ढेर लगा कर रखी हुई थीं।

आम नागरिकों की तरह दिखने के लिए, वे अलग हो गए और एक-एक करके थाईलैंड के पूर्वी तट पर प्राचु-अब-खिरिकान के तटीय शहर के लिए टिकट खरीदने के लिए छोटी बुकिंग खिड़की पर गए।

अगली सुबह वे बैंकॉक जाने वाली एक ट्रेन में सवार हो गए और किसी भी संदेह या पहचान से बचने के लिए अलग-अलग डिब्बों में बैठ गए। जैसे ही ट्रेन चलने लगी और हादई से बाहर निकली, उन्होंने राहत की साँस ली।

ट्रेन तंग थाई प्रायद्वीप के साथ चलती हुई बंदोह और चुमपोर्न के स्टेशनों से गुजरी। जब वे चुमपोर्न से गुजर रहे थे तो उन्होंने देखा कि लगभग 60 दुश्मन सैनिकों का एक बड़ा समूह प्लेटफॉर्म पर बैठा था, जो जाहिर तौर पर ट्रेन का ही इंतजार कर रहा था।

27 मई को, वे तंग थाई प्रायद्वीप के पूर्वी तट पर प्राचु-अब-खिरिकान नामक छोटे शहर में पहुंचे। कई जापानी सैनिक रेलवे स्टेशन के सामने खुले इलाके में डेरा डाले हुए थे। बहुत सारे जापानी सैनिक रेलवे प्लेटफार्म पर भी थे।

जब वे रेलवे स्टेशन से चुपचाप निकल रहे थे, एक विमान शहर के ऊपर से उड़ता हुआ गया। जहाज इतना निचे उड़ रहा था कि तीनो खुद को बचने के लिए एकदम से निचे जुक गए और फिर अचानक दिल खोलकर हँसने लगे। वे लगभग भूल ही गए थे कि वे निष्पक्ष थाईलैंड में थे और यह जहाज थाईलैंड वायु सेना का था जो कि अपनी नियमित उड़ान भर रहा था।

जंगल के रास्ते से बर्मा में प्रवेश

मनुष्य का नाश किया जा सकता है पर उसे पराजित नहीं किया जा सकता।

—*अर्नेस्ट हेमिंग्वे, द ओल्ड मैन एंड द सी*

प्राचु-अब-खिरिकान में उन्हें खान ज़मान नाम के एक उदार, बूढ़े पठान ने शरण दी थी। उसकी शादी एक थाई महिला से हुई थी और वह शहर में एक मांस की दुकान चलाता था। पठान और उसकी पत्नी शहर के पास रहते थे और उनके पास कई जानवर थे। उनकी की एक छोटी सी शरारती बेटी थी जो अजीब दिखने वाले यात्रियों पर मोहित हो गई थी।

जैसे ही उन्होंने पंजाब के भारतीय क्षेत्र और उत्तर-पश्चिम सीमांत क्षेत्र की बात की, उन्होंने ज़मान का विश्वास जीत लिया। झिझकते हुए उसने, भारत में अपने रंगीन अतीत का खुलासा करना शुरू कर दिया। उसने उन्हें बताया कि उसने अपनी जन्मभूमि में एक हत्या की थी और ब्रिटिश अधिकारी उसे ढूँढ रहे थे। पठान भागकर कलकत्ता और फिर बर्मा चला गया था। वहाँ से वह भगोड़े के रूप में इस सुदूर थाई शहर में चला आया था। वह अब एक मांस की दुकान चलाता था, लेकिन बर्मा से जानवरों की तस्करी करके अपनी कमाई करता था। यह एक ऐसा व्यवसाय था जिसमें वह अच्छी तरह से माहिर था!

[लगभग 47 साल बाद, 1989 में, बलबीर सिंह सिंगापुर गए और फ़रार के रास्ते पर दुबारा यात्रा की। वह उन अधिकांश लोगों या उनके रिश्तेदारों से मिले और उन्हें धन्यवाद

दिया, जिन्होंने भागने में उनकी सहायता की थी। प्राचु-अब-किरिखान में उन्हें यह जानकर दुख हुआ कि ज़मान और उनकी थाई पत्नी दोनों की मौत हो चुकी थी। हालांकि, वह उनकी बेटी से मिले और उन्होंने खुशी-खुशी पुराने समय को याद किया। बेटी, अब एक अधेड़ उम्र की महिला थी। उसने बलबीर सिंह को बताया कि यह अफवाह थी कि जापानियों ने उन तीनों को जंगल में पकड़ लिया था और उन्हें गोली मार दी थी। वह यह जानकर खुश हुई कि वे सुरक्षित रूप से भारत पहुँच गए थे और उन्होंने बलबीर को रात के खाने पर आमंत्रित करके इस बात का जश्न मनाया।]

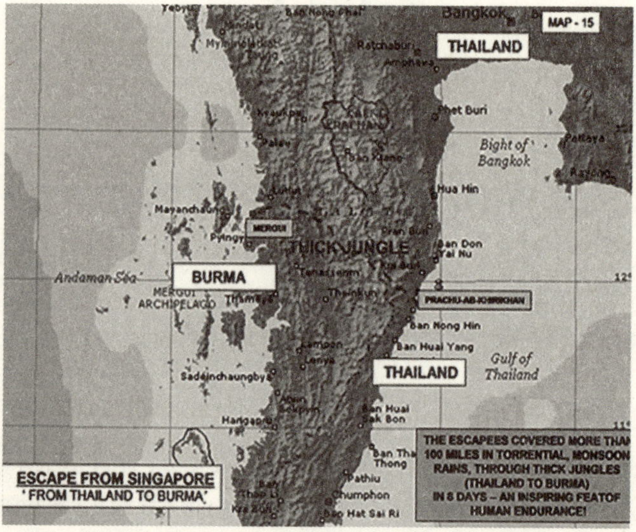

थाईलैंड से बर्मा तक जंगल मार्ग दिखाने वाला मानचित्र

जब अधिकारियों ने खान ज़मान को बताया कि वे बर्मा जाना चाहते हैं, तो उसने उन्हें छिपे हुए जंगली रास्तों के बारे में बताया जो बर्मा में दुर्गम इलाकों से निकलते थे। हालांकि, उसने उन्हें चेतावनी दी कि बहुत अच्छे मौसम में भी बर्मा तक सौ मील या उससे अधिक की यात्रा करना बेहद कठिन था। पहले दिन वे घने जंगल के किनारे एक छोटे से गांव में पहुँचेगें। फिर, यात्रा का कठिन हिस्सा शुरू होगा। चूंकि इस क्षेत्र में पहले से ही मानसून की बारिश हो रही थी, पठान ने उन्हें जंगल के रास्तों से बर्मा न जाने की चेतावनी दी। वह इस क्षेत्र को अच्छी तरह से जानता था और उसने जोर देकर कहा कि उनकी यात्रा एक आत्मघाती मिशन की तरह है।

अधिकारियों के सामने एक कठिन विकल्प था और इसलिए उन्होंने अपनी भविष्य की योजनाओं पर फिर से विचार किया। उनकी खराब हालत देखकर खान ज़मान ने उन्हें प्राचु

में रहने और अपने साथ काम करने का न्योता भी दिया। उसने कहा कि वे आसानी से शादी कर सकते हैं और एक अच्छा जीवन जी सकते हैं। ज़मान ने उन्हें आश्वासन दिया कि पशु तस्करी एक आकर्षक व्यवसाय है और जल्द ही वे अमीर हो जाएँगे। अनिश्चित भविष्य को ध्यान में रखते हुए, यह एक आकर्षक प्रस्ताव था! हालांकि, भारतीय फ़ौज के अधिकारियों के रूप में उनका रुतबा और भारत पहुंचने की तीव्र इच्छा के कारण उन्होंने इस प्रस्ताव को ठुकरा दिया। अगर उनकी भारत पहुँचने की थोड़ी सी भी संभावना थी तो वे जंगल के रास्तों से निकलते हुए बर्मा की यात्रा करने का जोखिम उठाने के लिए तैयार थे। अपना मन बना लेने के बाद उन्होंने खान जमान को इसके बारे में बता दिया।

बूढ़े पठान ने उन्हें भारी मन से अपना घर छोड़ने की अनुमति दी। ज़मान की दयालु थाई पत्नी ने यात्रा के लिए केले के पत्तों में कुछ खाना लपेटा और बांस की पतली छीलन से बंधे छोटे-छोटे पैकेट बना दिए। ज़मान ने 'काका' नाम के एक नौकर-लड़के और एक अन्य थाई युवक को बर्मा की उनकी मुश्किल यात्रा के पहले कुछ दिनों के लिए उनके मार्गदर्शक के रूप में साथ भेज दिया।

खान जमान के घर से निकलने के बाद पाँच लोगों का छोटा समूह पूरे दिन तंग और घुमावदार रास्तों पर चलता रहा। जैसे ही सूरज ढलने लगा, वे जंगल के किनारे की तलहटी में एक गांव के पास पहुँचे। काका और थाई युवक ने घास की एक बड़ी झोंपड़ी के सामने गांव के बुजुर्गों से बात की। एक गहन चर्चा के बाद, समूह को सीढ़ियों से ऊपर ले जाया गया और रात को उनके आराम के लिए इंतजाम किया गया। उन्हें चावल और दाल का गर्म भोजन भी परोसा गया।

गाँव वालों के चले जाने के बाद, काका ने हँसते हुए बताया कि गाँव के बुजुर्ग यह सुन कर काफी प्रभावित हुए कि दोनों अधिकारी खान ज़मान के साथी हैं और पेशेवर पशु चोर हैं। काका ने यह भी कहा कि वे चोरी के जानवरों के एक बड़े झुंड को वापस लाने के लिए जंगल के रास्ते बर्मा जा रहे थे और कुछ जानवरों को उस गांव में छोड़ देंगे!

अगली सुबह, गाँव छोड़ने से पहले, उन्होंने डरे हुए गाँव वालों को यकीन दिलाया कि वे सच में पशु चोर थे। उन्होंने बहुत मुश्किल से पेशेवर पशु चोर के रूप में मिले इस नए सम्मान पर अपनी हँसी रोकी। एक अच्छी विदाई के बाद, तीनों अधिकारी काका और युवा थाई लड़के पीछे-पीछे चलते हुए पास की तलहटी में पहुँच गए।

चाहे काका बर्मा के मार्ग के बारे में अपनी जानकारी के बारे में शेखी बघार रहा था, लेकिन वह उन्हें सही रास्ते पर नहीं ले जा सका। लेकिन चूंकि वह खान जमान के साथ रह रहा था और अपने जानवरों की देखभाल करता था और उन्हें चराने के लिए बाहर ले जाता रहता था, इसलिए उसे इलाके की थोड़ी बहुत जानकारी थी। उन्हें जल्द ही घने जंगल में जाने का

प्रवेश द्वार मिल गया जिसके आगे के जंगल का रास्ता बर्मा के लिए जाता था। काका और उसके साथी ने जल्दी-जल्दी उन्हें अलविदा कहा और खुशी-खुशी प्राचु-अब-खिरिकान और खान ज़मान के पास लौट गए।

मानसून की बारिश ने दस्तक दे दी थी और जोंक एवं मच्छरों ने यात्रा को एक भयानक सपने में बदल दिया था। जंगली जानवरों और बेरहम डकैतों के खतरे ने उनकी मुसीबत और बढ़ा दी थी। बूढ़े पठान का खतरनाक रास्ते का वर्णन इससे अधिक सटीक नहीं हो सकता था। वे तीनों अक्सर सोचते थे कि क्या उन्होंने जंगल में आकर सही फैसला किया है। बर्मा के इस पूरे रास्ते में उन्हें अपनी जिंदगी के अब तक के सबसे मुश्किल हालातों का सामना करना पड़ा। केवल एक चीज सकारात्मक लग रही थी जो उन्हें आगे बढ़ाए जा रही थी—वे भारत जा रहे थे और अब पीछे मुड़ने की कोई आवश्यकता नहीं थी!

थके और भूखे अधिकारी अपनी हिम्मत और दृढ़ संकल्प के साथ लगातार बारिश में डटे रहे। पर वे अक्सर घने जंगल में रास्ता भटक जाते थे। शुरू में, जिज्ञासु बंदरों के एक समूह ने उनका पीछा किया और वे लंबी शाखाओं पर झूलते हुए तीखी आवाजें निकालते थे। जब वे घने और सुनसान जंगल में पहुँचे, जहाँ सूरज की किरणें भी कभी नहीं पहुँचती होंगी, तो बंदर वापस मुड़ गए। जंगल के इस हिस्से से गुजरते हुए, सड़ती हुई लकड़ी की बदबू ने उनकी नाक में दम कर दिया था।

चाहे वे कभी ऊँची आवाज़ में नहीं बोलते थे, फिर भी प्रत्येक अधिकारी को अपने आस-पास मंडरा रहे गंभीर खतरों का आभास था। मूसलाधार मानसूनी बारिश ने आवाजाही को बहुत कठिन बना दिया और कभी-कभी वे घनी धुंध में एक दूसरे को भी मुश्किल से देख पाते थे। उन्होंने जल्द ही समय का अनुमान खो दिया। फिर भी वे आगे बढ़ रहे थे और सफलता के लिए दृढ़ थे। अपने डर और थकान को दूर करने के लिए वे जोर-जोर से एक गाना गाते थे। उस गाने के बोल थे, 'चल, चल रे नौजवान, दूर तेरा गांव, और थके पाओं। रुकना तेरा काम नहीं, चलना तेरी शान। चल, चल रे नौजवान ....' यह गीत उनका उत्साह बढ़ाता था और वे कुछ देर के लिए अपने कष्टों को भूल जाते थे। जंगल के रास्ते से जाने का कठिन निर्णय लेने के बाद उन्होंने कसम खाई थी कि या तो वे बर्मा पहुंचेंगे या उस कठिन रास्ते में जान दे देंगे!

इस तरह से वे बेरहम जंगलों में से आगे बढ़ते गए। जब वे रात के लिए रुकते, तो बलबीर सिंह जलाने के लिए लकड़ी इकट्ठी करते और परब को चावल और दाल पकाने में मदद करते। प्रीतम सिंह इधर-उधर घूम कर रात के लिए एक सुरक्षित जगह ढूँढ़ते थे। वे आसपास के पेड़ों से लकड़ियों और पत्तियों को इकट्ठा कर एक छोटा सा आश्रय स्थल बनाते थे। भारी बारिश से उनकी त्वचा भीग जाती थी और खाना पकाने के लिए आग जलाने की सूखी लकड़ी

ढूँढ़ना काफी मुश्किल था। जैसे ही वे गीले कपड़ों में सोने के लिए लेटते थे, चीटियों का झुंड उनके ऊपर रेंगता हुआ आ जाता था और उनकी चमड़ी को को दर्दनाक ढंक से भर देता था।

गाँव से निकलने के लगभग दो दिनों के बाद, जैसे ही वे अपना शाम का भोजन पकाने लगे, वे अचानक कुछ घटिया दिखने वाले पशु-चोरों से घिर गए। छह या सात आदमी उनके चारों ओर खड़े थे, जबकि अन्य दो या तीन आदमी लगभग 20 जानवरों के साथ अंधेरे में खड़े थे। उन्होंने काले रंग के कपड़े पहने हुए थे जो बारिश में भीग गए थे और उनके सिर पर गंदे स्कार्फ बंधे थे। वे भद्दे दिखने वाले डह और बड़े चाकू चलाते थे। तीनों अधिकारियों को बड़े से पेड़ों के सामने खड़ा किया गया था और उनकी तलाशी ली गई। पशु-चोरों ने पहले तो उनकी सभी दवाइयाँ ले लीं, लेकिन फिर उन्हें गुस्से में फेंक दिया, क्योंकि शायद वे अंग्रेजी में लेबल नहीं पढ़ सकते थे या उनके उपयोग को समझ नहीं सकते थे।

उनके द्वारा ऊँची आवाज में दी गईं धमकियों और होठों पर रखी उंगलियों ने तीनों को चुप रहने की गंभीर चेतावनी दी। चेतावनी के बाद पशु चोर चुपचाप चले गए। चोरी किये गए जानवरों को लेकर वे गाँव की ओर जा रहे थे। तीनों अधिकारी इस घटना से हिल गए थे और उन्हें लगा कि वे अत्यंत भाग्यशाली थे जो कि बच गए। इसके पश्चात्, उन्होंने भविष्य में और अधिक सावधान रहने की कसम खाई और बलबीर सिंह और परब के खाना बनाते समय, निगरानी रखने की जिम्मेदारी प्रीतम सिंह को सौंपी दी गई।

अब शायद उन्हें गाँव छोड़े तीन दिन हो गए थे। नदी की एक तीव्र बहती धारा ने उनका रास्ता अवरुद्ध कर दिया और उसे पार करने के प्रयास में अचानक तीनों अधिकारी एक प्रचंड धारा में बह गए। किनारों से उभरी हुई जड़ों से मजबूती से लिपटने के कारण वे जीवित रहने में सफल रहे। हालांकि, कुनैन की कीमती गोलियों सहित उनका सारा सामान प्रवाह में बह चुका था। थकावट से हाँफते हुए, उन्होंने फिसलन वाले किनारे से ऊपर पहुँचने के लिए एक-दूसरे की मदद की। वे थके हुए थे, डरे हुए थे और सारी उम्मीद खोई हुई लग रही थी। हालांकि, एक संतोषजनक आराम के बाद, उन्होंने अपने आगे की यात्रा को फिर से शुरू करने के लिए पर्याप्त ताकत और उत्साह इकट्ठा कर ही लिया।

थोड़ी देर चलने के बाद, तीनों ने महसूस किया कि वे बार-बार उन्हीं पेड़ों और रास्तों को पार कर रहे हैं। उन्हें इस बात का शक हुआ कि वे एक ही घेरे में चक्कर काट रहे हैं और जंगल में खो चुके हैं। जैसे-जैसे वे खड़ी ढलानों, ऊँचे और अपरिचित रास्तों पर दोबारा पहुंचते जा रहे थे उनका डर बढ़ता जा रहा था। जल्द ही, यह पक्का हो गया कि वे खो चुके हैं। उस निराशा की स्थिति में, कोई उम्मीद नज़र नहीं आ रही थी।

खान ज़मान की दयालु थाई पत्नी द्वारा दिए हुए खाने के पैकेट लंबे समय से खत्म हो चुके थे। भुखमरी के कारण वे बेहोश होने की कगार पर थे और भयानक मतिभ्रम से त्रस्त

थे। बर्मा-थाई सीमा के गहरे जंगलों में उन्हें एक उदास और एकाकी अंत का आभास होने लगा था।

लगभग पाँचवें दिन के करीब, जब वे घनी झाड़ियों के पास बैठे हुए थे, तब एक अविश्वसनीय घटना घटी। उन्होंने कुत्तों के भौंकने और मुर्गे के बाँग देने की अपरिचित सी आवाज़ें सुनी। ये आवाजें निश्चित रूप से आस-पास मानव निवास की संकेतक थीं! सुनसान जंगल में इतना समय बिताने के बाद उन्हें लगा कि उनकी थकी हुई हालत में उनके कान उन्हें धोखा दे रहे हैं। लेकिन जब वे शांत बैठे थे तो जंगल के कीड़ों की लगातार गुनगुनाहट के बीच भी उन्हें बच्चों के हँसने और ख़ुशी से चीखने की आवाज़े सुनाई दीं। बड़ी ही ख़ुशी से उन्होंने महसूस किया कि ये आवाजें असली थीं और उनकी थकी हुई कल्पना की उपज नहीं थीं। यह सच होना उनके लिए स्वर्ग के किसी उपहार के समान था।

एक नयी ऊर्जा के साथ, उन्होंने उन आवाजों का पीछा किया और जल्द ही एक छोटे से जंगल में घास-फूस से बनी कुछ झोंपड़ियों के पास पहुँच गए। अधनंगे बच्चे हैरानी से चीखे और अजनबियों के जंगल से बाहर निकलते ही वापस भाग गए। कुत्ते जोर-जोर से भौंकने लगे और डरे हुए गांव वाले हैरानी से उन्हें देख रहे थे क्योंकि वे तीनों अस्त व्यस्त, लड़खड़ाते शरीर वाली आकृतियाँ के रूप में जंगल से बाहर निकले और अत्यधिक क्षीण होने के कारण वहीं गिर गए। ऐसा लग रहा था कि वे किसी दूसरी ही दुनिया से आए थे! साधारण आदिवासियों ने उन्हें गर्म चावल, स्वादिष्ट दाल और पके केले का शानदार भोजन दिया। जंगल में बिताए समय के दौरान वे जो थोड़ा-बहुत खाना खा रहे थे, उसके बाद यह एक भव्य दावत थी।

उन्होंने गर्मजोशी से अपने मेजबानों को धन्यवाद दिया और नम ज़मीन पर चार शहतीरों के सहारे बनी झोंपड़ियों में से एक झोंपड़ी में आराम से सो गए। अच्छे भोजन और आराम ने अधिकारियों को मानो पुनर्जीवित कर दिया था। जिज्ञासु बच्चों ने अपने डर पर काबू पा लिया था और उनके पास आकर बैठ गए थे। वे अधिकारीयों की दाढ़ी से मोहित हो गए और कुछ बच्चों ने तो उनके चेहरे को छूने का साहस भी किया। वे ज्यादा से ज्यादा समय तक जंगल के उस गांव के स्वागती परिवेश में रहना चाहते थे और अपने थके हुए शरीर को आराम देना चाहते थे। लेकिन फ़रार कैदियों के रूप में उनकी स्थिति की कठोर वास्तविकता ने उन्हें अपनी यात्रा जारी रखने के लिए मजबूर कर दिया। वे नहीं चाहते थे कि उनकी करनी के लिए उन गांव वालों को जापानी सेना के क्रोध का सामना करना पड़े।

अगले दिन, उन्होंने गांव वालों को धन्यवाद दिया और एक बार फिर घने जंगल में गायब हो गए। बलबीर सिंह ने गांव से निकलने से पहले उत्साहित बच्चों को एक मोर का पंख दिया था जिसे वह अपनी जेब में रखे हुए थे। उसने हिन्दुस्तानी में उनसे कहा कि वह प्रार्थना करता

है कि यह पंख उनके लिए सौभाग्य लाए। वह नहीं जानता था कि वे उसे समझते हैं या नहीं, लेकिन सबसे बड़े लड़के ने शरमाते हुए आगे कदम बढ़ाया और पंख ले लिया। अन्य बच्चों ने भी खुशी से तालियाँ बजाईं।

कुछ दिनों बाद, 5 जून 1942 को, फिर से अत्यधिक थकावट की स्थिति में, वे बर्मा में ताबोलिक के बाहरी इलाके में लंगड़ाते हुए चल रहे थे। थकान से उनकी हड्डियाँ भी टूट रहीं थीं और वे बहुत ही भूखे थे। फिर भी उन्होंने एक-दूसरे की पीठ थपथपाई। उन्हें गर्व था कि वे आखिरकार किसी सभ्यता के पास पहुँच गए थे। बर्मा में जीवित पहुँच कर वे बहुत अच्छा महसूस कर रहे थे। उनके थके हुए चेहरों पर एक बड़ी मुस्कान छा गई। वे जमीन पर गिर गए और नम घास की मनमोहक खुशबू को सूंघने लगे।

हालांकि, उनकी समस्याएँ अभी खत्म नहीं हुई थीं। बर्मा युद्ध के मोर्चे पर था और मित्र देशों और जापानी सेनाओं के बीच भारी लड़ाई चल रही थी। युद्ध क्षेत्र की निकटता के कारण जापानी सैनिक प्रायः सतर्क थे और बड़ी संख्या में मौजूद थे। लेकिन, फिलहाल, बर्मा पहुँचने के अच्छे अनुभव ने आगे आने वाले सभी डरों को दूर कर दिया। उनकी बुनियादी जरूरतें भूख और नींद इतनी प्रबल थीं कि उनके सामने अभी और कुछ भी मायने नहीं रखता था।

बूढ़े पठान की कयामत की जानलेवा भविष्यवाणियाँ सच साबित नहीं हुई थीं और तीनों ने असंभव काम को संभव कर दिखाया था। उन्होंने आठ दिन में जंगलों में सौ मील से अधिक दूरी तय की थी, मानसून की मूसलाधार बारिश और जंगल की तीव्र -प्रचंड धाराओं का सामना किया था! निश्चित रूप से ये साहसिक कार्य शारीरिक रूप से स्वस्थ और हृष्ट-पुष्ट सैनिकों के लिए भी मानव धीरज की एक जबरदस्त परीक्षा थे। फिर भी, शारीरिक और मानसिक रूप से काफी कमजोर स्थिति में होने के बावजूद तीनों अधिकारियों ने इस साहसिक कार्य को पूरा कर दिखाया था। अपने दृढ़ निश्चय और भारत पहुंचने की प्रबल इच्छा के कारण ही वे सफल हो पाए थे।

टैबोलिक में उन्होंने टैबोलिक टिन ड्रेजिंग कंपनी नामक एक टिन-माइन देखी जिसमें कोई काम नहीं चल रहा था। उन्होंने टिन माइन में क्लर्क, स्टोर-मैन और ओवरसियर के रूप में अपनी पहचान बदलने का फैसला किया। टैबोलिक से वे खुशी-खुशी एक देशी नाव से तेनासेरिम होते हुए मेरगुई पहुंचे।

वे एक देशी नाव पर लकड़ी के तख्तों से बनी सीटों पर बैठ गए। प्रीतम सिंह के बगल में एक अधेड़ उम्र का और काफी पढ़ा-लिखा भारतीय बैठा था। संक्षिप्त परिचय के बाद, उसने पूछा कि क्या उन्होंने आईआईएल के लिए काम किया है। जब उन्होंने नकारात्मक उत्तर दिया, तो उन्होंने बातचीत शुरू की। उसने उन्हें बताया कि वह बैंकॉक में एक स्टोर में काम करता है और अपनी पत्नी और माता-पिता से मिलने मेरगुई जा रहा है। जब से जापानियों ने

बर्मा पर कब्जा किया था, तब से वह घर नहीं जा पाया था। प्रीतम सिंह ने जब उनसे थाईलैंड के हालात के बारे में पूछा तो भारतीय ने कहा कि युद्ध की शुरुआत में थाईलैंड सरकार ने भारतीयों के साथ अच्छा व्यवहार नहीं किया। हालांकि, स्वामी सत्य नंद की मध्यस्थता से मामलों में सुधार हुआ है और अब भारतीयों पर काफी कम प्रतिबंध लगाए गए थे। उन्होंने कहा कि दिल से, थाई पहले से ही जापानियों से तंग आ चुके थे, जो थाई अधिकारियों को बताए बिना ही सब कुछ अपने तरीके से करना चाहते थे। देश पर सीधे नियंत्रण के कारण जापानी सेना द्वारा सताए जाने के डर से थाईलैंड को चुप रहना पड़ा।

हाल ही में हुई, एक हवाई दुर्घटना के बारे में बताते हुए, जिसमें स्वामी सत्य नंद, ज्ञानी प्रीतम सिंह और आईएनए के कैप्टन अकरम खान कथित तौर पर मारे गए थे, उसने कहा कि यह सभी भारतीयों और थाई अधिकारियों को भी पता था कि हवाई दुर्घटना के पीछे किसका हाथ था। ऐसा इसलिए हुआ था क्योंकि जापानियों को सत्या नंद की सीधी बात पसंद नहीं थी। थाई प्रधानमंत्री के मन में स्वामी के लिए बहुत सम्मान था और जब उन्होंने हवाई दुर्घटना की दुखद खबर सुनी तो वे रो पड़े थे। ऐसा कहा जाता है कि थाई प्रधान मंत्री स्वामी के जापान जाने के पक्ष में नहीं थे। अगर स्वामी बैंकॉक से चले गए होते तो ऐसा न होता। लेकिन वे शक्तिहीन थे क्योंकि पार्टी सिंगापुर से निकल चुकी थी। स्वामी ने थाई सरकार के प्रति बहुमूल्य सेवाएँ प्रदान की थीं—उन्होंने उनकी शब्दावली का विस्तार किया था, थाईलैंड पर किताबें लिखी थीं और थाईलैंड और भारत के बीच सांस्कृतिक संबंधों के विस्तार को बढ़ावा दिया था।

उसने आगे बताया कि थाईलैंड में भारतीय, स्वामी को बहुत स्पष्टवादी मानते थे। भारतीय स्वतंत्रता के मुद्दे पर जापानियों से चर्चा करते समय वे जापानियों से सीधी बात करते थे। यही मुख्य कारण था कि वे जापानियों के बीच लोकप्रिय नहीं थे और वे उनसे छुटकारा पाना चाहते थे। भारतीयों में यह भावना घर कर गयी थी कि जापानी केवल भारत पर विजय प्राप्त करना चाहते थे। भारत की स्वतंत्रता के बारे में उनकी बातें वास्तव में एक तमाशा थीं। उसकी आंखें उत्तेजना से चमक रही थीं और उसने बेचैनी से चारों ओर यह पुष्टि करने के लिए देखा कि नाव पर अन्य लोग उसे सुन तो नहीं रहे हैं।

मेरगुई में एक शक्की बर्मी पुलिस अधिकारी और कुछ कांस्टेबलों ने उनकी जांच की। उन्होंने खुद को टैबोलिक टिन ड्रेजिंग कंपनी के कर्मचारियों के रूप में पेश किया। खदान में कोई काम नहीं होने के कारण अधिकारी का शक बढ़ता जा रहा था। हालांकि, प्रीतम सिंह ने आत्मविश्वास से यह कहकर उस तनावपूर्ण स्थिति को शानदार ढंग से संभाला कि खदान जुलाई के महीने से नए स्टाफ सदस्यों के साथ अपना काम फिर से शुरू कर रही है। पुलिस अधिकारी, हालांकि, आश्वस्त नहीं हुआ और उन्हें प्रमाणिकता के लिए किसी की ज़मानत लाने के लिए कहा।

तीनों अधिकारियों को यह नहीं समझ आ रहा था कि क्या किया जाए। फिर भी वे बड़े आत्मविश्वास से पास के बाज़ार की ओर चल पड़े और बर्मी पुलिसकर्मी भी उनके पीछे-पीछे चल पड़े। सौभाग्य से, उन्हें बाजार में पहुंचते ही भारतीय सामान की एक दुकान मिली और वे जल्दी से दुकान के अंदर चले गए। सावधानी बरतते हुए, प्रीतम सिंह ने हिन्दुस्तानी में उस हैरान दुकानदार को भारतीय सेना अधिकारियों के रूप में अपनी स्थिति के बारे में बताया जिनका पुलिस द्वारा पीछा किया जा रहा था। उन्होंने प्रार्थना की और उन्हें उम्मीद थी कि दुकान-मालिक को उनकी भाषा समझ में आ जाएगी, नहीं तो वे बहुत बड़ी मुसीबत में फँस जाते। दुकानदार को अपना सिर हिलाते हुए देख कर प्रीतम सिंह ने कहा कि उन्होंने पुलिस अधिकारी को टाबोलिक टिन खदान में काम करने की एक मनगढ़ंत कहानी सुनाई है और दुकानदार को उनके अच्छे चरित्र की पुष्टि करने का अनुरोध किया। पुलिस अधिकारी और बाकी सिपाही दुकान में फरार अधिकारियों का पीछा करते हुए पहुंच चुके थे और जांच-पड़ताल शुरू हो गई थी। जब पुलिस अधिकारी ने तेज-तर्रार बर्मीज़ में कुछ कहा तो दुकानदार ने सिर हिलाया। तीनों फरार अधिकारी दुकान मालिक के पास खड़े होकर मासूमियत से मुस्कुरा रहे थे। अधिकारी ने डांटते हुए दुकानदार से कुछ और पूछा। जाहिर तौर पर जिस तरह बातें सामने आईं, उससे निराश होकर, वह अपनी एड़ी को इधर-उधर घुमाने लगा और अपने साथियों के पीछे-पीछे दुकान से निकल गया।

जब पुलिस चली गई, तो दुकानदार मुस्कुराया और उन्हें बताया कि उसका नाम प्रेम चंद है और वे भाग्यशाली थे कि वह हिंदुस्तानी भाषा अच्छे से जानता था। उसने आगे बताया कि उसने उन तीनों के अच्छे चरित्र और जाने-माने व्यक्ति होने की गारंटी दे दी थी।

गर्म चाय पिलाते हुए उसने उन्हें बताया कि तवोय की यात्रा कैसे की जाती है। उसने उन्हें उस क्षेत्र में मौजूद खतरनाक डकैतों से सावधान रहने की चेतावनी दी। उसने यह भी सुना था कि मेरगुई, ये और तावॉय के युद्धबंदी कम्पों में ऑस्ट्रेलियाई कैदी थे। तीनों अधिकारियों ने प्रेम चंद को बहुत धन्यवाद दिया और उसकी दुकान से निकल गए। यदि प्रेमचंद उन्हें नहीं बचाता तो बर्मी पुलिस अधिकारी उन्हें निश्चित रूप से जापानियों को सौंप देते और उनके लिए सब कुछ खत्म हो जाता। उन्होंने यह भी देखा कि मेरगुई में अधिकांश व्यापारी और दुकानदार जापानियों से बेहद डरे हुए थे। इस अजीब व्यवहार का कारण पूछे जाने पर प्रेमचंद ने उन्हें मुस्कुराते हुए बताया था कि जब भी जापानियों को श्रम की आवश्यकता होती है तो वे जनता से जनशक्ति प्रदान करने या बदले में पैसे देने के लिए कहते हैं, ताकि श्रमिकों को काम पर रखा जा सके।

प्रेमचंद की दुकान से वे घाट की ओर चल पड़े। रास्ते में उन्होंने कई फटेहाल बर्मी सैनिकों को सड़कों पर लड़खड़ाते हुए देखा। ऐसा लग रहा था कि बर्मी लोग अपनी सरकार चला रहे

थे, लेकिन वास्तव में वे जापान की कड़ी निगरानी में काम कर रहे थे। अच्छी तरह से आराम करने के बाद वे 15 जून को मेरगुई से चले गए और एक मोटर लॉन्च से यात्रा की, उसके बाद नाव और बस से। वे 16 जून की शाम को तवॉय पहुँचे और अंधेरी गलियों से गुजरते हुए स्थानीय गुरुद्वारे पहुँचे।

तवॉय का गुरुद्वारा, फर्श पर बैठे शरणार्थियों से भरा हुआ था और कुछ पहली मंजिल पर सो रहे थे। ऐसा लग रहा था कि जापानी कब्जे के बाद बहुत से लोगों ने तवोय में रहने का फैसला किया था। यात्रा की स्थिति में सुधार होने के बाद वे रंगून या पेगू के लिए रवाना होने वाले थे। शरणार्थियों ने भागे हुए तीनों अधिकारियों को बताया कि तवोय और मौलमीन के बीच का क्षेत्र बेरहम, खतरनाक डकैतों से भरा हुआ था और युद्ध के समय की अनिश्चितताओं के कारण वे और भी ज्यादा खतरनाक हो गए थे। यह इलाका थाई सीमा के करीब था और यह कुछ हद तक नो-मैन्स लैंड जैसा था। शरणार्थियों में से कुछ शुभचिंतकों ने तीनों अधिकारियों को एक बड़े समूह में शामिल हुए बिना उत्तर के रास्ते की ओर न जाने की सलाह दी। लेकिन जब अधिकारियों ने शरणार्थियों को अपने साथ केंद्रीय बर्मा जाने के लिए कहा तो कोई भी उनके साथ तब तक उस रास्ते पर जाने के लिए तैयार नहीं था जब तक कि वह रास्ता सुरक्षित यात्रा के लिए साफ नहीं कर दिया जाता। तीनों ने हालात का जायज़ा लिया और फिर अपने दम पर ही आगे बढ़ने का फैसला किया

जापानियों द्वारा लोअर बर्मा की सरकार थाकिन पार्टी को सौंप दी गयी थी। थाकिन पार्टी निश्चित रूप से भारत विरोधी थी और उसने भारतीयों की आवाजाही पर कई तरह की रोक लगा दी थी। फ़रार अधिकारियों को पता चला कि भारतीय यात्रियों को टैवॉय छोड़ने के लिए टिकट खरीदने से पहले एक पास प्राप्त करना पड़ता था। पास की कमी के बावजूद वे अगले दिन ये के लिए एक भीड़ भरी बस में सवार हो गए। उन्होंने टिकट मांगा और उन्हें पास दिखाने के लिए कहा गया। बहरहाल, कंडक्टर एक विचारशील व्यक्ति था और उसने उन्हें बस में बैठने की अनुमति दे दी। लेकिन उसने उनसे कहा कि बस पुलिस स्टेशन पर रुकेगी और वे वहाँ से बस टिकट खरीदने के लिए आवश्यक पास प्राप्त कर सकते हैं। बस जल्द ही पुलिस स्टेशन पर अपने नियमित स्टॉप पर रुकी जहाँ सभी यात्री उतर गए और अंदर चले गए, वहाँ चश्मा पहने हुए एक मोटा सा जापानी अधिकारी, एक बड़ी मेज पर अपने दुभाषिए के साथ बैठा था।

दुभाषिये ने तीनों से उनके नाम पूछे, वे क्या काम करते थे, वे रंगून क्यों जा रहे थे और वे वहाँ कितने समय तक रुकने वाले थे। जवाब में, उन्होंने आत्मविश्वास से उत्तर दिया कि वे टैबोलिक टिन ड्रेजिंग कंपनी के साथ काम कर रहे थे और अपने रिश्तेदारों से मिलने के लिए रंगून जा रहे थे। उन्होंने कहा कि वे युद्ध के कारण अपने रिश्तेदारों की सुरक्षा को लेकर

चिंतित थे और उन्हें बस टिकट खरीदने के लिए पास की आवश्यकता थी। दुभाषिये ने उनके उत्तर का अनुवाद किया और जापानी अधिकारी ने सिर हिलाया और वह उनके स्पष्टीकरण से संतुष्ट लग रहा था। उन्हें पांच मिनट तक इंतज़ार करने के लिए कहा गया और फिर तवोय से जाने के लिए आवश्यक पास दे दिए गए। जापानी अधिकारी को धन्यवाद देते हुए, वे उसके दफ्तर से बाहर निकल गए। बाहर आकर, वे बस पर चढ़े और पास दिखाने के बाद उन्होंने टिकट खरीद लिए।

तवोय से निकलने के कुछ समय बाद ही बस दो घाटों को पार कर गई। प्रत्येक किश्ती पर जापानी सैनिकों की एक टुकड़ी पहरा दे रही थी। इसके बाद सड़क अच्छी थी और बस तेज गति के साथ आगे बढ़ी। वे 18 जून की शाम को ये पहुँचे। वे पहले की तरह ही ये में भी स्थानीय गुरुद्वारे में रुके। वहाँ ये से मौलमीन तक एक रेलवे लाइन थी, लेकिन आजकल ट्रेन नहीं चल रही थी क्योंकि लड़ाई में एक पुल नष्ट हो गया था। इसलिए, 19 जून की सुबह वे ये से रवाना हुए और रेलवे ट्रैक के साथ-साथ लमिंग तक 22 मील चलकर गए।

उनकी यात्रा का यह हिस्सा भी बेहद कठिन साबित हुआ क्योंकि उन्हें रेल-मार्ग के दांतेदार पत्थरों पर चलना पड़ रहा था। उनके पैरों के फटे जूते और दर्दनाक छाले उनके दुख को और भी बढ़ा रहे थे। रेलवे ट्रैक के पास रहने वाले दुश्मनों से भी लगातार खतरा बना हुआ था। रेलवे लाइन पर स्थित एक गाँव बहुत ज्यादा खतरनाक था। ये में उन्हें इन लोगों से दूर रहने के लिए चेतावनी दी गई थी। वे दक्षिण भारतीय मूल के कुछ शरणार्थियों के चेहरों पर डर के भावों को नहीं भूले थे जिन्होंने ये और मौलमीन के बीच रेलवे ट्रैक पर हुए आक्रमण की अपनी भयानक कहानी सुनाई थी। शरणार्थियों को लूट लिया गया था और उस दुश्मन गाँव के डाकुओं ने उनमें से कुछ की हत्या भी कर दी थी। बचे हुए शरणार्थियों ने भाग कर अपनी जान बचाई थी।

जैसे ही वे उस गाँव के पास से गुजरे, तीनों ने उन ग्रामीणों में व्याप्त तीव्र घृणित भावना को महसूस किया, जो रेलवे लाइन के किनारे अपनी झोंपड़ियों के सामने बैठे हुए उन्हें घूर रहे थे। वे उनकी ओर देखे बिना या उनसे बात करने के लिए रुके बिना तेजी से आगे बढ़ने लगे। गाँव वालों को खुद को संगठित करने और फ़रार अधिकारियों को परेशान करने का समय ही नहीं मिला। तीनों ने पथरीली सतह पर बड़े-बड़े कदम उठाते हुए अपनी गति बढ़ा दी और गाँव से गुजरने के बाद तो भागना ही शुरू कर दिया। अपने बुरी तरह से घायल पैरों की तीव्र पीड़ा में वे अंधेरे में डगमगाते हुए लामिंग की ओर बढ़ गए। वे लामिंग में रात रुके और अगले दिन ट्रेन से आगे के लिए रवाना हुए।

देर तक चलते रहने के कारण वे काफी थक चुके थे और लहराती हुई रेलगाड़ी में बैठने के बाद उनकी राहत की तो कल्पना भी नहीं की जा सकती थी। गाड़ी की खिड़कियों से उन्होंने

अंडमान सागर और बंगाल की खाड़ी के सुंदर, नीले-हरे पानी की झलक देखी। यह जानना ही उनके लिए एक सुखद अहसास था कि इस ठंडे पानी के उस पार भारत का किनारा था। लेकिन वे जानते थे कि एक लंबी और मुश्किल यात्रा अभी भी बाकी थी। वे अभी तक दुश्मन सेना के कब्जे वाले अनजान इलाकों को पार नहीं कर पाए थे। अधिकांश रेलवे पुल लकड़ी के मोटे स्तम्भों पर बनाए गए थे और रेलगाड़ियाँ उनके ऊपर से जोरदार आवाज़ करती हुई गुजरती थीं। तीनों अधिकारी 24 जून 1942 को मौलमीन पहुँचे। रास्ते में उन्होंने देखा कि कई जापानी सैन्य ट्रेनें दिन और रात तेजी से उनके पास से गुजरती थीं। गाड़ियों में आमतौर पर पुरानी लॉरियाँ, उपकरण और घोड़े लदे होते थे।

मौलमीन में कैप्टन प्रीतम सिंह और कैप्टन परब दोनों बीमार पड़ गए। परब को तेज बुखार था और उन्हें यूरेशियन और यूरोपीय ननों द्वारा संचालित एक कॉन्वेंट अस्पताल में भर्ती कराया गया। वे यह सोचकर हैरान थे कि मौलमीन में जापानियों के प्रति इतना डर क्यों था। अंत में, एक भारतीय दुकानदार ने रहस्य से पर्दा उठाया। उसने उन्हें बताया कि मौलमीन के सभी बड़े और छोटे दुकानदारों को दो दिन के लिए जेल में डाल दिया गया था और कठिन शारीरिक श्रम करने के लिए मजबूर किया गया था क्योंकि उन्होंने 10 सेंट के नोटों का आने और पाइस मूल्य देना बंद कर दिया था। एक बार फिर, प्रीतम सिंह और बलबीर सिंह एक गुरुद्वारे में रुके और परब के ठीक होने का इंतजार करने लगे।

उनका पैसा लगभग खत्म हो चुका था और वे जानते थे कि अपनी यात्रा को जारी रखने के लिए जल्द ही और अधिक पैसे की जरूरत होगी। वे एक अमीर दुकानदार और लकड़ी के ठेकेदार अर्जन सिंह के पास गए, जिनके पास कुछ हाथी थे। जब उन्होंने उसे 50 रुपये उधार देने के लिए कहा तो वे यह देख कर हैरान रह गए कि अर्जन सिंह ने उन्हें केवल 5 रुपये की पेशकश की। उन्होंने अपमानित महसूस किया और पैसे लेने से इनकार कर दिया।

गुरुद्वारे में वे 8 बर्मा राइफल्स के चार सैनिकों से मिले। बर्मा पर जापानी कब्जे के बाद उनकी यूनिट के खत्म होने के बाद से सभी चार व्यक्ति आम नागरिकों के रूप में रह रहे थे। उन्होंने फ़रार अधिकारियों से कहा कि मौलमीन में युद्धबंदियों का इलाज अच्छे से नहीं होता था। खाने में केवल चावल और नमक था और कैदी फ़टे-पुराने कपड़ों में थे। ये चारों सैनिक और एक अन्य नागरिक भी भारत जाना चाहता था और उनके पास कुछ पैसे भी थे। इसलिए वे सभी इन अधिकारियों के साथ शामिल होने के लिए सहमत हो गए और समूह 30 जून को मौलमीन से निकला और एक नाव से मार्टबन पहुँचा।

नाव पर उन्हें 8 गोरखा राइफल्स की एक यूनिट के चार घुमक्कड़ सैनिकों का एक झुंड मिला, जिसे जापानियों ने बर्मा में खदेड़ दिया था। गोरखा सैनिक खामोश और डरे हुए थे, लेकिन वे भारतीय सेना के तीन अधिकारियों से मिल कर खुश लग रहे थे। वे सभी रेल, बस,

नाव द्वारा, रेल की पटरियों के किनारे पैदल चल कर और साइकिल-रिक्शा द्वारा थाटन के रास्ते पेगु तक एक साथ आगे बढ़े।

वे 2 जुलाई 1942 को पेगू पहुंचे। लड़ाई में सितांग नदी पर पुल टूट गया था और नदी के पार आवाजाही देशी नौकाओं द्वारा संचालित की जा रही थी। डकैतों को भगाने के लिए थॉटन और बिलिन के बीच रेलवे लाइन पर एक रेल ट्रॉली पर हथियारबंद पुलिसकर्मियों द्वारा गश्त की जाती थी। समूह एक या दो दिन पेगू में रहने के बाद रंगून चला गया। जापानियों ने बर्मा पर कब्जा कर लिया था और वे कई बार दुश्मन के चेक-पोस्टों से बचते हुए भागे थे।

4 जुलाई 1942 को जैसे ही वे रंगून में पहुँचे, एक अमेरिकी बमवर्षक विमान दिन के उजाले में शहर की ओर बढ़ा। भीषण विस्फोटों ने शहर को हिला कर रख दिया और कई इमारतों को मलबे में बदल दिया। सड़कें सुनसान थीं और कुछ ही स्थानीय और जापानी सैनिक दिखाई दे रहे थे। बाकी की पार्टी जिसके के साथ तीनों अधिकारियों ने यात्रा की थी, उसने भारत न जाने का फैसला कर लिया था और इस प्रकार तीनों अधिकारियों की फ़रार होने की योजना को फिर से गंभीर वित्तीय कठिनाइयों का सामना करना पड़ा। तीनों रंगून स्थित गुरुद्वारे में रुके हुए थे।

उस समय गुरुद्वारे में 30-40 और लोग ठहरे हुए थे और उनमें से कुछ का व्यवहार संदिग्ध था। वे हमेशा अपनी पहचान छुपाते रहते थे और अधिकारीयों को चिंता हो रही थी कि कहीं वे जापानी एजेंट न हों। इसलिए, उन्होंने गुरदित सिंह, जो गुरुद्वारा के अध्यक्ष और इंडिया इंडिपेंडेंस लीग (आईआईएल) के सदस्य थे, से संपर्क किया और उनसे कहा कि उन्हें कुछ जरूरी व्यावसायिक कार्यों के कारण यहाँ से तत्काल जाना पड़ेगा। उसके रोकने बावजूद, वे रंगून से लगभग तीन मील दूर मणिगांव (प्रोम रोड) में स्थित एक अन्य गुरुद्वारे में चले गए। गुरदित सिंह ने उन्हें नौकरी दिलाने की भी पेशकश की, लेकिन उन्होंने विनम्रता से मना कर दिया।

मणिगांव में रहते हुए प्रीतम सिंह दो बार आईआईएल कार्यालय का दौरा करने के लिए रंगून गए। पहले अपने कार्ड खो जाने के बाद, वे एक-एक रुपये का भुगतान करके फिर से आईआईएल में शामिल हो गए। सदस्यता मिलने के बाद एक सिफारशी पत्र प्राप्त हो गया जिसका प्रयोग उन्होंने स्टेशन मास्टर से रेलवे टिकट खरीदने में किया।

आईआईएल कार्यालय में रहते हुए प्रीतम सिंह ने बहुत प्रचार-प्रसार सुना, जिसमें लोगों का कहना था कि लगभग 70,000 से 90,000 के बीच आईएनए सैनिकों का एक दल जल्द ही भारत की तरफ मार्च करेगा।

अपनी दूसरी यात्रा के बाद लौटते हुए प्रीतम सिंह को सड़क के किनारे एक जापानी स्टाफ कार खड़ी मिली। बगल में एक भारतीय दिखने वाला ड्राइवर खड़ा था और उसने

हिंदुस्तानी में प्रीतम सिंह को आवाज़ लगाई। प्रीतम सिंह उसके बगल में रुक गये और ड्राइवर ने मुस्कुराते हुए उसे बताया कि वह भारतीय सेना में सिपाही हुआ करता था और अब एक जापानी अधिकारी का ड्राइवर था। उसने प्रीतम सिंह को यह पूछकर चौंका दिया कि क्या वह सिंगापुर से आया है। यह महसूस करते हुए कि सिपाही ने उसे पहचान लिया होगा, प्रीतम सिंह ने खांसने का नाटक किया, अपने मुँह में कुछ बुदबुदाया और फिर तेजी से अपना सिर हिलाते हुए चला गया।

गुरुद्वारे में वे एक मैत्रीपूर्ण सिंधी व्यापारी से मिले, उन्होंने महसूस किया कि उसे विश्वास में लिया जा सकता है और उन्होंने उससे कुछ पैसे मांगे। उन्होंने उसे बताया कि किस प्रकार उनकी वित्तीय समस्याएँ उनकी भारत यात्रा में बाधक बन रही थीं।

सिंधी व्यापारी एक कट्टर राष्ट्रवादी निकला जिसने उनकी समस्या को भली-भाँति समझा और स्वेच्छा से उन्हें 200 रुपये दे दिए। इस अप्रत्याशित आय ने उनकी वित्तीय समस्याओं को अस्थायी रूप से हल कर दिया था। उन्होंने गुरुद्वारे में एक पूर्व पुलिस उप-निरीक्षक से भी मुलाकात की, जिसका नाम प्रीतम सिंह था (इसके बाद उन्हें पीएस कहा जाता था ताकि उन्हें कैप्टन प्रीतम सिंह से अलग पहचाना जा सके) जो मोनिवा में रहते थे। उसने उन्हें बताया कि उसने भारत वापस जाने की कोशिश की थी लेकिन वह सफल नहीं हो सका था। इसलिए अपने असफल प्रयास के बाद, उसने रंगून और मोनिवा के बीच व्यापार करना शुरू कर दिया था। पीएस ने उनके साथ मोनीवा जाने का वादा किया और उन्हें बताया कि बर्मा में व्यापार करने के लिए, सभी के पास 'बिजनेस पास' होना जरूरी था। चूंकि ऐसा पास यात्रा के दौरान उपयोगी साबित हो सकता था, पीएस ने कहा कि वह उन्हें अपने आईआईएल सदस्यता कार्ड के साथ आवश्यक व्यावसायिक पास प्राप्त करने में मदद करेगा।

आईआईएल सदस्यता कार्ड और स्टेशन मास्टर की सिफारिश के बावजूद, तीनों को बड़ी मुश्किल से रंगून से मांडले के लिए ट्रेन टिकट मिल पाई।

टिकट मिलने के बाद वे मणिगांव के गुरुद्वारे से 9 अगस्त को रंगून के रेलवे स्टेशन गए और शाम की एक ट्रेन में मंडले के लिए सवार हुए। यात्रा में उनके साथ पीएस भी थे। हैरानी की बात यह है कि गोरखा घुमक्कड सैनिक आगे जाने को तैयार नहीं थे और रंगून में ही रह गए।

मोनिवा में मुश्किलें

> साहस मात्र एक गुण नहीं है; यही सबसे बड़ा गुण है। इसके अलावा, अन्य कोई गुण नहीं है।
>
> —*फील्ड-मार्शल सर विलियम स्लिम, करेज एंड अदर ब्रॉडकास्टस*

आगे की ट्रेन यात्रा काफी शांत थी। टिकट निरीक्षक ने आकर उनका टिकट चेक किया। जैसे ही वे उत्तर की ओर बढ़े, कई और जापानी सैनिक और सैन्य वाहन दिखाई दे रहे थे। ट्रेन सुबह मांडले पहुँची। पीएस, जो बर्मी भाषा बहुत अच्छी तरह से जानते थे, उनके लिए बहुत मददगार साबित हुए थे, वे इस क्षेत्र को भी अच्छी तरह जानते थे। मांडले रेलवे स्टेशन से वह उन्हें बस स्टैंड पर ले गए, जहाँ उन्होंने मोनिवा के लिए टिकट खरीदे और वे एक भीड़ भरी बस में सवार हो गए। अँधेरा हो रहा था और बस मोनीवा की तरफ बढ़ गई। लगभग सुनसान बस स्टेशन से पीएस ने उन्हें अँधेरी सड़कों से होते हुए स्थानीय गुरुद्वारे तक पहुँचाया।

गुरुद्वारे में कई लोग रह रहे थे और बहुत सारे दिन भर आते जाते रहते थे। पीएस, नाथ सिंह नामक ग्रंथी को जानता था और उसने फ़रार अधिकारियों का परिचय अपने दोस्तों के रूप में करवाया। उसने प्रीतम सिंह और बाकी लोगों को समझाया कि भारत में हो रही भीषण लड़ाई के कारण कई लोग मोनिवा में फँसे हुए थे। बस स्टेशन पर वे एक बंगाली आयुर्वेदिक

चिकित्सक से भी मिले थे जिसे सभी "बाबूजी-बाबूजी" कहते थे। गुरुद्वारे के पास एक दुकानदार ने पीएस को बताया कि उन्हें सावधान रहना होगा क्योंकि मोनिवा में ऐसे कई संदिग्ध लोग थे, जो या तो ब्रिटिश या जापानी जासूस हो सकते थे। उसने उन्हें फिर से बहुत सतर्क रहने की चेतावनी दी।

उनकी योजना अब कलेवा जाने और फिर भारत में प्रवेश करने की थी। हालांकि, मोनीवा के लोगों ने उन्हें सलाह दी कि कलेवा में जापानी चेक पोस्ट को पार करना तब तक असंभव होगा जब तक उनके पास पास न हो। इसलिए, उन्होंने जापानी अधिकारियों से मावलैक और आगे कलेवा जाने के लिए एक पास के लिए आवेदन किया। मावलैक जाने के लिए पास लेने के लिए वे एक जापानी खुफिया अधिकारी—लेफ्टिनेंट नोमी—से मिले। वह अच्छी अंग्रेजी बोलता था और उसने उनसे पूछा कि वो क्या काम करते हैं। उन्होंने उसे बताया कि वे व्यापारी हैं और उनकी पेगू में दो दुकानें हैं। उदास चेहरे बनाते हुए उन्होंने कहा कि उनके माता-पिता मार्च में भारत के लिए रवाना हुए थे, लेकिन वे मावलैक में फंस गये थे। चूंकि उन्हें अपने माता-पिता की चिंता थी, इसलिए वे उन्हें मावलैक से वापस लाना चाहते थे। लेफ्टिनेंट नोमी ने उन्हें कुछ दिनों के बाद वापस आने के लिए कहा।

जब वे वापस गए, तो उन्हें पता चला कि उनका मामला कई जापानी कार्यालयों के बीच इधर-उधर घूम रहा था। अंत में इसे बर्मी अधिकारियों—जिजीखाई के पास भेज दिया गया। संबंधित बर्मी कार्यालय ने कहा कि उनके कागजात जापानी अधिकारियों को वापस कर दिए गए हैं। गुस्से में, बलबीर सिंह ने लेफ्टिनेंट नोमी से कहा कि वे अपने माता-पिता के बारे में चिंतित हैं और आगे बढ़ने के लिखित निर्देशों के लिए आभारी होंगे। लेकिन अगले दिन उन्हें पता चला कि उनका मामला जिजीखाई के पास फिर से भेज दिया गया था!

लोक निर्माण विभाग के एक पूर्व ओवरसियर श्री पिल्लई ने उनकी मदद की, जो गुरुद्वारा से लगभग 600 गज की दूरी पर रह रहे थे। उन्हें गुरुद्वारा के पास पिल्लई से मिलने का मौका मिला और उन्हें अपनी दुर्दशा के बारे में बताया। पिल्लई ने उनकी बात को ध्यान से सुना और कहा कि वह उनकी मदद करने की कोशिश करेंगे। उन्होंने जल्दी से काम शुरू किया और जिजीखाई से उनके लिए मावलैक जाने की अनुमति प्राप्त कर सकते थे, लेकिन उन तीनों को अभी भी जापानियों से अंतिम मंजूरी की जरूरत थी। पिल्लई उनके साथ लेफ्टिनेंट नोमी से मिलने गए, जो उन्हें दोबारा से देखकर काफी नाराज लगा। उसने उन्हें एक घंटे के बाद मिलने के लिए कहा। लेफ़्टिनेंट नोमी शायद मामला देख चूका था अतः उसने तुरन्त घोषणा

की कि वह उन्हें मावलैक जाने के लिए केवल दो पास दे सकता है। तीसरे व्यक्ति को मोनीवा में बंधक के रूप में रहना होगा और रोजाना नोमी को रिपोर्ट करना होगा।

उन्हें अपने कानों पर विश्वास ही नहीं हो रहा था। बलबीर सिंह ने नोमी से ऑफिस से बाहर जाने और आपस में इस मामले पर चर्चा करने की अनुमति मांगी। नोमी ने पहले से ही एक और फाइल को पढ़ना शुरू कर दिया था और बिना ऊपर देखे, उसने अपने हाथ से इशारा कर दिया। वे कार्यालय के बाहर बरामदे में चले गए और बातचीत करने लगे। उन्होंने महसूस किया कि इसके पीछे कोई द्वेषपूर्ण कारण था कि जापानी नहीं चाहते थे कि वे मावलैक जाएं। अधिकारियों के रवैये से नाराज उन तीनो ने महसूस किया कि नोमी से दोबारा मिलने का कोई फायदा नहीं है और चुपचाप गुरुद्वारे के लिए रवाना हो गए।

गुरुद्वारे में वे पीएस से मिले, जो ग्रंथी नाथ सिंह से मिलने आए थे। उन्होंने पीएस को नोमी से हुई सारी बात बताई। उसने उन्हें धैर्यपूर्वक सुना और अनुमान लगाया कि उन्हें अपनी योजनाओं को स्थगित नहीं करना चाहिए क्योंकि उन्हें आधिकारिक तौर पर मावलैक की यात्रा करने से रोका नहीं गया था। उन्होंने कहा कि वह ठाकुर सिंह नाम के एक भारतीय व्यापारी को जानते हैं जो उन्हें मावलैक जाने में मदद कर सकता है क्योंकि वह मोनावा में कुछ जापानी अधिकारियों को जानता था। पीएस ने उन्हें अगले ही दिन ठाकुर सिंह के घर ले जाने का वादा किया।

अगली सुबह पीएस गुरुद्वारे पहुँचे। उन्हें कुछ संकरी गलियों से ले जाते हुए ठाकुर सिंह के घर ले गये। ठाकुर सिंह ने गर्मजोशी से अपने घर में उनका स्वागत किया और उनके पीने के लिए गर्म चाय बनाई। पीएस ने कहा कि उन्हें शहर में कुछ काम है और चाय पीकर चले गये। मेज़बान फ़रार अधिकारियों के साथ बैठ गया और मावलैक और कलेवा के उनके प्रस्तावित सफर के विषय पर चर्चा शुरू की। उसने भारत पहुँचने की उनकी योजना में बहुत रुचि दिखाई। उसने उनसे कहा कि वह कुछ जापानी अधिकारियों को जानता है जो उन्हें मावलैक और कलेवा जाने के लिए अनुमति दे सकते हैं।

बातचीत के बाद, उसने उन्हें अपने घर में आराम करने के लिए कहा और खुद जरूरी काम से बाहर चला गया। फ़रार अधिकारी अपनी किस्मत पर बहुत खुश हुए और आरामदायक कुर्सियों पर बैठ गए। कुछ ही देर में वे गहरी नींद में सो गए। उन्हें पता ही नहीं चला कि समय कैसे उड़ गया। लगभग एक घंटे के बाद ठाकुर सिंह केम्पेताई के सैनिकों के साथ वापस आया—गुप्त जापानी सैन्य पुलिस के साथ—जिन्होंने बड़ी बेअदबी से उन्हें गहरी नींद से जगाया।

भागने वाले तीन लोगों को मोनिवा (बर्मा) में जापानी केम्पेइताई (गुप्त पुलिस) ने पकड़ लिया।

इससे पहले कि वे भागने की कोशिश कर पाते, केम्पेताई ने उन्हें गिरफ्तार कर लिया। ले जाते समय तीनों ने महसूस किया कि कैसे भारतीय व्यापारी ने उनके साथ इतना बड़ा धोखा किया था। वे अपनी योजनाओं के बारे में उस दुष्ट को बताने के लिए खुद को कोस रहे थे। ठाकुर सिंह ने जापानी सैनिकों के साथ मैत्रीपूर्ण तरीके से बात की और स्पष्ट रूप से वह उन्हें अच्छी तरह से जानता था। वह उस समय उन फ़रार अधिकारियों की निगाहों से बचता हुआ घर से बाहर निकल गया, जिस समय उनके साथ बदतमीजी की जा रही थी। जापानी सैनिकों ने उनके हाथ बांध दिए और उन्हें मोनिवा पुलिस स्टेशन ले गए।

थाने पहुँचने पर उनके हाथ खोल दिए गए और उन्हें बरामदे के फर्श पर चारों ओर बिखरे उनके कुछ सामान के साथ बिठा दिया गया। उनकी निगरानी के लिए एक अकेला जापानी सैनिक छोड़ दिया गया और बाकी अंदर चले गए। एक मिनट भी बर्बाद न करते हुए परब ने गार्ड से पूछा और शौचालय में चला गया। वहाँ उसने जल्दी से अपने दस्तावेजों को नष्ट कर दिया।

इस बीच, बलबीर सिंह ने गार्ड से अनुरोध किया कि उसे बरामदे के अंत में छोटी चिमनी या चूल्हे में चाय बनाने की अनुमति दी जाए। अपने बंडल से चाय की पत्तियां निकालने के बहाने बलबीर सिंह ने सभी आपत्तिजनक दस्तावेजों को निकाल दिया, जिसमें एक कीमती डायरी भी शामिल थी, जिसे वह सिंगापुर से भागने के बाद से संभाले हुए था। यह सुनिश्चित करने

के लिए कि गार्ड उसे देख तो नहीं रहा, अपने कंधे के ऊपर से देखते हुए उसने आपत्तिजनक दस्तावेजों को, उस आग में जला दिया, जो उसने चाय बनाने के लिए जलाई थी।

दस्तावेजों को नष्ट करने के बाद, उसने गार्ड को चाय का एक भाप से भरा गर्म प्याला पेश किया। बाकी गार्ड जल्द ही लौट आए और तीनों की तलाशी ली। उन्होंने उनके बंडलों को भी ध्यान से खोजा, जिसमें उन्हें हिंदी में लिखा एक पत्र मिला जो प्रेम चंद द्वारा मेरगुई में परब को भारत में पोस्टिंग के लिए दिया गया था। उन्हें अक्याब का एक खुरदरा, हाथ से बना हुआ, स्केच नक्शा और गुरुमुखी में एक छोटा बही खाता भी मिला। यह नक्शा बलबीर सिंह द्वारा रंगून में चार्टर्ड बैंक में बर्मा के नक्शे से कॉपी किया गया था।

सौभाग्य से, गार्ड न तो हिंदी पढ़ सकते थे और न ही गुरुमुखी। उन्होंने आपत्तिजनक पत्र और बही खाते को गैर जरूरी दस्तावेजों के रूप में खारिज कर दिया। स्केच मैप में कोई निशान नहीं थे; उसे भी गार्डों ने कूड़े के टुकड़े के रूप में फेंक दिया। तलाशी के अंत में, कोई अन्य आपत्तिजनक दस्तावेज या नक्शे न मिलने पर गार्ड हैरान रह गए। कैदियों से पूछताछ की गई और लगातार सिर काटकर या फायरिंग दस्ते द्वारा जान से मारने की धमकी दी गई। पूछताछ के दौरान पूछे गए सवालों से संकेत मिला कि जापानी मित्र सेना के गुप्त एजेंटों और मुखबिरों की तलाश कर रहे थे, जिन्होंने फ्रंट-लाइन के माध्यम से बर्मा में घुसपैठ की थी। उन्हें भारत की ओर जा रहे भागे हुए कैदियों में दिलचस्पी नहीं थी।

पूछताछ के शुरुआती दौर में तीनों अधिकारी अपनी गढ़ी गई कहानी पर अड़े रहे। तीनों ने जोर देकर कहा कि वे निर्दोष शरणार्थी हैं, जिनके पास पेगू में दुकानें हैं। उनके माता-पिता, लड़ाई के दौरान उनसे अलग हो गए थे, भारत की ओर बढ़ गए थे और आखिरी बार मावलैक/कलेवा में उनके होने की खबर थी। वे अब बेताबी से अपने माता-पिता की तलाश कर रहे थे। इतना कहकर बलबीर सिंह ने तुरंत रॉयल डच सेना के कैप्टन जसवंत सिंह की प्लास्टिक से ढकी तस्वीर निकाली और जापानी पूछताछकर्ता के सामने थपथपाते हुए कहा, 'माई फादर!'

केम्पेताई ऐसे आधे-अधूरे और मैले-कुचैले दिखने वाले नागरिकों पर समय बर्बाद करने के इच्छुक नहीं थे, जो भारतीय व्यापारी के जोरदार विरोध के बावजूद वास्तविक शरणार्थी होने की अपील कर रहे थे। ठाकुर सिंह केम्पेताई के सामने झुक-झुक कर दोहराते रहे कि तीनों व्यक्ति भारतीय एजेंट हैं। नाराज जापानी पूछताछ अधिकारी से व्यापारी के कानों के चारों ओर कुछ घूंसे पड़ते देखकर तीनों फ़रार अधिकारी रोमांचित हो गए। उनकी खुशी का तब कोई ठिकाना नहीं रहा जब उन्होंने ठाकुर सिंह की पीठ पर एक जोरदार लात मार कर पुलिस स्टेशन से बेरहमी से बाहर निकाल दिया!

पूछताछ के बाद, तीनों को थाने के पीछे स्थित तंग, एकान्त कक्ष में रखा गया था। उन्होंने धीरे से एक-दूसरे को पुकारा और वे खुश थे कि वे एक दूसरे से बात कर पा रहे थे। हालांकि,

उनकी खुशी थोड़े समय की ही थी क्योंकि जापानी सैनिक प्रत्येक कक्ष के सामने आए और उन्हें कहा गया कि उन्हें एक-दूसरे से बात करने की अनुमति नहीं है। उसने अपने होठों पर एक उंगली रखी और अपनी राइफल को टैप कर संकेत किया कि आपस में बात करने के क्या परिणाम हो सकते हैं। कैदियों ने चुपचाप अपनी छोटी सी कोठड़ियों को देखा और पाया कि दीवारों पर नाखूनों की खरोंच के गहरे निशान थे। वे निशान एकान्त कारावास कक्षों में हुई यातनाओं की मूक गवाही दे रहे थे।

दीवारों पर पड़ी गहरी रेखाओं ने उनको बहुत डरा दिया था। हालांकि, रोजाना पूछताछ और मार-पीट के कारण उनके पास पहले के कैदियों के भाग्य पर विचार करने के लिए बहुत कम समय और ऊर्जा बची थी।

पूछताछ जारी रही, लेकिन तीनों अपनी कहानी दोहराते रहे। जापानियों ने उनकी मनगढ़ंत कहानी को प्रायः स्वीकार कर लिया था। फिर भी, वे दो बातों से संतुष्ट नहीं थे। सबसे पहले, उन्होंने बार-बार पेगु में दुकानों के स्थान के बारे में पूछा। दूसरा, उन्हें समझ में नहीं आया कि दो दुकानों के मालिक होने के बावजूद तीनों बर्मी क्यों नहीं बोल सकते थे। तीनों ने पेगू में दुकानों का झूठा पता बताने का फैसला किया था और उन्हें उम्मीद थी कि जापानी तथ्यों की जाँच नहीं कर पाएंगे। बर्मी भाषा नहीं जानने के बारे में उन्होंने अपने पूछताछ -कर्ताओं को बताया था कि उन्हें कम उम्र में पब्लिक स्कूल की शिक्षा के लिए सिंगापुर भेजा गया था। वे एक 'बोर्डिंग स्कूल' में रहते थे और उन्हें अंग्रेजी माध्यम की शिक्षा दी जाती थी। हालांकि जापानी अधिकारी को उनके बर्मी भाषा न जानने के बारे में संदेह था, लेकिन उनके लिखित और मौखिक अंग्रेजी के अच्छे ज्ञान ने उनके दावों को बल दिया।

14 सितंबर को थाने के प्रभारी अधिकारी ने तीनों बंदियों को तलब किया। लेफ्टिनेंट नोमी को भी अपने बगल में एक कुर्सी पर बैठे देख वे हैरान रह गए। ऐसा लग रहा था कि नोमी को उनकी गिरफ्तारी और उनसे पूछताछ के बारे में पता था। उसने उन्हें बताया कि उन्हें अगले ही दिन पेगू लौटने के लिए ट्रेन में बिठाया जा रहा है। उन्होंने कहा कि उन्हें आवश्यक दस्तावेज दिए जाएंगे और वे दोबारा मोनिवा न आयें।

कैदियों की राहत अकल्पनीय थी। लगभग दो सप्ताह तक केम्पेताई कक्षों में बंद रहने और प्रताड़ित किए जाने के बाद, तीनों अधिकारियों के लिए यह विश्वास करना कठिन था कि उन्हें जापानी हिरासत से मुक्त किया जा रहा था।

मेरा प्यारा घर!

देखो, विजयी नायक आ रहा है! तुरही बजाओ, ढोल बजाओ!

—जुडास मैकाबियस, ए कोरस ऑफ यूथ्स

अगले दिन, तीनों फ़रार अधिकारियों ने नम्रता के साथ झुक कर मुस्कराते हुए, जापानी गार्डों को विदाई दी, जो उन्हें मोनिवा रेलवे स्टेशन पर ले गए थे। वहाँ उन्हें परमिट दिए गए जिससे उन्हें पेगू वापस यात्रा करने की अनुमति मिली। जब ट्रेन आई तो जापानी गार्डों ने उन्हें एक डिब्बे में धकेल दिया। ट्रेन के मोनीवा से बाहर जाने के बाद ही गार्ड वहाँ से चले गए। तीनों अधिकारी आदेश का पालन करने के मूड में नहीं थे और वे मोनीवा के बाद पहले स्टॉप पर ही ट्रेन से कूद गए और अपनी योजनाओं पर काम शुरू कर दिया।

उन्हें भारत के विरुद्ध जापानी सेना की उच्च स्तरीय गतिविधियों के बारे में पता चला था और उन्हें ऐसा प्रतीत हुआ कि उस दिशा में दुश्मन के महत्वपूर्ण अभियान चल रहे थे। जापानी हिरासत में बुरे अनुभवों और किस्मत से हुई अपनी रिहाई के बाद, वे लड़ाई में फंसना नहीं चाहते थे। यदि वे फिर से पकड़े जाते तो उन्हें जापानी सैनिकों द्वारा पहचाने जाने और जान से मारे जाने का खतरा था। जापानी सेना की गतिविधि में दखल के डर से, उन्होंने सीधे भारत जाने की अपनी योजना बदल दी। बलबीर सिंह और परब लम्बे समय तक मोनिवा ठहरना चाहते थे और तमू की ओर सीमाई मोर्चे पर जापानी सेना के जमावड़े से बचना चाहते

थे। उन्होंने अमेरिकी और चीनी सैनिकों के उत्तर में सक्रिय होने के बारे में भी सुना था। इसलिए वे उत्तर की ओर मायित्कीना और उससे आगे बढ़ना चाहते थे और वहाँ मित्र देशों की सेना से संपर्क करना चाहते थे।

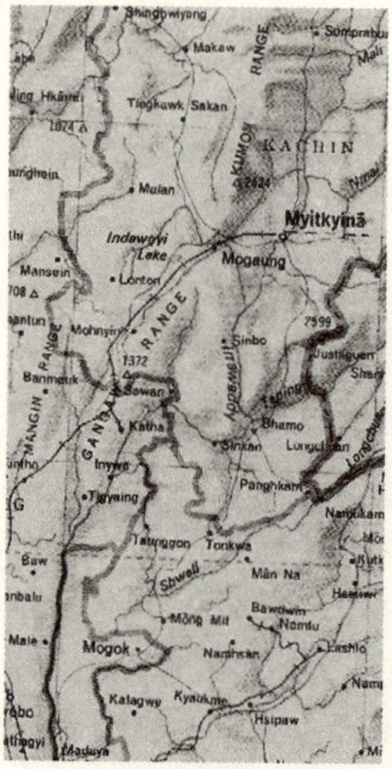

उत्तरी बर्मा का नक्शा

हालांकि, प्रीतम सिंह को लग रहा था कि उत्तर की ओर बढ़ना और सीमाई-मोर्चे को पार करना बहुत खतरनाक होगा, क्योंकि उस क्षेत्र में जंगल में लड़ाई चल रही थी। इसके अलावा, वे जानते थे कि उत्तर में खड़ी ढलानें थीं, जिसमें पहाड़ और बहुत विस्तृत अनजान क्षेत्र भी था।

मोनीवा में जापानियों द्वारा कड़ी पूछताछ करने और शारीरिक यातनाएँ मिलने के बाद उन तीनों को अपने पूछताछ-कर्ताओं को एक साँझी विश्वसनीय कहानी पर यकीन दिलाने में पेश आने वाली कठिनाइयों का पूर्ण एहसास था। उन्होंने महसूस किया कि तीनों द्वारा एक साथ सफलतापूर्वक यात्रा जारी रखना अव्यावहारिक है। अतः समूह ने दो भागों में विभाजित होने का फैसला किया।

यह एक दुखद विदाई थी क्योंकि प्रीतम सिंह ने स्वेच्छा से तमू की ओर से भारत के लिए आगे बढ़ने का फैसला किया। गले लगने और गर्मजोशी से हाथ मिलाने के बाद, परब और बलबीर सिंह ने बहुत ही दुखी मन से उनसे विदा ली। तारीख 15 सितंबर थी।

बिना पीछे देखे प्रीतम सिंह बायीं ओर जाने वाले रास्ते से नीचे चला गया। प्रीतम को विदा होते देख, बलबीर सिंह ने चुपचाप परब से कहा, "तो हमारा अकेला भेड़िया चला गया! पता नहीं भविष्य में क्या होगा, भगवान हमेशा उसके साथ रहें।"

प्रीतम सिंह एक ताज़ी हवा के झोंके की तरह सिंगापुर युद्धबंदी कैंप में उनकी जिंदगी में आया था! फ़रार होने वाली टीम के सदस्य के रूप में, वह कड़ी मेहनत करने वाला और सख़्त स्वभाव का था, किसी भी समस्या से निपटने के लिए उसके पास हमेशा नए विचार होते थे। अपनी पूरी यात्रा के दौरान, उन्होंने पाया कि प्रीतम सिंह को सहज रूप से स्वयं काम करना पसंद था। बलबीर बिल्कुल सही थे जब उन्होंने प्रीतम सिंह की तुलना एक अकेले भेड़िये से की थी। प्रीतम को अकेले, स्वेच्छा से और निर्भयता से विदा होते देख बलबीर और परब दोनों मायितकीना की ओर भारी-जंगली उत्तरी मार्ग की तरफ़ और उससे आगे भारत की ओर बढ़ने लगे। वे चुनौतीपूर्ण 'उत्तरी मार्ग' के साथ अपने भाग्य को आजमा रहे थे। उन्हें काचिन लेवी, जनरल स्टिलवेल की अमेरिकी सेना या उत्तर से आने वाली चीनी सेना से संपर्क होने की संभावना थी।

पीएस और अन्य व्यक्तियों के साथ अपनी एक बातचीत के दौरान, प्रीतम सिंह ने एक छोटे से भारतीय समुदाय और गुरुद्वारे के बारे में सुना था, जो मोनीवा से लगभग 15 मील की दूरी पर, छांगू नामक एक छोटे से शहर में स्थित था। कुछ दूर चलने के बाद, वह एक स्थानीय बस से छांगू के लिए रवाना हुआ। बलबीर सिंह और परब ने अलग होने से पहले प्रीतम सिंह के साथ फिर से मिलने के लिए एक व्यवस्था की थी, ताकि अगर उन्हें किन्हीं गंभीर समस्याओं का सामना करना पड़े या अपेक्षाकृत अनजान उत्तरी मार्ग से आगे बढ़ना मुश्किल हो जाए तो, वे उनके साथ आ सकें। प्रीतम सिंह को बाकियों के बारे में किसी भी तरह की जानकारी के लिए 20 सितंबर तक छांगू में रहना था। यदि उसे उनके बारे में कुछ पता नहीं चलता तो प्रीतम सिंह को तमू की तरफ चलते रहना था।

प्रीतम सिंह ने जो बस ली, उसमें स्थानीय लोगों की भीड़ थी, जो छांगू में तीखे खुशबू वाले और अधिक पके फल और सब्जियां बेचने के लिए ले जा रहे थे। वहाँ एक बर्मी आदमी भी था, जो बकरियों और फड़फड़ाने वाले मुर्गों से भरी टोकरी ले जा रहा था और बड़ी सावधानी से टोकरी को पकड़े हुए था। छोटी सी यात्रा जल्द ही समाप्त हो गई और प्रीतम सिंह छांगू के केंद्रीय बाजार में बस से उतर गए। यह लोगों से भरा एक रंगीन बाज़ार था क्योंकि यह 'बाज़ार का साप्ताहिक दिन' था और लोग स्थानीय उपज और पशु बेचने के लिए लाए थे। बाजार में, प्रीतम सिंह ने गुरुद्वारे का रास्ता पूछा और पता चला कि यह पास में ही था। वह निर्देशानुसार चलते रहे और जल्द ही वहाँ पहुँच गए।

20 सितंबर तक गुरुद्वारे में इंतजार करते हुए प्रीतम सिंह के पास उत्तर की ओर जाने वाले अपने दो साथी अधिकारियों के बारे में अभी तक कुछ भी जानकारी नहीं थी। छांगू में वह कैप्टन महाबीर सिंह ढिल्लों नामक एक अन्य भारतीय सेना अधिकारी के संपर्क में आए, जो आईएनए में शामिल हो गया था। उसके साथ बातचीत के दौरान प्रीतम सिंह को पता चला कि ढिल्लों जापानियों द्वारा भारत में आईएनए के विस्तार में सहायता के लिए पांचवें कॉलम के एजेंटों की भर्ती के लिए भारत भेजा जा रहा था। इसलिए प्रीतम सिंह ने ढिल्लों के साथ जाने का फैसला किया और वे दोनों सक्रिय फ्रंट-लाइन की ओर चल पड़े।

जापानी और मित्र देशों की सैनिक निगरानी टीमों और लगातार तोपखाने की गोलाबारी से सावधानी से बचते हुए, वे युद्ध क्षेत्र में सावधानी से चलते गए और किंडत और तमू की ओर बढ़ते रहे।

अंत में उन्होंने राजपूताना राइफल्स रेजिमेंट की एक प्लाटून के निगरानी दल से संपर्क किया। यहाँ उनकी मुलाकात कैप्टन मैकडोनाल्ड से हुई जिन्होंने उनका हार्दिक स्वागत किया और अपने वरिष्ठ अधिकारियों से फील्ड टेलीफोन पर बात की। मैकडॉनल्ड्स ने उनके लिए गाइड की व्यवस्था की ताकि वे भारतीय सेना की रक्षात्मक चौकियों से सुरक्षित रूप से गुजर सकें।

एक दिन की पैदल यात्रा के बाद, 25 अक्टूबर 1942 को वे 29 इन्फैंट्री ब्रिगेड के मुख्यालय पहुंचे। वहां से वे दोनों भारत के लिए रवाना हुए।

एक बार भारत पहुँचने के बाद प्रीतम सिंह और महाबीर सिंह ने औपचारिक रूप से अंग्रेजों के सामने आत्मसमर्पण कर दिया। इसके बाद की प्रारंभिक पूछताछ के दौरान प्रीतम सिंह ने अपने फ़रार होने के बारे में बताया और पूछताछ-कर्ताओं को कैप्टन बलबीर सिंह और कैप्टन जी एस परब के बारे में बताया और उत्तर की ओर मायितकीना की यात्रा करने और मित्र देशों की सेना से संपर्क करने की उनकी योजना के बारे में बताया। यह जानकारी फोर्ट हर्ट्ज़ के क्षेत्र में मित्र देशों की सेना के सैनिकों को जल्दी से भेज दी गई। उन्हें अपने क्षेत्रों में दो फ़रार कैदियों की तलाश करने और उन्हें देखते ही गोली न मारने के आदेश दिए गए।

मलेरिया, पेट की बीमारियों और काफी कम वजन से ग्रसित कैप्टन प्रीतम सिंह शुक्रगुजार थे कि वह आखिरकार अपने वतन पहुंच गए थे। दुश्मन के इलाके में एक भगोड़े के रूप में बिताए छह लंबे, कष्टदायक महीने खत्म हो चुके थे। अपने दृढ़ संकल्प और साहस से उन्होंने खतरनाक जंगलों में और विशाल जापानी कब्जे वाले क्षेत्रों में लगभग 2000 मील की दूरी तय की थी। सिंगापुर की हार के बाद भारत पहुंचने वाले सुरक्षित लोगों में से, वह पहले व्यक्ति थे और उन्होंने मलाया और बर्मा में जापानी कब्जे वाले सैनिक-शिविरों के विषय में आँखों देखी जानकारी दी।

कैप्टन प्रीतम सिंह को मणिपुर रोड (जिसे अब दीमापुर कहा जाता है) रेलवे स्टेशन ले जाया गया, जहां से वे कलकत्ता के लिए एक ट्रेन में सवार हुए। अगले कुछ दिनों के लिए उन्हें सोने और आराम करने का मौका मिला, जब एक स्टीम-चालित रेल इंजन मीटर-गेज ट्रेन को कलकत्ता ले जा रहा था। जब वह जाग रहे होते थे, तब वह प्रथम श्रेणी ट्रेन के एक आरामदायक डिब्बे की खिड़की से बाहर देख रहे होते थे। प्रीतम सिंह स्टील वॉश-बेसिन के ऊपर लकड़ी के पैनल वाली दीवार पर एक फ्रेमयुक्त नक्शे को देख कर चकित थे। मलाया, थाईलैंड और बर्मा की यात्रा के दौरान उन जर्जर रेलगाड़ियों को याद करते हुए उन्होंने एक आह भरी। वह सोच रहे थे कि काश जापानी कब्जे वाले क्षेत्रों में यात्रा के दौरान उनके पास भी ऐसा ही नक्शा होता। जागते समय प्रीतम सिंह कई घंटों तक खिड़की से बाहर देखते रहते थे और उनका दिमाग मलाया और सिंगापुर में लड़ी भीषण लड़ाइयों और युद्धबंदी कैंप से उनके फ़रार होने के कष्टदायक समय में वापस खो जाता था।

अभी अंधेरा ही था जब ट्रेन कलकत्ता रेलवे स्टेशन के जगमगाते और व्यस्त केंद्रीय प्लेटफॉर्म पर पहुंची थी। दुनिया के विभिन्न हिस्सों के असंख्य सैनिकों—भारत, अफ्रीका, ब्रिटेन, ऑस्ट्रेलिया और संयुक्त राज्य अमेरिका के सैनिकों को अलग-अलग सेवा वर्दी पहने हुए घूमते देखा जा सकता था। सैनिकों के बीच चल रहे सैन्य पुलिस के लंबे सदस्य एक दूसरे के साथ कदम से कदम मिलाकर चल रहे थे। दो नर्सिंग आदेशवाहकों ने प्रीतम सिंह का स्वागत किया और उसे बड़ी पार्किंग के एक कोने में खड़ी एक एम्बुलेंस कार तक ले गए। पार्किंग में कुछ और एंबुलेंस खड़ी थीं। गंभीर युद्ध-हताहतों को ट्रेन से स्ट्रेचर पर ले जाया जा रहा था और एम्बुलेंस में लादा जा रहा था।

बड़े सैन्य अस्पताल (एमएच) में प्रीतम सिंह को ऑफिसर्स वार्ड में भर्ती कराया गया था। ड्यूटी पर यूरेशियन नर्सें थीं, जिन्होंने उनको ग्रे रंग का फलालैन नाइट-सूट जारी किया। डॉक्टरों की टीम ने उनकी जाँच की। उन्होंने हल्का खाना खाया और उन्हें बुखार, मलेरिया और पेचिश की दवाइयाँ दी गईं। उनके दर्द करते पैरों पर एक एंटीसेप्टिक मरहम लगाया गया था और पट्टी कर दी गई थी। उन्होंने अगले बारह दिन कलकत्ता के अस्पताल में बिताए। जो पौष्टिक आहार, उन्हें खिलाया गया था, उससे जल्दी से उनके कमजोर शरीर का वजन बढ़ा गया। आखिरकार जब एमएच से उन्हें छुट्टी मिली तो वह दिल्ली के लिए एक ट्रेन में रवाना हो गए।

क्योंकि 1942 में जापान के साथ युद्ध की स्थिति अत्यधिक अस्थिर थी, प्रीतम सिंह के बारे में शुरू में यह शक था कि वह आईएनए के सदस्य हो सकते थे जिन्हें जापानियों द्वारा भारत में घुसपैठ कराया गया था। अपने पूछताछ-कर्ताओं से बात करते हुए उन्हें यह जानकर राहत

मिली कि बलबीर सिंह और परब दोनों कप्तान फोर्ट हर्ट्ज़ के क्षेत्र के उत्तर में घने जंगलों में मिल गए थे। विस्तृत पूछताछ के दौरान ब्रिटिश उन स्थानों और जापानी सैनिकों की ताकत के विषय में जानना चाहते थे, जिन्हें उन्होंने फ़रार होने के दौरान अलग-अलग जगहों पर देखा था। उन्होंने निम्नलिखित जगहों और दुश्मन सैनिकों की अनुमानित संख्या की जानकारी दी:

सिंगापुर	15,000-25,000 के बीच
पिनांग 5,000	अलोर सेटर 1,200
मेरगुई 400	टैवॉय 200
मौलमीन 1,500	पेगु 1,500
रंगून 10,000	मोनीवा 2,500

प्रीतम सिंह की पूछताछ ने अधिकारियों को यकीन दिला दिया कि वह और उनके बाकी साथी वास्तव में सिंगापुर से फ़रार हुए थे और वे जापानी एजेंट नहीं थे! उनके फ़रार होने
प्रीतम सिंह की पूछताछ ने अधिकारियों को यकीन दिला दिया कि वह और उनके बाकी साथी वास्तव में सिंगापुर से फ़रार हुए थे और वे जापानी एजेंट नहीं थे! उनके फ़रार होने और बाद की यात्राओं की अविश्वसनीय कहानी जंगल की आग की तरह फैल गई और अधिकारियों को मंत्रमुग्ध कर दिया। प्रीतम सिंह को यह पता ही नहीं चला कि पूछताछ कब अनियमित डी-ब्रीफिंग में बदल गई। लेकिन उन्होंने एक नरम रवैया देखा और पूछे गए प्रश्नों की प्रकृति में सकारात्मक बदलाव देखा। उन्होंने यह भी अनुभव किया कि अब उनके कमरे के बाहर कोई गार्ड नहीं था और वह परिसर में घूमने के लिए स्वतंत्र थे।

जल्द ही, उन्हें अपने परिवार को चिट्ठी लिखने की अनुमति मिल गई। अधिकारियों ने पहले उनके परिवार को खबर दी थी कि जापानियों ने तीन फ़रार अधिकारीयों को पकड़ लिया था और फायरिंग दस्ते द्वारा उन्हें मार दिया गया था। यह दुष्प्रचार जापानियों द्वारा दूसरों को भागने से रोकने के लिए फैलाया गया था। सैन्य खुफिया विभाग को सिंगापुर में उनके गुर्गों से ऐसी रिपोर्ट मिली थी और सेना मुख्यालय ने अधिकारियों के परिवारों को यह खबर दे दी थी। इस प्रकार, पत्र प्राप्त करने पर, प्रीतम सिंह का परिवार रोमांचित था और तीनों अधिकारियों का भारत पहुंचना वास्तव में अत्यधिक खुशी का मौका था।

सिंगापुर से उनके साहसी तरीके से फ़रार होने के लिए, कैप्टन प्रीतम सिंह, कैप्टन बलबीर सिंह और कैप्टन जीएस परब को फरवरी 1943 में भारत में वायसराय लॉर्ड लिनलिथगो द्वारा मिलिट्री क्रॉस से सम्मानित किया गया था। किंग्सवे (अब राजपथ और विजय चौक के नाम से जाना जाता है) के बड़े चौक पर एक शानदार परेड के दौरान ये मैडल दिए गए थे। बाद में,

तीनों अधिकारियों को भारत में कमांडर-इन-चीफ फील्ड मार्शल ए ई वेवेल से अर्ध-सरकारी बधाई पत्र भी मिले।

नियत समय के बाद नव पदोन्नत मेजर प्रीतम सिंह, एमसी ने अपने खतरनाक कारनामों और भारत की लंबी यात्रा के बाद एक लंबी छुट्टी लेने का फैसला किया। जब वह छुट्टी पर थे, उनके माता-पिता ने उनके लिए एक रिश्ता ढूँढा। भावी दुल्हन के माता-पिता देहरादून शहर में रहते थे और प्रीतम सिंह की शादी राजपुर के एक छोटे से गुरुद्वारे में हुई थी। शादी के बाद, उन्होंने खूबसूरत शहर देहरादून के एक हिस्से डालनवाला में खुशी के कुछ दिन बिताए।

कोई भी उस युद्ध का अनुमान नहीं लगा सकता था जिसमें प्रीतम घिरने वाले थे जो लोगों के साथ-साथ उनकी किस्मत को भी बदलने वाला था।

Mrs. Balbir Singh, Khanna, Bahadur Singh, Shrinagesh Bhagwati Singh and Pritam Singh

श्रीमती प्रीतम सिंह (दाएं से प्रथम)

कश्मीर की तरफ

जब कमान दी जाए, तो कार्यभार संभालें।

—जनरल नॉर्मन श्वार्जकोफ

विश्वयुद्ध के खत्म होने के बाद, भारत लगातार मुश्किलों के दौर से गुजर रहा था क्योंकि देश को स्वतंत्रता प्रदान करने से पहले ही, ब्रिटिश सरकार अपना षड़यंत्र रच चुकी थी। भारत के पश्चिमी भाग को काटकर एक नया देश बनाया जाना था और उसका नाम पाकिस्तान रखा गया। पूर्वी बंगाल को भी पाकिस्तान में शामिल किया जाना था और यह एक इस्लामी देश होने वाला था। भारतीय सेना को भी सैनिकों की धार्मिक पहचान के आधार पर विभाजित किया जाना था। अधिकारियों को या तो भारतीय सेना का विकल्प चुनना था या नवगठित पाकिस्तान सेना में शामिल होना था।

जावा (इंडोनेशिया) से आने के बाद 1 कुमाऊं पुलगांव में तैनात था। उन्हें पैराशूट बटालियन की भूमिका के लिए चुना गया था और उन्होंने 5/8 पंजाब रेजिमेंट को अपनी ड्यूटी सौंप दी थी।

6 नवंबर 1946 को यूनिट 2 एयरबोर्न डिवीजन में शामिल होने के लिए कराची के पास मलिर कैंट के लिए रवाना हुई। वे नागपुर और दिल्ली के रास्ते ट्रेन से यात्रा करने के बाद 11 नवंबर 1946 को मालिर पहुँचे। कराची में, 1 कुमाऊं ने लेफ्टिनेंट कर्नल जीबी बीयर

की कमान के तहत, 22 मार्च 1947 को लॉर्ड लुइस माउंटबेटन को एक शानदार गार्ड ऑफ ऑनर प्रदान किया, जब वे भारत के अंतिम वायसराय के रूप में वहाँ पहुँचे थे। यह ऐसा समय था जब ज्यादातर ब्रिटिश अधिकारी भारत से ब्रिटेन के लिए निकल रहे थे। 1 कुमाऊं ने अपना बुनियादी पैराशूट प्रशिक्षण रावलपिंडी के पास चकलाला में किया और एक पैराशूट बटालियन में परिवर्तित हो गया। हालांकि, पैराशूट प्रशिक्षण काफी धीमी गति से हुआ था।

14-15 अगस्त 1947 की आधी रात को दो आजाद देश—भारत और पाकिस्तान—अपनी-अपनी सेनाओं के साथ अस्तित्व में आए।

1 कुमाऊं (पैरा) भारतीय सेना का हिस्सा बन गया और इसके सीओ, लेफ्टिनेंट कर्नल जीबी बीयर इसे नई दिल्ली ले आए।

1 खाने की शिखा (के लिए)

अक्टूबर 1947 में प्रीतम सिंह अपनी पत्नी के साथ दिल्ली आ गए। वे तब भी छुट्टी पर थे और इसी बीच वो 30 अक्टूबर 1947 को साउथ ब्लॉक में सेना मुख्यालय में शाम लगभग 5 बजे पहुंचे। उन्होंने साउथ ब्लॉक की प्रभावशाली इमारत, जिसकी लगभग सभी बत्तियाँ जली हुई थीं, में भारी हलचल देखी।

इस गतिविधि का कारण पूछने पर अधिकारियों ने उन्हें बताया कि पाकिस्तान ने उत्तर-पश्चिम सीमा प्रांत (NWFP) से कबाइली लश्करों को जम्मू-कश्मीर (J&K) पर हमला करने के लिए भेजा था।

कबाइली हमलावरों को पाकिस्तानी सेना के नियमित जवानों के साथ मिला दिया गया था। अपने बचाव में पाकिस्तान ने कहा था कि 'छुट्टी' पर गए कुछ नियमित सैनिक शायद अपनी मर्जी से कबायली हमलावरों में शामिल हो गए थे। ज्यादातर जम्मू-कश्मीर राज्य सुरक्षा बल बटालियनों के मुस्लिम कर्मी कबाइली हमलावरों के साथ शामिल हो गए थे।

कश्मीर के महाराजा हरि सिंह चाहते थे कि भारतीय सेनाएँ इस मामले में दखल दें और राज्य सुरक्षा बलों की मदद करें। भारत ने उनसे कहा था कि वह तभी सहायता कर सकता है जब जम्मू-कश्मीर राज्य भारत में शामिल हो जाए। इस प्रकार, महाराजा हरि सिंह ने विलय के दस्तावेज पर हस्ताक्षर किए, जिसके द्वारा जम्मू-कश्मीर राज्य भारतीय संघ में शामिल हो गया।

इसके तुरंत बाद, 27 अक्टूबर 1947 को, पहली भारतीय पैदल सेना बटालियन ने दिल्ली से श्रीनगर के लिए उड़ान भरी। श्रीनगर पहुंचने वाले सैनिकों का पहला जत्था बटालियन मुख्यालय और लेफ्टिनेंट कर्नल रंजीत राय के अधीन 1 सिख की तीन कंपनियों का था।

161 इन्फैंट्री ब्रिगेड को ब्रिगेडियर जे सी कटोच के नेतृत्व में कश्मीर की रक्षा करने का काम सौंपा गया था और 1 कुमाऊं (पैरा) को भी श्रीनगर के लिए उड़ान भरने का आदेश दिया गया था। लेकिन इससे पहले कि यूनिट आगे बढ़ती, लेफ्टिनेंट कर्नल बीयर को सेवा से मुक्त करना पड़ा क्योंकि केवल भारतीय नागरिकों को ही कश्मीर जाने की अनुमति थी।

उसी शाम करीब 9 बजे प्रीतम सिंह को लेफ्टिनेंट कर्नल के पद पर 1 पैरा (कुमाऊं) की कमान संभालने का आधिकारिक आदेश दिया गया। आदेश में यह भी कहा गया था कि यूनिट को कश्मीर में युद्ध के लिए आगे बढ़ना था।

लेफ्टिनेंट कर्नल जीबी बीयर

30 अक्टूबर 47 को दिल्ली में 1 कुमाऊं (पैरा) की कमान संभालने पर लेफ्टिनेंट कर्नल प्रीतम सिंह, एमसी। [पैराट्रूपर के विंग को उनकी दाहिनी बांह पर चिपका हुआ नोट करें]

आदेश के साथ प्रीतम सिंह तुरंत विलिंगडन एयरपोर्ट पहुंचे और 1 पारा (कुमाऊं) की कमान संभाली। अगली सुबह 5.30 बजे, वह अपनी यूनिट के साथ श्रीनगर के लिए रवाना हुए और अपनी पत्नी को वापस देहरादून जाने के लिए कह दिया।

चूंकि तत्कालीन रॉयल इंडियन एयर फोर्स (आरआईएएफ) के पास बहुत कम परिवहन विमान थे, बीजू पटनायक की कलिंग एयरवेज जैसी नागरिक उड्डयन कंपनियों से अनुरोध किया गया था कि वे सैनिकों और उनके साजो-समान को श्रीनगर तक पहुंचाने के लिए डीसी-3 (डकोटा) विमान उपलब्ध कराए।

उस समय किसी को नहीं पता था कि श्रीनगर की हवाई पट्टी लैंडिंग के लिए सुरक्षित है या हमलावरों ने उस पर भी कब्जा कर लिया है। पायलटों ने अविश्वसनीय उत्साह और साहस का परिचय दिया और इस पट्टी पर सैनिकों और साजो-समान को उतारना जारी रखा, जबकि वहां किसी भी तरह के दिशासूचक यंत्रों की सहायता नहीं थी और न ही कोई वायु यातायात नियंत्रक था। रैपिड लैंडिंग के दौरान एक समय ऐसा भी आया जब आखिरी प्लेन से जो धूल उड़ी थी, उसके ऊपर से कुछ भी दिखाई नहीं दे रहा था। लेकिन विमान उड़ते रहे और धूल भरी हवाई पट्टी पर उतरते रहे और सैनिकों को उतारते रहे।

1 कुमाऊँ (पारा) की सेनाएँ श्रीनगर में उतरीं-31 अक्टूबर 1947

1 सिख के बाद, लेफ्टिनेंट कर्नल प्रीतम सिंह, एमसी के तहत 1 कुमाऊं (पैरा), श्रीनगर जाने वाली दूसरी पैदल सेना बटालियन बन गई। जब बटालियन मुख्यालय और दो कंपनियां 31 अक्टूबर की सुबह श्रीनगर में उतरीं तो स्थिति काफी गंभीर थी। बारामूला को लूटने के बाद दुश्मन फिर से आगे बढ़ रहा था और उन्होंने श्रीनगर से लगभग 16 मील दूर पट्टन में 1 सिख के दल की स्थिति का पता लगा लिया था। लैंडिंग के बाद प्रीतम सिंह ने तुरंत मेजर यूसी पंत को 1 कुमाऊं (पैरा) की 'डी' कंपनी के साथ श्रीनगर से बारामूला की सड़क पर माइल 9 पर भेजा। वहाँ से एक सुरक्षित रास्ता गुलमार्ग तक जाता था।

प्रीतम सिंह ने अंदाजा लगा लिया था कि बारामूला से आगे बढ़ने वाले कबाइली लश्कर का एक हिस्सा श्रीनगर हवाई क्षेत्र पर हमला करने के लिए पहाड़ों की ऊंची पीर पंजाल शृंखला पर भेजने वाला था। 1 कुमाऊं (पैरा) की अन्य दो कंपनियों ने श्रीनगर में बटालियन में शामिल होने के लिए अगले दिन कश्मीर की तरफ उड़ान भरी, इसके बाद मेजर सोमनाथ शर्मा के अधीन 1 पंजाब और 4 कुमाऊं की 'डी' कंपनी ने भी उड़ान भरी।

4 कुमाऊं की 'डी' कंपनी ने 3 नवंबर को बडगाम में इन हमलावरों के साथ एक भीषण लड़ाई लड़ी और महत्वपूर्ण हवाई क्षेत्र को बचा लिया। लड़ाई के दौरान, कंपनी कमांडर मेजर सोमनाथ शर्मा मारे गए और कंपनी को भारी नुकसान हुआ। मारे जाने से पहले, सोमनाथ ने श्रीनगर एयरफील्ड में अपने ब्रिगेड मुख्यालय को निम्नलिखित ऐतिहासिक रेडियो संदेश भेजा, '...हम घिरे हुए हैं और दुश्मन भारी संख्या में है। दुश्मन केवल 50 गज दूर है। मैं एक इंच भी पीछे नहीं हटूंगा, परन्तु आखिरी आदमी और आखिरी गोली तक लड़ूंगा।'

हमलावर हार गए और हवाई क्षेत्र बच गया। मेजर सोमनाथ शर्मा को मरणोपरांत भारत के पहले परमवीर चक्र (पीवीसी) से सम्मानित किया गया। उसी शाम, 1 कुमाऊं (पैरा) की पहले हताहत होने की खबर आई। कबाइलियों ने उनके तीन असैन्य लॉरियों के काफिले पर घात लगाकर हमला किया जिसमें तीन अन्य रैंक (ओआरएस) मारे गए और एक ओआर घायल हो गया।

कश्मीर की लड़ाई के समन्वय के लिए जम्मू और कश्मीर फोर्स नामक एक मुख्यालय बनाया गया जो जम्मू में स्थित था। मेजर जनरल कलवंत सिंह इसके कमांडर बने और उन्हें ऑपरेशन का ओवरऑल इंचार्ज बनाया गया। वे 5 नवंबर को श्रीनगर पहुंचे।

लेफ्टिनेंट कर्नल प्रीतम सिंह, एमसी, मेजर जनरल कलवंत सिंह के साथ (तस्वीर बाद में पुंछ में ली गई)

शालतेंग की लड़ाई

आप युद्ध में सैनिकों का प्रबंधन नहीं कर सकते। आप चीजों का प्रबंधन करते हैं; आप लोगों का नेतृत्व करते हैं।

—ग्रेस हॉपर, एडमिरल, यू एस नेवी (सेवानिवृत्त), नोवा (पीबीएस टीवी), 1986

ब्रिगेडियर एल पी सेन ने घायल ब्रिगेडियर कटोच की जगह 161 इन्फैंट्री ब्रिगेड के कमांडर के रूप में कार्यभार संभाला और अपने सैनिकों को फिर से तैनात करने का फैसला किया। 1 सिख को पट्टन से वापस शालतेंग के पास माइल 4 तक लाया गया। 5/6 नवंबर को, मेजर एचएस बोलिना के तहत 4 कुमाऊं में से 'ए' कंपनी को 1 कुमाऊं (पैरा) के साथ फिर से तैनात किया गया था। यूनिट दक्षिण से दुश्मन के ऊपर हमला करने के आदेश के साथ राइफल रेंज क्षेत्र में चली गई। 1 कुमाऊं (पैरा) लेफ्टिनेंट कर्नल प्रीतम सिंह, एमसी के तहत, 1 सिख के साथ, और 'ए' कंपनी 4 कुमाऊं आरआईएएफ (रॉयल भारतीय वायु सेना) ने हवाई गोलीबारी की सहायता से कबाइलियों का नरसंहार किया। कबाइलियों की सौ से ज्यादा लॉरियों और बसों की लंबी लाइन पर हवाई रेकी की गई और हमले भी हुए। शालतेंग और जैनकूट के बीच कबाइलियों को बड़ी संख्या में देखा गया था।

ब्रिगेडियर सेन ने सेना के इकट्ठे होने की जगहों (एफयूपी) को सुरक्षित करने के लिए 4 कुमाऊं की 'ए' कंपनी की सहायता ली, जबकि 1 कुमाऊं (पैरा), 1 सिख, 7 कैवेलरी की दो

डेमलर बख्तरबंद कारों और आरआईएएफ विमानों ने कार्रवाई शुरू करने का कोडवर्ड प्राप्त होने पर कबाइलियों पर बेरहमी से हमला किया। प्रीतम सिंह ने चतुराई से सड़क के बगल में उठे हुए मैदान के एक छोटे से टुकड़े पर खुद को तैनात कर लिया था। वे यहां से अच्छी तरह से नज़र रख सकते थे और हमले को भांप कर अपने सैनिकों को आदेश दे सकते थे। उन्होंने खड़े होकर कुमाऊं और सिखों को खेतों की ओर से हमला करने का निर्देश दिया। सैनिकों ने आगे बढ़कर भाग रहे हमलावरों पर गोलीबारी की। एलएमजी से हैरान दुश्मन हमलावरों के बीचो बीच गोलीबारी हुई। जबकि आरआईएएफ के विमानों ने भी अपनी धधकती हुई मशीनगनों से हमला किया। हमला एक बड़ी सफलता साबित हुआ और कबाइलियों को शालतेंग के खेतों में खदेड़ दिया गया था।

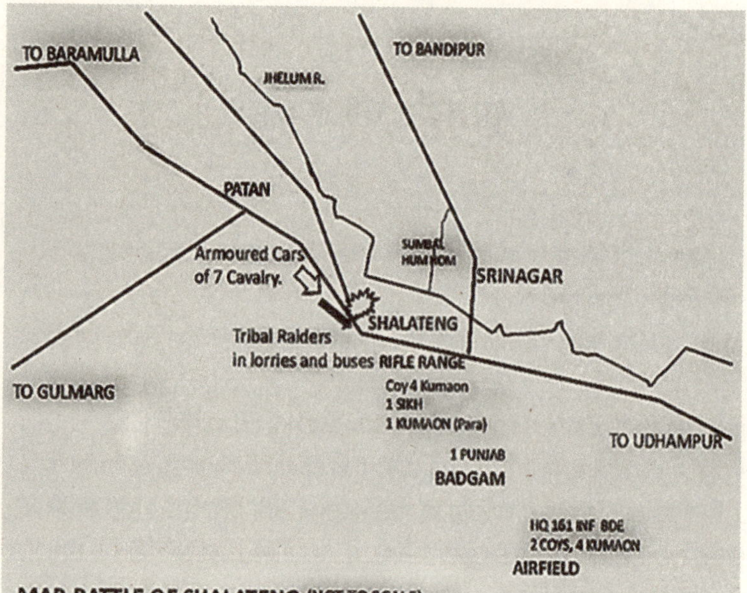

MAP-BATTLE OF SHALATENG (NOT TO SCALE)

लश्करों को भारी नुकसान हुआ और छह सौ से अधिक लड़के मारे गए थे। आरआईएएफ के विमान की बमबारी के बाद उनकी अधिकांश नागरिक लॉरियां और बसें बुरी तरह से जल गईं थीं। डरे हुए कबाइली अपनी जान बचाने के लिए बारामूला और उरी की ओर भाग गए थे। जमीनी सैनिकों और हवाई हमलों द्वारा गोलीबारी शुरू होने के तीस मिनट के अंदर ही हमलावरों का खेल खत्म हो गया था। बचे हुए हमलावर, जो बारामूला की ओर जाने वाली सड़क की ओर भाग रहे थे, वे खेतों में फैली घनी झाड़ियों के पीछे छिप गए थे।

डायमलर बख्तरबंद कार

हमलावरों ने भागते समय बख्तरबंद कारों को वहीं छोड़ दिया था। हालांकि, प्रीतम सिंह के संकेत पर, बख्तरबंद गाड़ियों की बंदूकें भाग रहे हमलावरों की ओर घुमा दी गई थीं जिससे और अधिक हमलावर मारे गए। उनकी भारी मशीनगनों की आवाज ने अनकही दहशत पैदा कर दी। बारामूला की सड़क पर काफी लंबे रास्ते तक भयंकर रूप से जलते वाहनों के पास पठानी सैंडल, लूटपाट की गई संपत्ति बिखरी हुई थी, क्योंकि हमलावर जल्दबाजी में वहाँ से तितर-बितर हो गए थे।

शालातेंग की इस ऐतिहासिक जीत ने बहुत ही कम समय में राजधानी श्रीनगर को बचा लिया और कश्मीर की किस्मत बदल दी। यह लड़ाई कश्मीर में पाकिस्तान प्रायोजित कबाइली आक्रमण में एक महत्वपूर्ण मोड़ साबित हुई। यह भारत के लिए एक बहुत ही महत्वपूर्ण जीत थी। दुर्भाग्य से, शालतेंग की लड़ाई के दौरान लेफ्टिनेंट कर्नल प्रीतम सिंह का महान योगदान, बाद में पुंछ में घटित कुछ घटनाओं से ढक दिया जाता है। इस ऐतिहासिक लड़ाई के दौरान, प्रीतम सिंह युद्ध के मैदान पर मौजूद सबसे वरिष्ठ अधिकारी थे और हमलावरों को व्यापक रूप से हराने और जीत हासिल करने में उनकी प्रमुख भूमिका थी। प्रीतम सिंह के तहत 1 सिख, 1 कुमाऊं (पैरा), लेफ्टिनेंट नोएल डेविड के तहत बख्तरबंद कारों के समर्थन और आरआईएएफ विमान ने कबाइली हमलावरों को पूरी तरह से हरा दिया था और उन्हें भागने पर मजबूर कर दिया था।

यहां एक बात जानना जरूरी है कि प्रीतम सिंह जम्मू-कश्मीर (1947-48) में सैन्य कार्रवाई के दौरान पाकिस्तान की हार का मुख्य कारण थे। पहले शालातेंग और फिर पुंछ में उनकी शानदार जीत ने दुश्मन पाकिस्तान की सारी योजनाओं को चकनाचूर कर दिया था। बाद में पता चला कि पाकिस्तान ने ब्रिटिश सरकार के कुछ अधिकारियों के गुप्त समर्थन से जम्मू-कश्मीर पर कबाइली आक्रमण करवाया था।

शालतेंग के बाद, 1 कुमाऊं (पैरा) राहत कॉलम (ब्रिगेडियर एल पी सेन के तहत 161 इन्फैंट्री ब्रिगेड) में सबसे आगे था, जो भाग रहे कबाइलियों की खोज में था। माइल 54 पर, भागने वाले हमलावर कश्मीर घाटी में बिजली के एक स्रोत को स्थायी रूप से नष्ट करने के लिए, बिजली स्टेशन में आग लगाने के लिए, रुक गए। लेकिन इससे पहले कि वे ऐसा कर पाते, कुमाऊं के सैनिक वहां पहुंच गए। उन्होंने हमलावरों के ऊपर कार्रवाई करके उन्हें भगा दिया। इस कार्रवाई से प्रीतम सिंह ने महुरा के पावर स्टेशन को बचा लिया था। आगे बढ़ते हुए राहत कॉलम सुरक्षित उरी पहुंच गया। उरी पर कब्जे के बाद कॉलम को पुंछ को बचाने का आदेश दिया गया था, जहां जम्मू-कश्मीर राज्य सुरक्षा बलों की चौकी घिर चुकी थी और हमलावरों ने हमला कर दिया था।

इस प्रकार 20 नवंबर 1947 की सुबह 7 कैवेलरी, 2 डोगरा और 1 कुमाऊं (पैरा) की डेमलर बख्तरबंद कारों का यह कॉलम उरी से पुंछ के मार्ग पर चल पड़ा। हालांकि सड़क की हालत खराब थी, रात होते-होते मुख्य कॉलम हाजी पीर दर्रे के नीचे पहुंच चुका था। 1 कुमाऊं (पैरा) और 24 वाहनों के दो प्लाटून से युक्त सबसे पिछली रक्षा पंक्ति, कुछ वाहनों में यांत्रिक खराबी के कारण विलंबित हो गई और उसे माइलस्टोन 7 पर रात बितानी पड़ी।

अगली सुबह, कबाइलियों ने विलंबित पिछली रक्षा पंक्ति पर घात लगाकर हमला किया और काफिले को दो भागों में काटने की जोरदार कोशिश की। 1 कुमाऊं (पारा) के सोलह लोग मारे गए और चौदह घायल हो गए। पठानों ने घात लगाए हुए कॉलम को लूट लिया और यूनिट की लॉरियों में आग लगा दी।

यूनिट के तीस सैनिकों की जानें जाने के बावजूद, प्रीतम सिंह ने हमलावरों के घेरे को तोड़ दिया और पुंछ की ओर बढ़ते रहे।

इसके बाद पठानों ने माइलस्टोन 5 पर लकड़ी के एक बड़े सड़क पुल को जला दिया जिस कारण पुंछ की ओर सारी आवाजाही अस्थायी रूप से बंद हो गई। जले हुए पुल की जल्दी मरम्मत करते हुए, बाकी के 1 कुमाऊं (पैरा) के 419 सैनिकों 21 नवंबर 1947 को पुंछ में आगे बढ़ने और प्रवेश करने के लिए तैयार थे।

पुंछ की घेराबंदी

मैं नेतृत्व को उस चरित्र के साथ हावी होने की इच्छा के रूप में परिभाषित करता हूं जो आत्मविश्वास को प्रेरित करता है। एक नेता को अपने आसपास की घटनाओं पर हावी होना सीखना होगा; उसे कभी भी इन घटनाओं को अपने ऊपर हावी नहीं होने देना चाहिए; उसे अपने लक्ष्य से विचलित करने के लिए कुछ भी नहीं होने देना चाहिए; उसे हमेशा अपने काम में शीर्ष पर रहना चाहिए और जिम्मेदारी स्वीकार करने के लिए तैयार रहना चाहिए।

—फील्ड मार्शल द विस्काउंट मोंटगोमरी ऑफ अला-मीन, मिलिट्री लीडरशिप

पुंछ के आसपास की सभी ऊंची पहाड़ियाँ उस समय हमलावरों और पाकिस्तानी सेना के कब्ज़े में थीं और इसके अतिरिक्त अन्य कोई बाधा विरोधियों को अलग नहीं करती थी। शहर की मूल आबादी के अलावा 40,000 से अधिक खस्ता-हाल कपड़ों में, भूखे और दहशत से भरे शरणार्थी भी थे, जिनमें से कई बीमार और घायल भी थे। हमलावरों द्वारा ग्रामीण इलाकों में उनके कस्बों और गांवों को तबाह करने के बाद वे सभी पुंछ में इकट्ठे हो गए थे।

इस प्रकार प्रीतम सिंह को वहाँ पहुंचने पर एक बड़ी मुश्किल का सामना करना पड़ा। बढ़ती आबादी के साथ, खाने का भण्डार बड़ी मुश्किल से एक सप्ताह तक

चल सकता था। शहर में अनाज के भंडार को बढ़ाने के लिए उन्हें जल्दी से कोई रास्ता निकालना था।

मीरपुर, कोटली और झंगर जैसे सीमावर्ती शहरों में बढ़ते दबाव के कारण लगभग 1,400 जम्मू-कश्मीर स्टेट फोर्स के सैनिक वहाँ से प्रस्थान कर गए और पुंछ में इकट्ठे हो गए। उनके पास कोई भारी हथियार नहीं था और उनके पास प्रति राइफल गोला बारूद कुछ राउंड तक ही सीमित था। सारे पत्ते दुश्मन के हाथ में थे और पासा रक्षकों पर भारी पड़ा हुआ था। पुंछ शहर में घुसने के लिए पूरी तरह से तैयार, हमलावर लूट, बलात्कार और नरसंहार करना चाहते थे। जम्मू-कश्मीर स्टेट रक्षा बलों ने शरणार्थियों को मौत के मुँह में छोड़ते हुए वापसी की तैयारी शुरू कर दी थी। हालांकि, किस्मत ने हस्तक्षेप किया और एक व्यक्ति पासा पलटने के लिए अवतरित हुआ। प्रीतम सिंह ने तुरंत जम्मू-कश्मीर राज्य सुरक्षा बलों की वापसी के आदेशों को रद्द कर दिया और रक्षा का कार्यभार संभाल लिया। प्रीतम सिंह और उनके सैनिकों के आने से नेपोलियन की एक बात फिर से सच्ची साबित हो गई कि युद्ध में गिनती आदमियों की नहीं, बल्कि सिर्फ 'आदमी' की होती है।

अपने उन मुट्ठी भर कुमाऊं सैनिकों का नेतृत्व करते हुए, जिन्होंने युद्ध में भीषण रक्तपात किया था, प्रीतम सिंह ने पुंछ के ऊपर की दुश्मन अधिकृत पहाड़ियों पर हमला करना शुरू कर दिया था। इस दुस्साहसी और साहसी कार्य ने हमलावरों को इतना मजबूर कर दिया कि वे सभी दहशत में, पहाड़ियों पर बिखरे हथियारों और गोला-बारूद को छोड़कर भाग गए और परिणामस्वरूप शहरवासियों के लिए आपूर्ति बहाल हो सकी। इस समय किसी को भी इस बात का आभास नहीं था कि शहर एक वर्ष से अधिक समय तक घेरे में रहने वाला था। आने वाले महीनों में, हमलावर बार-बार पहाड़ियों पर कब्जा कर लेते थे क्योंकि इससे उन्हें पुंछ के अधिकतम भाग पर अधिकार प्राप्त हो जाता था। प्रीतम सिंह घेराबंदी के लंबे महीनों में अक्सर हमलावरों पर छापामार हमले करते थे, क्योंकि हमलावर पुंछ पर अधिकार करने के लिए बेताब थे। लेकिन इससे पहले कि दुश्मन को कमजोर किया जाता, उच्च मुख्यालय ने सैनिकों को पुंछ से हटने की तैयारी के निर्देश भेज दिए।

सेना की वापसी का संदेश किसी तरह लीक हो गया, जिससे पूरे शहर में मातम छा गया। मीरपुर, कोटली, बघंद और कई अन्य शहरों के निवासियों के साथ हुई भयावहता, उन लोगों के दिमाग में बिजली की तरह कौंध गई, जो इन जगहों से भाग कर आए थे और पुंछ में शरण ली थी। लोगों की भावनाओं को अच्छी तरह से समझते हुए और एक सच्चे देशभक्त

के नाते, प्रीतम सिंह ने अपने उच्च अधिकारियों को यह जवाब दिया कि पुंछ की जनता और शरणार्थियों को छोड़ना सबसे बड़ा विश्वासघात होगा। सेना हमेशा के लिए राष्ट्र के विश्वास को खो देगी। वह पुंछ में तिरंगा झुकाने की बजाय अपनी सेना सहित गढ़ पर लड़ते हुए मर कर गिरना ज्यादा पसंद करेंगे।

शक्तिशाली पीर पंजाल रेंज के पहाड़, पुंछ क्षेत्र के ऊपर स्थित हैं

प्रीतम सिंह ही ऐसे व्यक्ति थे जिनकी संकट की इस विकट घड़ी में पुंछ को सबसे अधिक जरूरत थी। बाद में, उन्होंने रिकॉर्ड किया: "आगमन पर, मैंने पाया कि स्टेट सुरक्षा बल पुंछ को खाली करने की तैयारी कर रहे थे और मुझे उन्हें यह महसूस कराने में कुछ समय लगा कि मैं रुकने का इरादा रखता हूँ और इस बात पर किसी प्रकार की टाल-मटोल की कोई गुंजाइश नहीं थी।"

बड़ी कुशलता और साहस के साथ, प्रीतम सिंह ने पुंछ की सुरक्षा को पुनर्गठित करने और शहर में व्यवस्था और प्रशासन को बहाल करने की शुरुआत की। सहज रूप से, सैनिकों और जनता को पता था कि एक महान नेता आ गया है। उनकी सर्वोच्च प्राथमिकता पुंछ की स्थाई आबादी और सुरक्षा के लिए वहां आए शरणार्थियों की भीड़ के लिए राशन की व्यवस्था करना था। इसके साथ ही बाहरी दुनिया के संपर्क में रहने के लिए एक हवाई पट्टी का निर्माण करना था।

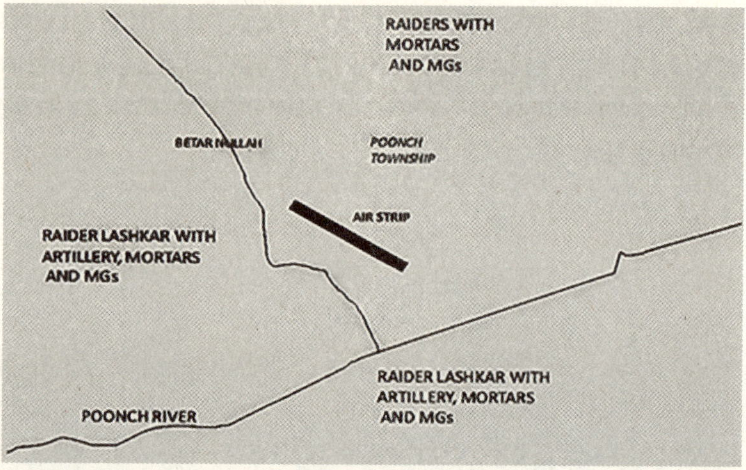

अतिरिक्त सैनिक, हथियार और गोला-बारूद प्राप्त करने और बीमार और घायलों को ले जाने के लिए हवाई पट्टी एक जरूरी आवश्यकता थी। एक मुनासिब जगह के लिए विस्तृत टोह लेने के बाद और लैंडिंग और टेक-ऑफ के दृष्टिकोण जैसे तकनीकी कारकों पर विचार करने के बाद, बेतार नाला और पुंछ टाउनशिप के बीच एक हवाई पट्टी का निर्माण करने का निर्णय लिया गया। प्रीतम सिंह और उनके एडहॉक कर्मचारियों के लिए यह एक व्यस्त समय था क्योंकि हवाई पट्टी का निर्माण प्राथमिकता के आधार पर होना था। जैसे ही यह बात फैली, पुरुष, महिलाएँ और यहां तक कि बच्चे भी हजारों की संख्या में निर्माण के प्रयासों में मदद करने के लिए सामने आ गए। उन्होंने रनवे के रास्ते में आने वाली इमारतों को नीचे गिरा दिया, मलबा साफ किया और एक बड़े नाले के तल को पूरी तरह से भर दिया। नागरिक अक्सर आसपास की पहाड़ियों से दुश्मन की भारी गोलाबारी के बीच में काम करते थे। प्रीतम सिंह ने नागरिकों में जोश भर दिया था और उनमें प्रतिरोध और बलिदान की एक नई भावना का संचार किया था।

पुंछ में रहने वाले लोगों की बड़ी संख्या को खिलाने के लिए प्रीतम सिंह ने अनाज और पशु प्राप्त करने के लिए दुश्मन के कब्जे वाले आसपास के गांवों में छापेमारी शुरू कर दी। इस तरह साल भर की घेराबंदी के दौरान कुल 90,000 मन अनाज इकट्ठा किया गया। इन छापों के दौरान अक्सर कई सैनिक हताहत होते थे जिससे पुंछ में सुरक्षा बलों की ताकत कम हो जाती थी।

यह व्यस्त समय था और लगभग हर दिन हमलावरों द्वारा भारी हमले होते थे। सभी हमलों का मुंहतोड़ जवाब दिया जाता था और हमलावरों को पुंछ से दूर रखा जाता था।

6 दिसंबर 1947 को प्रीतम सिंह को ब्रिगेडियर के पद पर पदोन्नत किया गया। उनके सेकेंड-इन-कमांड (2IC), मेजर धरम सिंह ने लेफ्टिनेंट कर्नल के पद पर 1 कुमाऊं (पैरा) का पदभार संभाला। मेजर प्राण नाथ कौशिक को प्रीतम सिंह के अधीन पुंछ रक्षा बलों का ब्रिगेड मेजर नियुक्त किया गया था। बहुत बाद में, 1965 के भारत-पाकिस्तान युद्ध में, 1 पंजाब (पैरा) में सेवारत कौशिक ने हाजी पीर दर्रे पर कब्जा करने के दौरान बहादुरी से लड़ाई लड़ी।

मेजर प्राण नाथ कौशिक

हवाई पट्टी जल्द ही पूरी हो गई और 12 दिसंबर 1947 को, महान ग्रुप कैप्टन 'बाबा' मेहर सिंह ने, डीएसओ, एयर वाइस मार्शल सुब्रतो मुखर्जी के साथ, हार्वर्ड विमान में एक साहसिक परीक्षण लैंडिंग की। उसी दोपहर, पहला DC-3 डकोटा विमान पुंछ हवाई पट्टी पर उतरा, जिसमें 25-पाउंडर तोपें और गोला-बारूद था।

उसके बाद, नई-नवेली आरआईएएफ ने पुंछ में सुरक्षित रूप से पहुंचने के लिए, तंग नदी घाटियों से होते हुए साहसपूर्वक उड़ान भरने का अभियान शुरू किया जिसे वे पुंछिंग कहते थे। डकोटा विमान का उपयोग करके एक हवाई पुल बनाया गया था, पहले दिन के समय के लिए और बाद में रात के लिए भी। पाकिस्तानी पहाड़ी तोपखाने की तोपों के लगातार हमले के बावजूद, हवाई पुल साजो-सामान और शरणार्थियों को उड़ाने में कामयाब रहा।

ब्रिगेडियर प्रीतम सिंह, एमसी (बाएं) एयर कमोडोर मेहर सिंह, डीएसओ के साथ, नवनिर्मित पुंछ हवाई पट्टी पर सफल परीक्षण लैंडिंग के बाद, दिसंबर 1947

पुंछ हवाई पट्टी पर नए आए गोला-बारूद की जाँच, दिसंबर 1947

प्रीतम सिंह ने लगभग हर रोज हमलावरों पर हमले किए, जो पुंछ के आसपास की अधिकांश ऊंचाइयों पर कब्जा किए हुए थे। उन्होंने 1 कुमाऊं (पैरा) और जहां तक कि जम्मू-कश्मीर स्टेट फोर्स बटालियन के सैनिकों का भी इस्तेमाल किया। अक्सर भारी लड़ाई होती थी और कई सैनिक हताहत भी होते थे। अधिकांश घायलों को वापिस लौटने वाले विमान द्वारा जम्मू ले जाया जाता था जहां उन्हें आवश्यक उपचार मिलता था।

बीमार और घायल शरणार्थियों के साथ जिन्हें बाहर निकाला जाना था

शालातेंग में भारी हार के बाद हमलावरों का श्रीनगर पर कब्जा करने का मंसूबा पूरी तरह से चकनाचूर हो गया था। उनकी हताशा बढ़ गई थी क्योंकि वे पुंछ पर कब्जा करने में असमर्थ थे! भारतीय सुरक्षा बलों के कड़े प्रतिरोध ने उन्हें काफी नुकसान पहुंचाया था। फिर भी हमलावरों और उनके पाकिस्तानी सलाहकार पुंछ पर कब्जा करने और उसकी जनता के साथ बलात्कार, हत्या और लूटपाट करने के लिए बेचैन और अडिग थे। दुष्ट हमलावरों ने एक नयी ताकत के साथ अपने हमले तेज कर दिए। लेकिन बहादुर भारतीय सेनापति प्रीतम सिंह और उनके बहादुर सैनिकों का छोटा दल पुंछ के नागरिकों के साथ मजबूती से खड़ा रहा और हर हमले का मुकाबला किया।

दुश्मन को दूर रखने के लिए तत्काल कुछ अतिरिक्त सैनिकों की जरूरत थी। इसलिए, प्रीतम सिंह ने पुंछ में सक्षम पुरुषों में से दो हथियारबंद बटालियन (बाद में 8 और 11 जम्मू-कश्मीर मिलिशिया नाम दिया) को खड़ा किया। इन सैनिकों को इलाके का अच्छा ज्ञान था और वे अन्य नियमित सैनिकों के साथ अच्छी तरह से लड़ते थे।

शरणार्थियों को डकोटा विमान में लादकर पुंछ से बाहर ले जाया जा रहा था, फरवरी 1948

1947/48 के दिसंबर-जनवरी के दौरान 3/9 जीआर को हवाई मार्ग से पुंछ में भेजा गया था। एक अन्य पैदल सेना बटालियन के आने से प्रशिक्षित सैनिकों की उपलब्धता में काफी सुधार हुआ।

फरवरी में दुश्मन ने खानेतर रिज पर हमला किया जिससे भारी जानें गईं थी और 1 कुमाऊं (पैरा) को पीछे धकेल दिया गया था। यूनिट अपने पीछे कई मृत, घायल और हथियार छोड़ गई थी। कथित तौर पर कमांडिंग ऑफिसर लेफ्टिनेंट कर्नल धरम सिंह और उनके सहायक (एडजुटेंट) ने तेजी से भागने के लिए, बोझ कम करने की दृष्टि से अपने हथियार फेंक दिए थे। बाद में उन दोनों ने इस गंभीर नुकसान के लिए अपने-अपने अर्दली को जिम्मेदार ठहरा दिया था। यूनिट के प्रमुख अधिकारियों के इस शर्मनाक कृत्य ने सैनिकों के मनोबल को गंभीर रूप से प्रभावित किया।

दुश्मन ने पुंछ पर कब्जा करने के अपने अंधाधुंध प्रयासों को जारी रखा। उन्हें पुंछ पर कब्जा करने की इतनी जल्दी थी कि पहाड़ी तोपखाने को गुप्त रूप से शहर और हवाई पट्टी के चारों ओर ऊंचाइयों तक ले जाया गया। अचानक पुंछ के आसपास और महत्वपूर्ण हवाई अड्डों के रनवे पर तोपखाने के गोले गिरने लगे। दुश्मन तोपखाने से सीधी आग बरसा रहा था। फायरिंग ने हवाई संपर्क को तोड़ दिया और गंभीर रूप से कई निवासियों की जानें चली गई थीं। प्रीतम सिंह ने महसूस किया कि स्थिति एक बार फिर उतनी ही निराशाजनक हो गई थी

जैसा कि पुंछ आने पर हुई थी। हवाई पट्टी को कार्यशील बनाए रखने लिए दुश्मन तोपखाने की गोलाबारी को तुरंत रोकना जरूरी था।

पुंछ सुरक्षा बलों की गंभीर समस्याएँ और बढ़ गई जब 21 मार्च को प्रीतम सिंह घायल हो गए थे। एक अफवाह तेजी से फैली कि उनकी मृत्यु हो गई है। प्रीतम सिंह के प्रति लोगों के प्रेम के कारण यह रिपोर्ट पुंछ में जंगल की आग की तरह फैल गई, जिससे शहर में भय, अराजकता और दहशत फैल गई। प्रीतम सिंह ने जल्दी ही इस अफवाह के फैलने के हानिकारक परिणामों को महसूस किया। हालांकि वे अभी भी अपने घावों के दुष्प्रभावों से पीड़ित थे, वे जल्द से जल्द इस अफवाह को खत्म करना चाहते थे। इसलिए उन्होंने एक जीप में सवार होकर पुंछ की सड़कों पर घूमने का फैसला किया। उन्हें जीवित देख कर लोगों का हौंसला बढ़ गया और उनकी मौत की अफवाहें भी खत्म हो गईं।

अब तक उच्च अधिकारियों को, हमलावरों द्वारा पुंछ को निशाना बनाने के लिए इस्तेमाल आर्टिलरी गन के बारे में पता चल गया था, जिससे नव-निर्मित हवाई पट्टी बंद हो गई थी। वे ब्रिगेडियर प्रीतम सिंह के जख्मों के बारे में भी जानते थे। इसलिए उन्होंने तुरंत एक और संदेश जारी किया जिसमें सुरक्षा बलों को खुद को नुकसान से बचाने और पुंछ से बाहर निकलने की तैयारी का निर्देश दिया गया था। प्रीतम सिंह अभी भी अपने बिस्तर तक ही सीमित थे और उन्होंने इसके बारे में कुछ नहीं सुना था। एक बार जब वे चलने के लायक हुए तो उन्होंने हमलों का नेतृत्व किया और दुश्मन को हवाई पट्टी और पुंछ शहर से परे खदेड़ दिया। हमलावर अपनी तोपों को केवल नए स्थान पर वापस लाकर ही बचा सकते थे। लेकिन इन ठिकानों से पाकिस्तानी तोपें सीधे हवाई पट्टी या पुंछ शहर को प्रत्यक्ष, सीधा निशाना नहीं बना सकती थीं। प्रीतम सिंह ने 1 कुमाऊं (पैरा) और जम्मू-कश्मीर मिलिशिया की दो कंपनियों के साथ हमलावरों के खिलाफ एक शानदार कार्रवाई की और खानेतर रिज पर फिर से कब्जा कर लिया।

अप्रैल 1948 में शेख अब्दुल्ला और बख्शी गुलाम मोहम्मद ने पुंछ का दौरा किया। शेख अब्दुल्ला ने एक जनसभा को संबोधित किया जिसमें उन्होंने हमलावरों से बचने के दौरान शरणार्थियों को मुसलमानों को मारने के लिए फटकार लगाई। उन्होंने जो कुछ कहा उससे लोग हैरान रह गए। वहां शायद ही कोई शरणार्थी था जिसने अपने परिवार के किसी सदस्य को नहीं खोया था और हमलावरों के हाथों अत्यधिक क्रूरताओं का सामना नहीं किया था। उनके लिए सहानुभूति के शब्द बोलने की बजाय शेख अब्दुल्ला ने असहाय शरणार्थियों की निंदा की। गुस्साई भीड़ ने तुरंत उनके शब्दों पर पानी फेर दिया और कड़वे नारे लगने लगे। बड़ी मुश्किल से सैनिकों ने हस्तक्षेप किया और शेख और उनके साथियों को बचाया। अनौपचारिक रूप से उन्हें सबसे पहले उपलब्ध विमान में भेजा गया। पुंछ से इस

अपमानजनक प्रस्थान की याद ने शेख अब्दुल्ला को विचलित किया होगा और शायद बाद में इसीलिए उन्होने प्रीतम सिंह के कई विरोधियों का साथ दिया होगा।

मई 1948 में मेजर जनरल आत्मा सिंह ने मेजर जनरल कलवंत सिंह के स्थान पर जम्मू एरिया डिवीजन की कमान संभाली (दुख की बात है कि बाद में उधमपुर की यात्रा के दौरान एक सड़क दुर्घटना में आत्मा सिंह की मृत्यु हो गई)। आत्मा सिंह और प्रीतम सिंह के बीच शुरू से ही एक खुश्क रिश्ता विकसित हो गया था। चूंकि आत्मा सिंह अब पुंछ के आसपास प्रीतम सिंह द्वारा चलाई जा रही नियमित सैन्य कार्रवाई की कमान संभाल रहे थे, उन्होंने कुछ गलत फैसले लिए जो मुसीबतों को न्यौता देने के समान थे।

उन्होंने प्रीतम सिंह के प्रति तुरंत घृणा का भाव क्यों दिखाया, यह स्पष्ट नहीं है—संभवतः एक पेशेवर सैनिक के रूप में, बाद के अच्छे करियर और 'अपना लक्ष्य हासिल करने' के लिए वे ज्यादा उत्सुक थे। लेकिन उनके गलत फैसलों के दूरगामी नतीजे होने वाले थे। आत्मा सिंह ने पुंछ में 1 कुमाऊं (पैरा) को प्रीतम सिंह की कमान से ले लिया और यूनिट की वापसी का आदेश दिया।

पुंछ में अब सिर्फ एक और नियमित पैदल सेना बटालियन 3/9 जीआर ही बची थी। हालांकि, इस इकाई को सैन्य कार्रवाई में हाल ही में एक गंभीर झटका लगा था और इसका मनोबल क्षीण हो गया था। प्रीतम सिंह ने अपने तत्काल कमांडर के अनुसार निर्णय लिए, जबकि वह दुश्मन पर बहादुरी से हमले करता रहा और उन्हें पुंछ से दूर धकेलता रहा।

उस समय, छुट्टी से वापिस आने वाले सैनिक, जिनकी संख्या लगभग 300 थी, जम्मू में पुंछ लौटने के लिए एक एयरलिफ्ट की प्रतीक्षा कर रहे थे। जनरल आत्मा सिंह के आदेश पर, इन सैनिकों को उन ऑपरेशनों के लिए 'डिवीजन रिजर्व' के रूप में रखा गया था, जो पुंछ के साथ संपर्क बनाने (लिंक-अप) के लिए हो रहे थे। इस निर्णय ने स्पष्ट रूप से उस विरोध को जाहिर किया जिसके साथ आत्मा सिंह पुंछ में प्रीतम सिंह द्वारा किए जा रहे कार्यों को देखते थे। यह जीओसी और उनके कर्मचारियों द्वारा एक दुर्भाग्यपूर्ण सैन्य निर्णय था। क्योंकि वे जानते थे कि पुंछ के यूनिटों को भारी नुकसान हुआ था और अब वे अपनी आधी ताकत से दुश्मन से लड़ रहे थे।

जैसे ही 1 कुमाऊं (पैरा) ने पुंछ छोड़ने की तैयारी शुरू की, प्रीतम सिंह को खबर मिली कि बटालियन स्थानीय महल से कीमती सामान ले जा रही है। कुछ समय पहले सेना कमांडर की ओर से प्रीतम सिंह को एक पत्र आया था जिसमें उन्हें पुंछ के राजा की संपत्ति की सुरक्षा सुनिश्चित करने का निर्देश दिया गया था। इसलिए, प्रीतम सिंह ने विमान में लोड होने के दौरान 1 कुमाऊं (पैरा) के सामान की तलाशी का आदेश दिया। लोग अक्सर कहते हैं कि प्रीतम सिंह ने यूनिट के सामान की तलाशी का आदेश देकर एक बड़ी गलती की थी।

हालांकि, यूनिट के सामान की तलाशी लेने का निर्णय ऐसे मामलों में प्रीतम के 'नो-नॉनसेंस अप्रोच' और पत्र में दिए गए आर्मी कमांडर के निर्देशों का सख्ती से पालन दर्शाता है।

राजा की संपत्ति की चोरी की रिपोर्टों के कारण, ऐसा प्रतीत होता है कि बटालियन की तलाशी लेने की अन्य कोई वजह नहीं थी। इस प्रकार उन सैनिकों को अपमानित करना, जिन्होंने भीषण लड़ाई में प्रीतम सिंह का साथ दिया था, एक अपवित्र काम था। इन बहादुर सैनिकों ने बिना किसी शिकायत के इतनी भारी शहादतों को झेला था और लंबी घेराबंदी की मुश्किलों को बड़ी बहादुरी के साथ स्वीकार किया था। तलाशी में सीओ के बैग से केवल एक हाथीदांत-हैंडल बेंत और दो शूटिंग स्टिक, सूबेदार मेजर के बॉक्स से कुछ रेशम के कुशन और क्यूएम से दो पुराने टेबल पंखे बरामद किए गए। लेकिन इस कार्रवाई ने बटालियन को प्रीतम सिंह के खिलाफ कर दिया। आत्मा सिंह सैनिकों की इन आहत भावनाओं का अधिकतम लाभ उठाने वाले थे।

ब्रिगेडियर यदुनाथ सिंह के नेतृत्व में एक राहत दल राजौरी में इकट्ठा हुआ था। इस दल को राजौरी कॉलम कहा जाता था। इसे अंततः डिवीजन दर्जा प्राप्त हो गया था जिसमें 5 और 19 इन्फैंट्री ब्रिगेड, साथ ही मूल राजौरी कॉलम शामिल थे और इसका कार्य पुंछ में संकटग्रस्त सुरक्षा बलों का साथ देना था। बल के पास फील्ड आर्टिलरी और सेंट्रल इंडिया हॉर्स के शेरमेन टैंक के दो सैनिक थे। जटिल सैन्य कार्रवाई को मनोवैज्ञानिक रूप से सरल दिखाने के लिए कार्रवाई का कोड-नाम ऑपरेशन ईज़ी रखा गया था।

6/7 नवंबर की रात को 5 ब्रिगेड के अगली पंक्ति की धुरी के दाईं ओर और 19 ब्रिगेड के बाईं ओर आगे बढ़ने के साथ कार्रवाई शुरू हो गई। आगे बढ़ती दो ब्रिगेडों ने भीम्बर गली पर कब्जा कर लिया। राजौरी कॉलम द्वारा कब्जा किया जाने वाली अगली जगह रामगढ़ किला था। आगे बढ़ने वाले सैनिकों के लिए ये पहली सफलताएँ थीं। पाकिस्तानी रक्षकों ने हिंसक जवाबी हमले किए और फिर पीर बदेसर नामक एक विशाल क्षेत्र पर कब्जा किया जो कॉलम की अग्रिम धुरी पर हावी था।

268 इन्फैंट्री ब्रिगेड ने इस क्षेत्र पर कब्जे के लिए ऑपरेशन रंजीत नामक एक ऑपरेशन की योजना बनाई। युक्तिपूर्ण दृष्टि से यह एक मजबूत इलाका था जिससे सारी घाटी की निगरानी और उत्तर से झंगर की रक्षा सम्भव हुई। इस क्षेत्र में तैनाती ने कोटली के लिए सीधा खतरा पैदा कर दिया। इसने चिंगस के पास संचार के एक हिस्से को भी खतरे में डाल दिया था। पीर बदेसर पर कब्जा हो गया और कार्रवाई के दौरान 1 कुमाऊं (पैरा) के सीओ लेफ्टिनेंट कर्नल धर्म सिंह को महावीर चक्र से सम्मानित किया गया।

19 इन्फैंट्री ब्रिगेड को प्वाइंट 5372 पर कुछ दृढ़ विरोध का सामना करना पड़ा, जो मेंढर के दक्षिण-पूर्व में स्थित था और कोटली के मार्ग की सुरक्षा करता था। प्वाइंट 5372 के एक

चाल के तहत प्रदर्शन करना जारी रखते हुए, प्रमुख बल दाहिने किनारे पर चला गया, जहाँ विरोधी दल की पकड़ कमजोर थी।

इन दो ब्रिगेडों ने इसके बाद प्वाइंट 5982 और पुंछ के दक्षिण में स्थित टोपा रिज पर कब्जा कर लिया। इस महत्वपूर्ण लिंक-अप पर अधिकार करने के लिए, 20 नवंबर को, पुंछ सुरक्षा बलों ने अपने साल भर के घेरे के दक्षिणी भाग को तोड़ दिया और पड़ोसी पहाड़ियों को पार कर लिया। 23 नवंबर को, मेंढर को दक्षिण से 19 इन्फैंट्री ब्रिगेड द्वारा दो दिशाओं से हमला (पिंसर मूव) करके कब्जे में ले लिया गया था, जिससे इंजीनियरों को मेंढर से पुंछ तक एक जीप ट्रैक का निर्माण करने का मौका मिल गया था।

पुंछ सुरक्षा बलों के साथ महत्वपूर्ण लिंक-अप प्राप्त करने के अलावा, कार्रवाई के बाद 2100 वर्ग किमी क्षेत्र पर कब्जा कर लिया गया था। 10,000 से अधिक मुसलमानों सहित बड़ी संख्या में शरणार्थी क्रूर हमलावरों के प्रकोप से बचने और जम्मू-कश्मीर राज्य प्रशासन से कुछ राहत प्राप्त करने में सक्षम हो गए थे।

हालांकि पुंछ के लिए लिंक-अप बन गया था और शहर को भी सुरक्षित कर लिया गया था, लेकिन उरी सेक्टर में भारतीय 161 इन्फैंट्री ब्रिगेड और 77 पैराशूट ब्रिगेड द्वारा सुरक्षित किए गए इलाके दुश्मन के हाथ लग गए थे। ऐसा इसलिए हुआ क्योंकि सर्दियों के महीनों में हाजी पीर क्षेत्र में लेड गली और पीर कंठी निगरानी मोर्चों को बिना किसी सलाह के हटा दिया गया था। सर्दियों की ठंड से बचने के लिए इस दोषपूर्ण कार्रवाई ने पाकिस्तान को इन निगरानी मोर्चों के साथ हाजी पीर दर्रे पर केंद्रित एक बड़े इलाके पर कब्जा करने का मौका दे दिया था।

इससे पहले कि उस क्षेत्र पर दोबारा कब्जा करने के लिए कोई कार्रवाई की जाती, 2 जनवरी 1949 से युद्ध विराम की घोषणा कर दी गई और इन स्थानों को सुरक्षित रूप से पाकिस्तानी हाथों में छोड़ दिया गया। इस समय पुंछ जम्मू और कश्मीर के भारतीय और पाकिस्तानी कब्जे वाले क्षेत्रों के बीच नियंत्रण रेखा (एलओसी) पर एक सीमा चौकी बनी हुई है।

पुंछ को बचाने और कब्जे में रखने के निर्णय ने हजारों नागरिकों की जान बचाई लेकिन इसके लिए सेना को, संवेदनशील परिस्थितियों के दौरान, डोमेल और मुजफ्फराबाद पर सैन्य कब्जे से सैनिकों को रोकने के साथ ही मीरपुर और भीम्बर पर कब्जा किए हुए सैनिकों को भी हटाने की बहुत बड़ी कीमत चुकानी पड़ी थी।

1948 में पुंछ को बचाना एक सार्थक रणनीति जुआ था और डोगेल और मुजफ्फराबाद के क्षेत्रों पर अभी भी अवैध रूप से पाकिस्तान का कब्जा है।

दुखद अंत

[इस अध्याय का विवरण लेफ्टिनेंट जनरल हरवंत सिंह (सेवानिवृत्त) द्वारा किए गए शोध से लिया गया है]

एक जनरल की भूमिका अपरिहार्य है। वह मुखिया है, वह पूरी सेना है। गॉल को रोमन सेनाओं ने नहीं बल्कि सीज़र ने जीता था। रोम कार्थेज के सैनिकों के डर से नहीं लेकिन हैनिबल के डर से घबराया था। भारत में मैसेडोनियन फालानक्स ने नहीं बल्कि सिकंदर ने प्रवेश किया था। यूरोप की सबसे दुर्जेय शक्तियों से प्रशिया को सात साल तक सैनिकों ने नहीं लेकिन फ्रेडरिक द ग्रेट ने सुरक्षित रखा था।

—*नेपोलियन*

भारत की खातिर पुंछ की सुरक्षा के लिए, प्रीतम सिंह ने गहन और एकनिष्ठ समर्पण भाव से हमलावरों और पाकिस्तानी सेना को पीछे हटाना जारी रखा। अत्यंत दुर्भाग्य की बात है कि नीच विचार रखने वाले उनके कई आलोचकों ने भारतीय सेना और देश के प्रति उनके द्वारा किये गए अच्छे कार्यों की सराहना नहीं की। अपनी घृणा में अंधे, ये नीच व्यक्ति उन्हें बदनाम करने और उनके साथ विश्वासघात करने के लिए, सबूत इकट्ठा करने में जुटे हुए थे। एक सैनिक के रूप में उनकी अविश्वसनीय उपलब्धियों के कारण प्रीतम सिंह के प्रति भारी पेशेवर ईर्ष्या व्याप्त थी। लेकिन, आज यह संभव है कि सत्तर साल से

ज्यादा समय पहले सामने आई संदिग्ध घटनाओं के गुण और दोषों को निष्पक्ष रूप से देखा जा सकता है।

सुरक्षा बलों के लिंक-अप के बाद, हमलावरों और उनके पाकिस्तानी सरपरस्तों को पश्चिम की ओर धकेल दिया गया और जल्द ही उनकी बंदूकें शांत हो गईं। पुंछ सुरक्षित था और लोग खुश थे। हमेशा की तरह, एक बार जब बंदूकें शांत हो गईं और खतरे कम हो गए, तो कुछ लोगों ने जीत के दूत के खिलाफ एक घिनौना, बदनामी अभियान शुरू कर दिया। श्रीनगर, पुंछ और कश्मीर के अन्य क्षेत्रों को बचाने वाली बड़ी जीत में ब्रिगेडियर प्रीतम सिंह, एमसी की भूमिका को जल्दी ही भुला दिया गया। एक महान देशभक्त और शानदार सफलताओं के हकदार नायक की छवि को धूमिल करने के लिए एक संयुक्त षड़यंत्र रचा गया था।

कुछ हद तक, पुंछ का भाग्य अभी भी अधर में लटका हुआ था। 3 दिसंबर 1947 को रक्षा समिति की बैठक में पंडित नेहरू ने कहा था कि पुंछ की हर कीमत पर रक्षा की जानी चाहिए। हालांकि, उस समय माउंटबेटन का एक अलग दृष्टिकोण था। सेना कमांडर लेफ्टिनेंट जनरल रसेल की सिफारिशों का इंतजार करते हुए, कमांडर-इन-चीफ पुंछ के बारे में अंतिम आदेश चाहते थे। सामरिक और साजो-सामान संबंधित मजबूरियों के कारण जनरल रसेल पुंछ से पीछे हटना चाहते थे। उनके अपने कुछ कारण थे और उन्होंने सोचा कि पुंछ पर अधिकार बनाए रखने के लिए बहुत बड़ा भाग्य चाहिए। उन्होंने कभी नहीं सोचा था कि एक महान सैनिक—प्रीतम सिंह—बहादुरी के साथ हमलावरों को पीछे हटा देंगे और भारत के लिए पुंछ के ऊपर कब्जा कर लेंगे।

मेजर जनरल आत्मा सिंह ने अब प्रीतम सिंह के अधिकारियों की वफादारी को तोड़ना शुरू किया और साथ ही उन्होंने उसके खिलाफ केस बनाना शुरू कर दिया था। 19 अगस्त 1948 को लिखे एक पत्र में आत्मा सिंह ने पश्चिमी कमान के मुख्यालय को सूचित किया कि लेफ्टिनेंट कर्नल पालित (पूर्व सीओ 3/9 जीआर) ने भारतीय सेना डिवीजन के कर्नल साठे नाम के एक अधिकारी को बताया था कि प्रीतम सिंह ने एक हिंदू कुली को गोली मार दी थी और अपना ब्रिगेड मेजर को कुछ मुस्लिम कैदियों को गोली मारने के लिए कहा था। उन्होंने कहा, "... अगर यह सच है ... प्रीतम सिंह को हत्या का दोषी ठहराया जाना चाहिए और उसके अनुसार उन पर आरोप लगाया जाना चाहिए।" प्रीतम सिंह के प्रति आत्मा सिंह की निष्पक्षता और शत्रुता का अंदाजा इस पत्र से ही लगाया जा सकता है। कमान मुख्यालय को सूचित करने की जल्दबाजी में उन्होंने कोई पूर्व जांच नहीं की। कई अधिकारी ईर्ष्या के कारण प्रीतम सिंह को अपमानित और दंडित होते देखना चाहते थे। इन अधिकारियों ने प्रीतम सिंह के लिए आत्मा सिंह की दुश्मनी का फायदा उठाया। वे परोक्ष रूप से झूठी रिपोर्टें दर्ज करते रहे और प्रीतम सिंह के खिलाफ कड़ी कार्रवाई करने के लिए डिवीजन कमांडर को उकसाते रहे।

जैसे ही आत्मा सिंह और प्रीतम सिंह के मतभेद अपनी चरम सीमा पर पहुंचे, परेशानी में ब्रिगेड कमांडर को अपने आर्मी कमांडर से शिकायत करने के लिए मजबूर होना पड़ा। उन्होंने ब्रिगेडियर दथानिया के बदले प्रीतम सिंह को कश्मीर घाटी में ले जाने का फैसला किया। यह बिल्कुल स्पष्ट है कि उच्च मुख्यालय प्रीतम सिंह की युद्ध विशेषज्ञता का उपयोग करने के लिए उन्हें कश्मीर घाटी भेजने के लिए उत्सुक था क्योंकि वहां हमलावरों को बाहर करने के लिए अभियान अभी भी पूरे जोरों से चल रहा था। अगर मुख्यालय प्रीतम सिंह को जम्मू-कश्मीर से बाहर भारत के किसी अन्य स्टेशन पर भेजने का फैसला करता, तो इतिहास कुछ अलग होता। प्रीतम सिंह को अपमान नहीं सहना पड़ता। फिर भी, श्री डिव (श्रीनगर डिवीजन) कमांडर, मेजर जनरल के एस थिमय्या, डीएसओ की प्रतिक्रियाएं स्थिति के लिए बहुत प्रासंगिक थीं। थिमय्या को एक उत्कृष्ट सैनिक मिल रहा था और उन्होंने प्रीतम सिंह को कश्मीर घाटी में स्थानांतरित करने के कदम का गर्मजोशी से स्वागत किया, जहां वो बहुत उपयोगी साबित होते। लेकिन थिमैया ने आर्मी कमांडर को चेतावनी दी कि अगर प्रीतम सिंह के इस कदम के बाद पुंछ पर कोई आपदा आ जाती है, तो वह इसकी जिम्मेवारी नहीं लेंगे। इसके बाद प्रीतम सिंह को पुंछ से बाहर ले जाने के प्रस्ताव के बारे में दोबारा कोई बात नहीं हुई।

इस पूरे समय के दौरान, दुश्मन नियमित रूप से पुंछ पर तेजी से हमला कर रहा था। लेकिन प्रीतम सिंह के नेतृत्व में रक्षकों के साहस को कोई नहीं तोड़ सका। हर दिन साहसिक लड़ाई होती रही। तब तक आर्मी कमांडर को समझ आ गया था कि प्रीतम सिंह पुंछ और उसके आसपास के इलाकों को सुरक्षित रखने का जबरदस्त काम कर रहे हैं। उन्होंने विशेष रूप से आत्मा सिंह को प्रीतम सिंह के प्रति नर्म व्यवहार रखने के लिए कहा।

नतीजतन, नवंबर 1948 में, पुंछ के साथ अंतिम लिंक-अप के दौरान, आत्मा सिंह ने प्रीतम सिंह से कहा कि उन्हें पुंछ में मामलों के बारे में गलत जानकारी दी गई थी। वह चाहते थे कि प्रीतम सिंह उन के बीच हुए सभी कड़वे अनुभवों को भूल जाएं। राजौरी में मुख्यालय 19 इन्फैंट्री ब्रिगेड के ऑफिसर्स मेस में लिंक-अप के समारोह के दौरान, यह महसूस करते हुए कि उनके वरिष्ठ अधिकारी, आर्मी कमांडर, प्रीतम सिंह के बारे में अच्छी बात कर रहे थे, आत्मा सिंह ने प्रीतम सिंह के बारे में कहा कि, "आपने बहुत अच्छा काम किया है और मैं, सर्वोच्च वीरता पुरस्कार के लिए, आपकी सिफारिश करने जा रहा हूँ।" यह बात कई अन्य अधिकारियों की मौजूदगी में कही गई थी। फिर भी, उसकी पीठ पीछे, आत्मा सिंह ने प्रीतम सिंह के खिलाफ कई और मामले बनाने के अपने प्रयासों को जारी रखा !

इस बीच, पश्चिमी कमान मुख्यालय में बदनामी का अभियान फिर शुरू हो गया। आत्मा सिंह और प्रीतम सिंह द्वारा एक दूसरे पर लगाए गए आरोपों और प्रतिवादों की जांच के आदेश दिए गए थे। कुछ दिनों के भीतर, दोनों अधिकारियों को कमांडर-इन-चीफ, जनरल

करियप्पा ने दिल्ली बुलाया। जनरल ने ये स्वीकार किया कि प्रीतम सिंह को पुंछ में एक बहुत ही कठिन और मुश्किल सैन्य अभियान पूरा करने का श्रेय जाता है। उन्होंने प्रीतम सिंह को आश्वासन दिया कि सब ठीक हो जाएगा और विशेष रूप से आत्मा सिंह से कहा कि पूरे मामले को बंद कर दिया जाना चाहिए। प्रीतम सिंह राहत महसूस करते हुए दिल्ली से चले गए। जनरल करियप्पा ने साफ शब्दों में आत्मा सिंह को कहा था कि प्रीतम सिंह को परेशान करना बंद कर दें। वह आभारी महसूस कर रहे थे कि अब वे पुंछ के आसपास की ऊंचाइयों पर बाकी बची दुश्मन सेना को हटाने पर ध्यान केंद्रित कर सकते थे।

हालांकि, कुछ दिनों बाद प्रीतम सिंह को गहरा धक्का लगा जब सेना मुख्यालय ने मामले की जांच के लिए कोर्ट ऑफ इंक्वायरी (सीओआई) का आदेश दे दिया। मेजर जनरल खानोलकर को पीठासीन अधिकारी और ब्रिगेडियर बीएम कौल को इसके सदस्यों में से एक के रूप में नियुक्त किया गया था। कमांडर-इन-चीफ के रूप में जनरल करियप्पा दिल्ली में नई सरकार में एक वरिष्ठ पदाधिकारी थे। इसलिए यह लाजमी था कि जनरल करियप्पा को हेर-फेर करने और सीओआई को आदेश देने के लिए उच्चतम स्तरों का दबाव अवश्य ही पड़ा होगा। यह कार्रवाई जनरल करियप्पा के व्यक्तित्व की विशेषता नहीं थी, जो अपने निष्पक्ष और सच्चाई के मूल्यों के लिए जाने जाते थे। यह एक चौंकाने वाली बात थी क्योंकि सीओआई का यह आदेश, प्रीतम सिंह को आश्वस्त करने के बाद कि सब ठीक हो जाएगा और मेजर जनरल आत्मा सिंह को अपने ब्रिगेड कमांडर को परेशान न करने के लिए कहने के बाद दिया गया था।

सीओआई, जिसका दृष्टिकोण निष्पक्ष होना चाहिए था, प्रीतम सिंह के खिलाफ पूर्वाग्रह से अलग नहीं लग रहा था। अनुचित पूर्वाग्रह, पक्षपातपूर्ण व्यवहार, प्रक्रियाओं का उल्लंघन और प्राकृतिक-नैसर्गिक न्याय के मानदंडों और सिद्धांतों का घोर उल्लंघन हो रहा था। यह बहुत अजीब था और मौजूदा नियमों के विरुद्ध, कोर्ट प्रीतम सिंह को किसी भी गवाह से जिरह करने की अनुमति नहीं दे रहा था। सीओआई के सदस्य गवाहों के सटीक शब्दों को रिकॉर्ड करने की बजाय अपने शब्दों में साक्ष्य दर्ज कर रहे थे। एक गवाह ने जो कहा था, उसके बारे में उसकी जानकारी के लिए प्रीतम सिंह को रिकॉर्ड किए गए बयान पढ़ कर नहीं सुनाया जाना भी मानदंडों का उल्लंघन था। न्याय की धज्जियां उड़ाई गईं, क्योंकि आरोपी को पता ही नहीं था कि कोर्ट ने क्या दर्ज किया है!

अदालत पुंछ के राजा का बयान दर्ज करने के लिए मेरठ से देहरादून गई, जो अभियोजन पक्ष का एक महत्वपूर्ण गवाह था। हालांकि, वे प्रीतम सिंह को साथ नहीं ले गए और राजा ने प्रीतम सिंह की पीठ पीछे अपना बयान दर्ज किया। एक बार फिर, यह सेना के नियमों का घोर

उल्लंघन था। अगर किसी गवाह ने प्रीतम सिंह के पक्ष में कुछ भी कहा तो कोर्ट ने उसे धमकी दी। ऐसा प्रतीत होता था कि प्रीतम सिंह के खिलाफ कार्यवाही करने के लिए अदालत को गुप्त रूप से आदेश दिया गया था और सदस्य अक्सर उन्हें धमकाने की कोशिश में उन पर चिल्लाते थे।

प्रक्रिया के उल्लंघन की एक अन्य घटना में, कोर्ट पुंछ गया और अपने साथ मेजर जनरल आत्मा सिंह, मिस्टर रैना (शेख अब्दुल्ला के राजनीतिक सलाहकार), पुंछ के पूर्व वज़ीर और लेफ्टिनेंट कर्नल धरम सिंह को साथ ले गया, लेकिन प्रीतम सिंह को साथ नहीं लिया। पुंछ से कोर्ट के दो सदस्य आत्मा सिंह और रैना के साथ। इस उद्देश्य के लिए मांगे गए आरआईएएफ विमान में, श्रीनगर गए। किसी को नहीं पता कि उन्होंने पूरे मामले पर श्रीनगर में किसके साथ चर्चा की। प्रीतम सिंह ने कोर्ट के खिलाफ, उसके बिना ही पुंछ की यात्रा करने के विरुद्ध अपील की, लेकिन कोई फायदा नहीं हुआ।

कोर्ट के समय की नाटकीय विडम्बना को याद करना जरुरी है। प्रीतम सिंह पर अपना गुस्सा दिखाने, धमकाने, चिल्लाने और मेज थपथपाने का सबसे अधिक दोषी व्यक्ति ब्रिगेडियर (बाद में लेफ्टिनेंट-एनेंट जनरल) बीएम कौल (बिज्जी) नामक सीओआई का सदस्य था। सभी जानते थे कि बिज्जी कौल प्रधान मंत्री पंडित जवाहरलाल नेहरू के करीबी थे। लगभग ग्यारह साल बाद, 1962 में, नेफा में कोर कमांडर के रूप में, इस अधिकारी ने पूरी तरह से अक्षम साबित होने के कारण सेना और देश को अपमानित किया था।

लेफ्टिनेंट जनरल बम (बिज्जी) कॉल

जैसी उम्मीद थी, सीओआई के निष्कर्षों और राय के कारण प्रीतम सिंह के खिलाफ 26 आरोप लगाए गए। इनमें से अठारह बीएम मेजर प्राण नाथ द्वारा हत्या के लिए उकसाने के लिए लगाए गए थे। एक आरोप सूबेदार मेजर शेर सिंह द्वारा एक कालीन (12 फीट x

12 फीट) की चोरी के लिए उकसाने का था। अन्य दो आरोप सार्वजनिक धन के संबंध में आपराधिक विश्वासघात के लिए थे और तीन आरोप स्वेच्छा से तीन जम्मू-कश्मीर पुलिस कर्मियों को चोट पहुंचाने के लिए थे।

साक्ष्य के सारांश (एस ऑफ ई) में हत्याओं के लिए उकसाने के बेतुके आरोपों पर अभियोजन का मामला जांच में खड़ा नहीं हो सका। मुसलमानों के प्रति प्रीतम सिंह के रवैये पर बचाव पक्ष ने यह साबित करने के लिए सबूत पेश किए कि उनके आने से पहले शहर में कुछ मुसलमान मारे गए थे। हालांकि, प्रीतम सिंह के पुंछ में सुरक्षा बलों के कमांडर के रूप में कार्यभार संभालने के कुछ दिनों के भीतर मुसलमान स्वतंत्र रूप से शहर में घूम सकते थे। एक बिजली मिस्त्री सुलेमान पर शरणार्थियों ने हमला किया था और प्रीतम सिंह खुद उसे बचाने के लिए आगे आए थे। समय-समय पर मुस्लिम कैदियों को पाकिस्तान के कब्जे वाले क्षेत्र में जाने के लिए रिहा किया जाता था और अक्सर प्रीतम सिंह उन्हें जाते समय अपनी जेब से पैसे देते थे। लेफ्टिनेंट कर्नल चंदर सिंह ने इस संबंध में बयान दिया कि एक अवसर पर, प्रीतम सिंह ने उनसे 25 रुपये उधार लिए थे, जो उन्होंने छोड़े हुए कैदियों को देने थे।

कुछ पुलिस-कर्मियों ने कैदियों को सीमा तक ले जाते समय शरणार्थियों को उन्हें मारने दिया था। जब प्रीतम सिंह ने इस घटना के बारे में सुना, तो वो तुरंत साइट पर गए और एकमात्र जीवित कैदी को वापस लाए, जो गंभीर रूप से घायल हो गया था और झाड़ियों में छिपा हुआ पाया गया था। प्रीतम सिंह ने उसे इलाज के लिए अस्पताल में भर्ती कराया था। यहीं पर उन्होंने अपनी नुकीली लाठी का स्वाद संबंधित पुलिस कर्मियों को चखाया था। पाकिस्तान ने अन्य क्षेत्रों में भारतीय सैनिकों द्वारा मुसलमानों के साथ दुर्व्यवहार के बारे में भारत से शिकायत की थी, लेकिन पुंछ में उन लोगों के खिलाफ किसी ने भी शिकायत नहीं की थी।

घेराबंदी के दौरान पुंछ में कंपनी के कमांडरों में से एक लेफ्टिनेंट कर्नल बख्शीश सिंह ने, जो कि दूसरे विश्व युद्ध की कई लड़ाइयों के अनुभवी थे, प्रीतम सिंह का कैदियों के प्रति रवैया बताते हुए कहा था, "... उन दिनों खाने की कमी के कारण समय-समय पर कैदियों को रिहा कर दिया जाता था। प्रीतम सिंह इतने बहादुर थे कि अपने सैनिकों को कैदियों पर गोली चलाने की कायराना हरकत को अंजाम देने का आदेश नहीं दे सकते थे। उनका झुकाव हिंदुओं और सिखों की तुलना में मुसलमानों के प्रति अधिक अनुकूल था क्योंकि पुंछ में मुसलमान शोषित थे।" जबकि हत्या के लिए उकसाने के आरोपों पर डटे रहने का कोई औचित्य नहीं था, फिर भी यह दुष्प्रचार दुश्मनो की साजिश का हिस्सा होने के साथ-साथ यह भी दिखाते थे कि प्रीतम सिंह के विरोधी उन्हें बदनाम करने के लिए कितने आतुर थे।

कालीन की कथित चोरी का आरोप सबसे ज्यादा चर्चा में रहा। कहानी कुछ इस तरह चली। मई 1948 में, पालम में आरआईएएफ के माध्यम से एक कालीन पुंछ से जम्मू भेजा

जाना था और अस्थायी रूप से 1 कुमाऊं (पैरा) के भारी सामान के साथ रखा गया था। 5 जुलाई 1948 को प्रीतम सिंह ने पुंछ हवाई क्षेत्र में एयर ट्रांसपोर्ट यूनिट के साथ इस कालीन को रखा था। उन्होंने आगे निर्देश दिया कि इसे मेजर एमएस ग्रेवाल, एयर लाइजन ट्रांसपोर्ट ऑफिसर (एएलटीओ) को सौंप दिया जाए, जो इसे वायु सेना को सौंपने के लिए पालम भेजेंगे। यह पुंछ के राजा की ओर से एक उपहार था।

9 जुलाई 1948 को, सूबेदार मेजर शेर सिंह को पुंछ हवाई क्षेत्र में तलाशी के दौरान उनके सामान में मिले पुंछ महल की वस्तुओं के संबंध में मेजर जनरल आत्मा सिंह के सामने लाया गया था। प्रीतम सिंह के खिलाफ अन्य शिकायतों के अलावा, उन्होंने इस कालीन का भी उल्लेख किया।

नतीजतन, 16 जुलाई 1948 को मेजर जोशी द्वारा कालीन के संबंध में जांच की गई। 28 जुलाई को, आत्मा सिंह के आदेश पर कालीन को जब्त कर लिया गया और जम्मू में रखा गया। ब्रिगेडियर प्रीतम सिंह ने इसका विरोध किया था।

सूबेदार मेजर शेर सिंह

कोर्ट मार्शल में अभियोजन पक्ष का मामला यह था कि प्रीतम सिंह को आरआईएएफ को कालीन पेश करने में कोई दिलचस्पी नहीं थी, बल्कि वे उसे अपने पास रखना चाहते थे। सूबेदार मेजर ने 3 जुलाई 1948 को एक मेमो (स्मृति पत्र) पेश किया जिस पर उनके हस्ताक्षर थे, 1 कुमाऊं (पैरा) के माननीय प्रधान लिपिक लेफ्टिनेंट राय और कुछ अन्य व्यक्तियों ने बताया कि उनकी उपस्थिति में ब्रिगेडियर प्रीतम सिंह को 14'-9" x 14'-9" का एक कालीन सौंपा गया था। बाद में पहचान के प्रयोजनों के लिए कालीन के बॉर्डर के एक हिस्से की झालर और एक कोने को भी काट दिया गया। जिरह के दौरान यह पता चला कि अभियोजन पक्ष के गवाहों ने मेजर जोशी द्वारा की गई पूछताछ के दौरान या कोर्ट ऑफ इंक्वायरी (सीओआई) में इस ज्ञापन, झालर को या कोने को काटने का कोई उल्लेख नहीं किया था।

मेजर एमएस गरेवाल, एएलटीओ, ने बयान दिया कि प्रीतम सिंह ने उन्हें जुलाई 1948 में निर्देश दिया था कि जम्मू में एयर मेंटेनेंस यूनिट के पास जमा किया गया कालीन, आरआईएएफ को डिलीवरी के लिए पालम भेजा जाना था। इसके अलावा, आरआईएएफ विमान उड़ान रिकॉर्ड से पता चला कि 5 जुलाई से 28 जुलाई 1948 तक, आरआईएएफ के किसी भी विमान ने जम्मू से पालम हवाई अड्डे के लिए उड़ान नहीं भरी थी। इस प्रकार ब्रिगेडियर प्रीतम सिंह द्वारा एक कालीन की कथित चोरी के संबंध में अभियोजन का मामला निराशाजनक रूप से त्रुटिपूर्ण था। यह मानने का पर्याप्त कारण था कि प्रीतम सिंह के खिलाफ झूठे सबूत देने और आरोपी को और ज्यादा बदनाम करने के लिए अदालत के प्रेरित सदस्यों द्वारा एक जाली दस्तावेज और झूठे सबूतों को गुप्त रूप से पेश किया गया था।

आखिरी दो आरोप, दो दावों में अग्रदाय खाते (इम्प्रेस्ट अकाउंट) से सार्वजनिक धन की धोखाधड़ी से संबंधित थे। प्रीतम सिंह पर एक मामले में 13,182 रुपये और 8 आना और दूसरे मामले में 2,603 रुपये और 2 आना की धोखाधड़ी का आरोप लगाया गया था। अभियोजन पक्ष ने दावा किया कि यह राशि ईंधन की लकड़ी, राशन आदि की स्थानीय खरीद पर असली खर्च से ज्यादा थी। अभियोजन पक्ष ने तर्क दिया कि प्रीतम सिंह 10,062 रुपये और 9 आना की अतिरिक्त राशि अपने पास रखना चाहते थे। यह आरोप लगाया गया कि जब 6 दिसंबर 1947 से लेफ्टिनेंट कर्नल धरम सिंह को 1 कुमाऊं (पैरा) के कमांडिंग ऑफिसर (सीओ) के रूप में नियुक्त किया गया था, तो वह केवल ऑपरेशन के लिए जिम्मेदार थे, जबकि ब्रिगेड कमांडर ब्रिगेडियर प्रीतम सिंह प्रशासन, अनुशासन और ऐसे अन्य संबंधित कर्तव्यों के लिए जिम्मेदार थे। इसलिए, लेफ्टिनेंट कर्नल धरम सिंह ने दावा किया कि उन्हें नहीं पता था कि ये दावे (क्लेम) झूठे थे।

अभियोजन का मामला ब्रिगेड रूटीन ऑर्डर (बीआरओ) नंबर 104 दिनांक 13 मार्च 1948 पर टिका था, जिसमें कहा गया था कि लेफ्टिनेंट कर्नल धरम सिंह ऑपरेशनल कमांडर होंगे और ब्रिगेडियर प्रीतम सिंह प्रशासन, अनुशासन आदि के मामलों को संभालेंगे। इसलिए, क्वार्टर मास्टर (क्यूएम), मेजर सुखदर्शन सिंह ने लेफ्टिनेंट कर्नल धरम सिंह, सीओ की जानकारी के बिना इन दावों के मुद्दे को प्रीतम सिंह के साथ निपटाया था। इसके अलावा, 23 जुलाई 1948 को, सुखदर्शन ने कहा कि उन्होंने प्रीतम सिंह को लगभग 10,062 रु की अधिशेष (सरप्लस) रकम दी थी। सूबेदार मेजर शेर सिंह ने बयान दिया कि ब्रिगेडियर प्रीतम सिंह ने उन्हें यह रकम 27 जुलाई 1948 को यूनिट के कोषागार में सुरक्षित रखने के लिए यह कहते हुए दी थी कि यह उनका पैसा है।

बचाव पक्ष का कहना था कि बीआरओ नंबर 104 को खानेतर रिज की गड़बड़ी के बाद प्रकाशित किया गया था, जहां धरम सिंह और उनके सहायक (एडजुटेंट) ने दुश्मन के सामने

अपने हथियार फेंके थे और कई मृत, घायल और भारी हथियारों को पीछे छोड़कर वहां से भाग गए थे। इस घटना ने यूनिट का मनोबल गिरा दिया था और यह महसूस किया गया था कि प्रीतम सिंह के यूनिट के साथ निरंतर सीधे जुड़ाव को, सैनिकों को दिखाने की जरूरत है। बटालियन के 'कमांड एंड कंट्रोल' में कोई बदलाव नहीं किया गया। बहरहाल, यह बीआरओ नंबर 104, 13 जनवरी को प्रकाशित हुआ था, जबकि स्थानीय खरीद के दावे 24 जनवरी और 28 जनवरी को किए गए थे। इसके अलावा, इस अवधि के दौरान, धरम सिंह ने अपने बयान के मुताबिक, कुछ सारांश (समरी) कोर्ट-मार्शल किए और अपने अधिकारियों की गोपनीय रिपोर्ट पर काम करना शुरू कर दिया। सब जानते हैं कि केवल एक पूर्ण प्रशासनिक और अनुशासनात्मक शक्तियों वाला कमांडिंग अधिकारी ही समरी कोर्ट-मार्शल आयोजित कर सकता है और अपने अधिकारियों पर गोपनीय रिपोर्ट शुरू कर सकता है।

बचाव पक्ष ने 24 अप्रैल 1948 को एक और बीआरओ भी प्रस्तुत किया, जिसमें लिखा था, "इसके बाद बटालियन से संबंधित सभी मामलों को लेफ्टिनेंट कर्नल धरम सिंह के पास भेजा जाएगा।" इसने पहले के बीआरओ के औचित्य की व्याख्या की क्योंकि यह दूसरा बीआरओ खनेतर रिज पर दोबारा कब्जा करने के बाद प्रकाशित हुआ था। यह बात भी सामने आई कि 13,182 और 2,603 रुपए के दोनों आकस्मिक (कंटिंजेंट) बिलों पर 24 और 28 जनवरी 1948 को लेफ्टिनेंट कर्नल धरम सिंह द्वारा प्रत्येक बिल पर तीन अनिवार्य प्रमाण पत्रों के साथ, सीओ, 1 कुमाऊं (पैरा) की क्षमता में, उनकी प्रामाणिकता और सच्चाई स्थापित करते हुए हस्ताक्षर किए गए थे। इसके बाद पश्चिमी कमान के मुख्यालय ने इन आकस्मिक बिलों पर प्रतिहस्ताक्षर किए। उस समय प्रीतम सिंह केवल पुंछ के अग्रदाय खाता धारक थे और उन्होंने पुंछ में सभी यूनिटों द्वारा प्राप्त और खर्च की गई रकम के मासिक खाते पर हस्ताक्षर किए थे। सभी आकस्मिक बिलों के सही होने की जिम्मेदारी संबंधित कमांडिंग अधिकारियों और काउंटर-हस्ताक्षर प्राधिकारी की थी।

मेजर सुखदर्शन सिंह ने, जो 1 कुमाऊं (पैरा) के सेकेंड-इन-कमांड थे, जून 1948 में कोर्ट के सामने बयान दिया कि उनकी उपस्थिति में, धरम सिंह ने प्रीतम सिंह को लगभग 10,000 रुपए स्थानीय खरीद में अधिशेष के रूप में प्रदान किये थे और वह इसे बटालियन के निजी फंड में जमा करना चाहता था। इस पर प्रीतम सिंह ने उससे कहा था कि वह जीओसी से जरूरी आदेश हासिल कर लेगा। इस प्रकार, सेकेंड-इन-कमांड के बाद के बयान को, कि उसने 23 जुलाई 1948 को प्रीतम सिंह को, उनके कार्यालय में लगभग 10,000 रुपये दिए थे, झूठ प्रतीत होता है। इस तथ्य के तहत देखा जाना चाहिए कि प्रीतम 21 जुलाई 1948 को घायल हो गए थे और दो सप्ताह तक बिस्तर पर ही रहे। वे किसी भी परिस्थिति में यह रकम प्राप्त करने के लिए अपने कार्यालय में नहीं हो सकते थे और

न ही वह यह धन सूबेदार मेजर को 27 जुलाई को सौंप सकते थे, जबकि कोषागार ब्रिगेड मुख्यालय में ही था।

इसी समय के दौरान जम्मू की भारतीय सेना की डिवीजन के जनरल ऑफिसर कमांडिंग (जीओसी) रहे मेजर जनरल कलवंत सिंह सहित कई गवाहों ने पांच से छह बार पुंछ का दौरा किया था। कलवंत सिंह ने बयान दिया कि धरम सिंह हर तरह से बटालियन के सीओ थे। अभियोजन पक्ष की याचिका और धरम सिंह के इस बयान पर, कि वह सीओ नहीं थे, बचाव पक्ष के वकील सरदार स्वर्ण सिंह और बाद में भारत के विदेश मंत्री ने प्रीतम सिंह के कोर्ट-मार्शल में सबसे स्पष्ट टिप्पणी की। कोर्ट को संबोधित करते हुए उन्होंने कहा, 'अगर लेफ्टिनेंट कर्नल धरम सिंह सीओ नहीं होते तो अनुशासनात्मक मामलों से कैसे निपटते? वह समरी कोर्ट-मार्शल (एससीएम) द्वारा अपनी यूनिट के लोगों पर मुकदमा चलाने की बात स्वीकार करते हैं। अब वह चाहते हैं कि आप विश्वास करें कि मामलों को निपटाने से पहले वह आरोपी (प्रीतम सिंह) से सलाह लेते थे। एक एससीएम में, सीओ कोर्ट का गठन करता है और वही इस संदर्भ में शपथ लेता है। अगर गवाह यही करता रहा है तो मेरा निवेदन यह है कि गवाह भरोसे के योग्य नहीं है। झूठा होने के अलावा, वह पूरी तरह से बेईमान है।

इस सब के दौरान दुश्मन के लगातार बढ़ते दबाव के साथ पुंछ की घेराबंदी जारी रही। प्रीतम सिंह आबादी के लिए खाने-पिने का सामान इकट्ठा करने के लिए आसपास की ऊंचाइयों और छापे के क्षेत्रों पर कब्जा करने के लिए सप्ताह में औसतन एक सैन्य कार्रवाई कर रहे थे। उन्होंने पुंछ के लोगों में से दो बटालियनों को खड़ा किया और प्रशिक्षित किया और ब्रिगेड का संचालन किया, जिसमें बड़ी संख्या में यूनिट शामिल थे। इतनी जिम्मेदारियों के साथ, संदेह है कि उनके पास 1 कुमाऊं (पैरा) के आंतरिक प्रशासन में दखल देने का समय या रूचि होती। यह और भी प्रासंगिक प्रतीत होता है, कि यूनिट के साथ उनका जुड़ाव केवल दो महीने का था, जबकि धरम छह साल से यूनिट के साथ थे।

इसके बाद अभियोजन पक्ष द्वारा एक पत्र पेश किया गया—लेफ्टिनेंट कर्नल धरम सिंह की तरफ से आईए डिवीजन को, दिनांक 16 जुलाई 1948, जिसमें ब्रिगेडियर प्रीतम सिंह द्वारा एक कालीन की चोरी और सार्वजनिक धन की धोखाधड़ी की सूचना दी गई थी। हैरानी की बात यह है कि भारतीय सेना की डिवीजन द्वारा इसकी प्राप्ति पर, इस पत्र के ऊपर डिवीजन की कोई मुहर या किसी अधिकारी के आद्याक्षर नहीं थे। जब भी उन्हें कोई दस्तावेज़ प्राप्त होता है, तो गठन के कार्यालय की ओर से ये दोनों काम होने जरूरी थे। एओ ने कहा कि उसने जम्मू संभाग में यह पत्र कभी नहीं देखा। इसलिए, ऐसा लगता है कि पत्र बाद में विचार कर, पेश किया गया था और यह शायद सोच समझ कर की गई जालसाज़ी थी।

प्रीतम सिंह के खिलाफ सार्वजनिक धन की धोखाधड़ी के अभियोजन मामले में कोई दम नहीं था। इसके बजाय, लेफ्टिनेंट कर्नल धरम सिंह को तत्काल मामले में धोखाधड़ी के लिए दोषी ठहराया गया था और उनके स्वीकारोक्ति पर, चार अन्य दावों के मामले में जून 1948 में उनके द्वारा 11,423 रुपए की धोखाधड़ी के लिए अभियोग दर्ज किया गया था। फिर भी, कोर्ट ने ब्रिगेडियर प्रीतम सिंह, एमसी के खिलाफ इस आरोप पर दोषी होने का फैसला दे दिया!

पूर्व उप सेनाध्यक्ष, लेफ्टिनेंट जनरल हरवंत सिंह, नब्बे के दशक की शुरुआत में सरदार स्वर्ण सिंह के साथ नियमित मुलाकातों को याद करते हैं। उन्होंने स्वर्ण सिंह से पूछा कि ऐसे अनुभवी अधिकारियों से बनी एक अदालत ने अभियोजन पक्ष के एक बेतुके तर्क को कैसे स्वीकार किया कि लेफ्टिनेंट कर्नल धरम सिंह केवल एक 'ऑपरेशनल सीओ' थे और यह कि उनके पास प्रशासन और इस तरह के अन्य कर्तव्यों के पूर्ण अधिकार नहीं थे और इतने पुख्ता सबूतों के बावजूद दोषी का फैसला कैसे सुना दिया गया।

सरदार स्वर्ण सिंह लगभग तैंतालीस साल के लम्बे समय के बाद सभी विवरणों को याद नहीं कर सके, लेकिन उन्होंने प्रीतम सिंह को एक सम्माननीय और साहसी व्यक्ति के रूप में याद किया। उन्होंने कहा कि प्रीतम सिंह के खिलाफ कोई मामला नहीं था। उनकी सजा राजनीतिक प्रतिशोध थी, जहां शेख अब्दुल्ला और अन्य व्यक्तियों ने प्रीतम सिंह के खिलाफ दोषी होने का फैसला करवाने के लिए दिल्ली में अपने प्रभाव का इस्तेमाल किया था।

जनरल हरवंत सिंह ने प्रीतम सिंह के समकालीन मेजर जनरल निरंजन प्रसाद से यह भी पूछा कि, कैसे पीठासीन अधिकारी, मेजर जनरल जेएन चौधरी ने अभियोजन का निराधार रुख स्वीकार किया। जनरल प्रसाद ने कहा, "अति महत्वाकांक्षा किसी की भी अंतरात्मा को नष्ट कर सकती है।"

प्रीतम के एक अन्य समकालीन मेजर जनरल वीरेंद्र सिंह ने कहा, "यह बिज्जी कौल (बीएम कौल) थे, जो प्रीतम सिंह का शिकार करने के लिए दिल्ली में अन्य लोगों के साथ मिलकर काम कर रहे थे।"

15 मई 2018 के टाइम्स ऑफ इंडिया में, उत्तरी सेना के पूर्व कमांडर लेफ्टिनेंट जनरल एच एस पनाग ने एक लेख लिखा था जिसका शीर्षक था "ए हीरो डिसऑन्ड बाय द नेशन डिजर्व्स पार्डन।" उनके शब्द कुछ इस तरह थे:

> युद्ध के अंत में एक और घटना सामने आई—वरिष्ठ अधिकारियों के बीच ईर्ष्या और साजिश, जिनमें से अधिकांश को तो, यूनिटों की कमान संभाले बिना ही उच्च रैंक तक पहुंचाया गया था और कुछ को तो युद्ध में एक भी दिन बिताए बिना ही। एक महान और होशियार ब्रिगेडियर प्रीतम सिंह इस धोखे के जाल में फंसा हुआ था।

हालांकि, स्वर्गीय मेजर जनरल सुखवंत सिंह की किताब "इंडियाज वॉर्स सिंस इंडिपेंडेंस" (लांसर पब्लिशर्स, 2009) में कलवंत सिंह और बाबा मेहर सिंह के प्रति एक व्यापक साजिश के संकेत हैं:

> छोटे युद्ध के अंत ने एक और घटना को जन्म दिया—चरित्र हत्या। सामान्य अधिकारियों के बीच घटिया दर्जे की ईर्ष्या सामने आई और साजिशें पनपीं, जिसके कारण स्थानीय महल से दो कालीनों की चोरी में कथित मिलीभगत के लिए पुंछ के नायक प्रीतम सिंह के ऊपर कोर्ट-मार्शल द्वारा मुकदमा चलाया गया। हालांकि प्रीतम सिंह पर प्रत्यक्ष रूप से मुकदमा चल रहा था, साजिशकर्ता कलवंत सिंह और मेहर सिंह को भी फंसाने पर आमादा थे।
>
> कहा जाता है कि बचाव पक्ष के एक गवाह थिमैया ने कहा, "... प्रीतम सिंह के बिना, कोई पुंछ नहीं होता और पुंछ के साथ ये कालीन चले जाते। आप इस अच्छे सैनिक को बिना किसी कारण सूली पर क्यों चढ़ा रहे हैं?" प्रीतम सिंह को बेवजह सेवा से बर्खास्त कर दिया गया। बाद में साजिश में शामिल कुछ जनरलों ने कलवंत सिंह से पहले तरक्की प्राप्त कर ली थी, जबकि उन्होंने कभी गोली चलाने की आवाज तक नहीं सुनी थी। बाबा मेहर सिंह ने, जो तब तक सेवाओं में एक महान नायक का दर्जा प्राप्त कर चुके थे, घृणा में इस्तीफा दे दिया और गद्दी से उतरे हुए महाराज के निजी पायलट बनने का फैसला कर लिया जिसका बाद में गंभीर नतीजा निकलने वाला था।

उसी पुस्तक के एक अन्य अध्याय में—द मिलिट्री लीडरशिप—वे लिखते हैं:

> जनरल कलवंत सिंह ने जम्मू-कश्मीर ऑपरेशनल थिएटर को शुरू से ही बिना या न्यूनतम, बुनियादी ढांचे के साथ संगठित किया और वहां इतनी बड़ी ऊर्जा और सैनिकों के साथ संचालन किया कि पाकिस्तानी हमलावरों को संवेदनशील क्षेत्रों से भगा दिया गया। उन्होंने थिएटर को इतनी मजबूती से स्थापित किया कि बाद में एक कोर ज़ोन में इसका परिवर्तन आसान हो गया। लेकिन, जब पदोन्नति के लिए उनकी बारी आई, तो उनसे निचले दर्जे वाले उनसे आगे निकल गए, जिनके पास शांतिपूर्ण छावनियों में कुछ 'सार्जेंट मेजरिंग' के अलावा दिखाने के लिए कुछ भी नहीं था।
>
> एक और मामला ब्रिगेडियर प्रीतम सिंह का है, जिन्हें आमतौर पर पुंछ के रक्षक के रूप में जाना जाता है और स्थानीय लोगों द्वारा उनकी पूजा की जाती है। उस अटल साहस वाले इंसान ने कम से कम संसाधनों के बावजूद, घिरे हुए सुरक्षाबलों के साथ, भारी बाधाओं के बाद भी दुश्मन का कब्जा नहीं होने दिया। जहाँ तक कि भोजन की जरूरत पूरी करने के लिए भी उन्हें अनाज की कटाई के लिए पाकिस्तान के कब्जे वाले इलाके

> में छापा मारना पड़ा। राष्ट्र द्वारा सम्मानित होने की बजाय, पुंछ महल से एक कालीन की चोरी के तुच्छ आरोप में उनका कोर्ट मार्शल किया गया।
>
> अपने समय के सर्वश्रेष्ठ लड़ाकू पायलट बाबा मेहर सिंह ने डकोटा को बमवर्षक के रूप में इस्तेमाल किया, लेह के लिए पहला विमान उड़ाया और पर्याप्त मार्गदर्शन के बिना रात में गोलीबारी झेल रहे पुंछ सुरक्षा बलों की सहायता की। उन्होंने व्यक्तिगत रूप से प्रत्येक मिशन का नेतृत्व किया और थल सेना का सम्मान प्राप्त किया। वास्तव में, उनका नाम अमर हो गया, फिर भी उन्हें असहनीय दबाव में इस्तीफा देना पड़ा।
>
> संक्षेप में, ऐसा प्रतीत होता है कि संकट में किए गए नेतृत्व की छवि को नष्ट करने के लिए जानबूझकर प्रयास किया गया है ... विडंबना यह है कि युद्ध क्षेत्र में उपलब्धि किसी के सैन्य करियर को बढ़ावा देने में बाधा बन गई, सेनापतियों के बीच अंदरूनी लड़ाई और ईर्ष्या ने राजनेता के हाथों को मजबूत किया होगा, लेकिन यह भावी पीढ़ी के साथ एक घोर अन्याय था। 1962 में जब चीनियों ने हमला किया, तब थगला की पराजय में इसका पर्याप्त सबूत मिल गया था। निरंजन प्रसाद, उमराव सिंह और (बिज्जी) कौल जैसे नाकाबिल अफसरों ने, जिन्हें हमारी अयोग्य प्रणालियों द्वारा आगे लाया गया था, देश के पर कभी न मिटने वाला कलंक लगा दिया। इस असहनीय पीड़ा को कम करने की कोशिश में ही नेहरू जी की जान गयी।

सेना में अपने कार्यकाल के दौरान प्रीतम सिंह ने न केवल कुछ सहयोगियों से पहले तरक्की प्राप्त कर ली थी बल्कि इसके साथ ही उनका महान सैन्य नेता के रूप में उभरना कई लोगों के लिए उनके प्रति ईर्ष्या का सबब बन गया था। सर्विस सर्कल के बाहर, प्रीतम सिंह के खिलाफ प्रतिशोध से भरी दुश्मनी जम्मू-कश्मीर राज्य के कुछ राजनीतिक रूप से प्रभावशाली लोगों द्वारा चलाए गए दुष्प्रचार अभियान से पैदा हुई थी। प्रीतम सिंह को नीचा दिखाने के लिए झूठी और गलत जानकारी फैलाई गई। इस जानकारी में पुंछ में लैंडिंग स्ट्रिप तैयार करने के लिए एक पुराने कब्रिस्तान को समतल करने, मुस्लिम कैदियों को गोली मारने के बारे में झूठा प्रचार, पुंछ में शरणार्थियों द्वारा शेख अब्दुल्ला और उनके साथियों के साथ अभद्र व्यवहार, वज़ीर को हटाने और उनको एक सोने के धागों वाले चोगे और हीरे से जड़ित तलवार के साथ भगाने और अन्य मनगढ़ंत कहानियां शामिल थीं। इन सब बातों ने प्रीतम सिंह के खिलाफ विद्वेष पैदा करने में योगदान दिया।

यह दावा किया जाता है कि मेजर जनरल आत्मा सिंह ने जम्मू में बख्शी गुलाम मोहम्मद के सामने पुंछ की दो मुस्लिम महिलाओं को भी पेश किया था। इन दोनों महिलाओं को पुंछ की घेराबंदी के दौरान पुलिस ने नेशनल कांफ्रेंस के एक कार्यकर्ता की मिलीभगत से कुछ नापाक गतिविधियों के

लिए गिरफ्तार किया था, जो गिरफ्तार होने से पहले ही फरार हो गए थे। इन महिलाओं को बख्शी को यह बताने की हिदायत दी गई थी कि प्रीतम सिंह ने उनके साथ मारपीट की है।

कमांडर-इन-चीफ ने धोखाधड़ी के आरोप में 'दोषी' का फैसला मंजूर कर दिया। लेकिन उन्होंने कालीन की चोरी के आरोप में 'दोषी नहीं' के फैसले को मंजूरी नहीं दी। कालीनों की चोरी (सिर्फ एक कालीन नहीं) का इतना प्रचार किया गया था कि 'दोषी नहीं' का फैसला प्रीतम सिंह के विरोधियों के लिए बेहद शर्मनाक हो जाता। इससे उनके आरोपों के झूठे होने का पर्दाफाश हो जाता।

कश्मीर युद्ध के बाद विरोधी कमांडरों की अक्सर मुलाकात होती थी। इन बैठकों का जिक्र करते हुए, डीएसओ, जनरल केएस थिमय्या ने कहा, "मुझे याद नहीं है कि उन्होंने (पाकिस्तानी अधिकारी) कभी प्रीतम सिंह के खिलाफ (कैदियों के साथ दुर्व्यवहार की) शिकायत की हो। असल में, मेरी पहली मुलाकात में, दिवंगत ब्रिगेडियर शेर खान ने उल्लेख किया था कि अगर वह भारतीय पक्ष में किसी की प्रशंसा करते हैं, तो वह प्रीतम सिंह ही थे जिन्होंने पुंछ के आसपास हमारे भारी सेना बल के खिलाफ सबसे बहादुरी से लड़ाई लड़ी थी।"

भारत के इस महान सपूत के बारे में आज बहुत कम लोग जानते हैं। लेकिन पुंछ के लोगों के लिए और विशेष रूप से उन 40,000 शरणार्थियों और उनके वंशजों के लिए, वह एक रक्षक हैं। पुंछ में आज भी प्रीतम सिंह की फीकी और पीली तस्वीरें कई घरों को सजाती हैं। जिन लोगों ने उस साल भर के मुश्किल समय को देखा था और प्रीतम सिंह के दृढ़ संकल्प, साहस और भारत के लिए अटूट प्रेम की झलक देखी थी, वे उनका बहुत सम्मान करते हैं।

अफसोस की बात है कि कोर्ट-मार्शल ने प्रीतम सिंह को उनके सैन्य कार्यकाल और यहां तक कि उनके "स्वतंत्रता पदक" से भी वंचित कर दिया गया। वे उनसे जो कुछ नहीं छीन सकते थे, वह था मिलिट्री क्रॉस और द्वितीय विश्व युद्ध के दौरान जीते गए पदक, क्योंकि वे अंग्रेजों के आदेश के तहत दिए गए थे। विरोधियों ने न केवल प्रीतम सिंह की प्रतिष्ठा को खराब और बदनाम किया बल्कि पुंछ की साल भर की वीरतापूर्ण घेराबंदी की महान कहानी को भी दफन कर दिया। यह पूरी तरह से एक घिनौना काम था, क्योंकि साल भर की घेराबंदी अपने आप में एक अनूठी घटना थी और युद्ध के इतिहास में महान घेराबंदियों के बीच गिनने योग्य थी। अगर कहानी को दफनाया नहीं गया होता, तो यह दुनिया भर के सैन्य संस्थानों में अध्ययन का विषय बन जाती।

ऐसे देश जो अपने नायकों के साथ इस तरह का अभद्र व्यवहार करते हैं, वहां कभी भी बड़ी संख्या में नायक पैदा नहीं होते।

इसलिए, लगभग ग्यारह साल बाद, जब चीनी हमें पूर्व में किब्बूथो (नेफा) से पश्चिम में काराकोरम तक हिमालय की ऊंचाइयों से नीचे धकेलने आए, तो भारतीय सेना एक भी प्रीतम सिंह को मैदान में नहीं उतार सकी, जो हमलावर बलों को रोक सके। बहुत से वीर अधिकारी

और सैनिक, जो शत्रु के सामने झुकना नहीं चाहते थे और देश और सेना के सम्मान को बनाए रखने की कोशिश कर रहे थे, अपनी दूर की रक्षा चौकियों पर लड़ते हुए शहीद हो गए थे। हालांकि, उनका बलिदान व्यर्थ गया था! वे व्यर्थ ही एक ऐसे सेनापति की तलाश में थे जो उनका नेतृत्व कर सके और दुश्मन को कोई मौका ही न दे, जो एक हार की बदनामी झेलने की बजाय खड़ा हो कर लड़ सके। अपने बुरी तरह से कुचले हुए सम्मान और खोए हुए गौरव के साथ, देश संकट के उस समय में चीनियों के सामने कुछ हफ्तों तक खड़े होने के लिए एक दृढ़ संकल्प और दुश्मन का डट कर विरोध करने वाला सैन्य नेता खड़ा नहीं कर सका जबकि भारत के सबसे बड़े सहयोगी, हिमालयन में सर्दी पहले से ही दुश्मन पर खतरनाक रूप से प्रहार कर रही थी। जरूरत की इस घड़ी में, प्रीतम सिंह जैसे किसी व्यक्ति को शालतेंग और पुंछ में किए गए वीरतापूर्ण कार्य को दोहराने की सख्त जरूरत थी! हमारे राष्ट्रीय गौरव को दोबारा स्थापित करने के लिए प्रीतम जैसे व्यक्ति की सख्त जरूरत थी।

प्रीतम सिंह की सेना प्रमुख से न्याय और समानता की अपील का कोई फायदा नहीं हुआ। वह एक ऐसा व्यक्ति था जो हमेशा तिरंगे के साथ खड़ा रहा और कश्मीर और पुंछ में फैले खतरनाक तूफानों का डटकर मुकाबला करता रहा। दुख की बात है कि अब व्यक्तिगत संकट की इस घड़ी में उनके लिए खड़ा होने वाला कोई नहीं था-न तो उनके सेना प्रमुख, न मीडिया, न ही कोई जन-उत्साही व्यक्ति।

वह एक ऐसा आदमी था जिसे पाकिस्तानी सेना की ताकत अपने साल भर के प्रयास में भी हरा नहीं सकी, लेकिन आखिरकार उसके अपने ही लोगों ने उसे हरा दिया!

जब प्रीतम को दो साल तक तंग किया गया, उनकी नौकरी छीन ली गई, गलत तरीके से एक हत्यारा, एक निर्दय, एक चोर और एक धोखेबाज कहा गया, उन्होंने लिखा: "कभी-कभी गंभीर संदेह मुझे घेर लेते हैं कि क्या राज्य बलों को जाने देना और उस कठिन लड़ाई को लड़ने की बजाय पुंछ के सुरक्षा कवच से बाहर निकल कर उनके पीछे-पीछे चले जाना बेहतर न होता, लेकिन मैं उस संदेह को आत्मविश्वास के साथ नकारता हूँ कि मैंने भारत के प्रति अपना कर्तव्य नहीं निभाया है और मुझे पता है कि एक दिन सच्चाई सामने आएगी।"

मोंटी पलित की गवाही

"म्यूज़िंग एंड मेमोरीज़ वॉल्यूम 1", मेजर जनरल डीके पालित, वीआरसी (लांसर पब्लिशर्स के सहयोग से पालित और पालित, 2004) के अंश

पृष्ठ 248-253:

> कश्मीर युद्ध अभी शुरू ही हुआ था और पुंछ को अलग-थलग कर दिया गया था और अतिरिक्त सुरक्षाबलों की सख्त जरूरत थी। हमें नेशनल एयरवेज के विमान में जम्मू में उड़ान भरने का आदेश दिया गया था और वहां से वायु सेना के डकोटा विमानों में पुंछ जाने का आदेश दिया गया था। हम नौ भारतीय—मैं, पेसी धनबुरा सेकेंड-इन-कमांड, हैरी फिट्जेराल्ड, "बनी" मल्होत्रा, "बाबा" करियप्पा, "कृष" कृष्ण-मूर्ति, एक पूर्व-तोपखाना (ऑर्डनेन्स) अधिकारी डॉस और ओम मल्होत्रा—बस दो सप्ताह से कुछ ही ज्यादा समय पहले कमान में आये थे। यह एक चुनौतीपूर्ण काम था!
>
> करियप्पा की "ए" कंपनी सबसे पहले पुंछ के लिए एयरलिफ्ट की गई थी—और फिर मौसम खराब हो गया। बाकी लोगों को दो सप्ताह तक जम्मू में रखा गया। चौथे या पांचवें दिन जीओसी जनरल कुलवंत सिंह ने मुझे बुला लिया। जब मैं उनके कार्यालय में गया, तो उन्होंने मेरे सामने डेस्क पर एक कागज का टुकड़ा फेंका।

"पढ़ो, पालित!"

यह पुंछ ब्रिगेड के स्थानीय कार्यवाहक ब्रिगेड कमांडर ब्रिगेडियर प्रीतम सिंह का संदेश था। इसे पढ़ें:

"3/9 जीआर युद्ध के योग्य नहीं है। भारतीय सैनिकों द्वारा उन्हें हटाने और बदलने का अनुरोध करें।"

मेरे आसपास की दुनिया लगभग ढहने सी लगी। मुझे शर्म के साथ-साथ अपनी कमान को खोने का डर भी था। लेकिन कुलवंत एक समझदार इंसान थे।

"पालित, अगर आप छह महीने की कमान में होते, तो मैं अभी बर्खास्त कर देता। लेकिन मुझे पता है कि आप यूनिट में नए हैं। अब, कल पुंछ में उड़ान भरें—हवाई क्षेत्र गीला हो या न हो—और अपनी बटालियन में सुधार करें। मैं आपको तीन महीने का समय दूंगा, अगर फिर भी आपकी यूनिट युद्ध के योग्य नहीं हुई—तो आपकी नौकरी जाएगी।

मुझे अगले ही दिन एक हार्वर्ड विमान में अपने अर्दली के साथ ले जाया गया।

पुंछ कश्मीर के महाराजा के अधीन एक सहायक राजा के अंतर्गत आता था। यह झेलम के पूर्व में (मुजफ्फराबाद से दक्षिण की ओर मुड़ने के बाद) पर्वत शृंखलाओं की एक गहरी घाटी में स्थित था। विनम्र और मिलनसार कश्मीरी मुसलमानों के विपरीत, पुंछ के लोग, युद्ध के लिए सदैव तैयार सुधान जाति के लोग थे, जो लोग हजारा के ब्लैक माउंटेन क्षेत्र में पैदा हुए थे—और कट्टर रूप से डोगरा विरोधी थे। उन्हें भारतीय सेना में स्वतंत्र रूप से भर्ती किया गया था और इसलिए, सैन्य रूप से प्रशिक्षित किया गया था। यही वे लोग थे जिन्होंने अब पुंछ शहर को घेर लिया था, जहां पश्चिमी कश्मीर के 35,000 सिख और डोगरा शरणार्थियों ने शरण ली थी। वे शरणार्थियों को भूखा रख कर बड़ी संख्या में नरसंहार करना चाहते थे, जैसा कि मीरपुर और कोटली में हुआ था, जो कि आगे पश्चिम के शहर थे।

प्रीतम सिंह मुझसे हवाई पट्टी पर मिले। सैनिक की सी कद-काठी वाला एक लंबा सिख, वे मुझसे लगभग दो साल वरिष्ठ थे (हालाँकि, एक पूर्व-रैंकर कमीशन होने के नाते, कई साल बड़े)। ब्रिगेड की कमान उनके पास होने का कारण यह था कि सैंडहर्स्ट-कमीशन का कोई भी वरिष्ठ अधिकारी पुंछ की संकटग्रस्त चौकी को संभालने के लिए सहमत नहीं था!

हमारे पारस्परिक औपचारिक अभिवादन के बाद, "उन्होंने कहा, ठीक है, पालित" जीओसी ने आपको तीन महीने दिए होंगे, लेकिन मैं यह नहीं कर सकता। मेरे पास समय नहीं है। आपकी बटालियन को चालू स्थिति में लाने के लिए मैं आपको केवल दो

सप्ताह का समय दूंगा। फिलहाल, यहां आपकी "ए" कंपनी की हरकतों से लगता है कि वे एक अनुशासनहीन भीड़ हैं—और रक्षा कार्य करने के हिसाब से कायर हैं। दो हफ्ते पालित, फिर अगर आपने डिलीवरी नहीं की—तो आप और आपके सैनिक दोनों को जाना होगा।"

जब मैं अपने शिविर में आया तो मैंने बाबा करियप्पा से बात की। उन्होंने कहा कि कुमाऊं की एक कंपनी के साथ संयुक्त हमले के दौरान (जो पुंछ में एकमात्र अन्य भारतीय सैनिक थे, इसके अलावा कश्मीर राज्य बलों की तीन "शरणार्थी" बटालियन थीं) उनके सैनिक जमीन पर लेट गए थे और आदेश दिए जाने पर आगे बढ़ने से इनकार कर दिया था। केवल करियप्पा और उनके अर्दली गोरखा ओआर हमले में शामिल हुए थे।

मैंने उस अकेले जीओआर को लांस-नाइक के तौर पर तरक्की दी और उसके लिए एक आईडीएसएम पुरस्कार की सिफारिश की और मैंने कंपनी के जीओ जमादार लाल बहादुर को इस अनुरोध के साथ ब्रिगेड मुख्यालय भेज दिया कि उन्हें आने वाली पहली उड़ान पर भारत वापस लाया जाए। जम्मू से (मेरे अस्वीकृत लोगों ने सुधरने की आदत बना ली थी। लाल बहादुर को महावीर चक्र और बार के साथ केंद्र से वापस भेज दिया गया और पुंछ की घेराबंदी समाप्त कर दी गई)।

इसके बाद मौसम भी ठीक हो गया था और जल्द ही डकोटा वर्कहॉर्स का पुराना बेड़ा मेरी बाकी की बटालियन को भी ले आया (हालांकि केवल हल्के हथियारों और उपकरणों के साथ)।

3/9 जीआर को रहने के लिए शीश महल आवंटित किया गया था, एक छोटी दो मंजिला दीवार वाली इमारत, जो राजा के महल के दक्षिण में लगभग आधा मील की दूरी पर है। मोती महल पर ब्रिगेड मुख्यालय द्वारा कब्जा कर लिया गया था और 1 कुमाऊं के कर्मियों को पुंछ के आसपास ऊंचे क्षेत्रों में तैनात नहीं किया गया था। (शीश महल के मालिक राजा और उनके चचेरे भाई को देहरादून ले जाया गया था)। एक राइफल कंपनी के बड़े हिस्से को आसपास की चोटियों पर नई चौकियों पर कब्जा करने के लिए या कुछ कुमाऊंनी—आयोजित चौकियों को राहत देने के लिए भेजा गया था। बाकी बटालियन को शीश महल और उसके दीवार वाले परिसर में रखा गया था। बाहर धीरे-धीरे बतर नाले की ओर झुके हुए सीढ़ीदार खेत पर्याप्त प्रशिक्षण मैदान प्रदान कर रहे थे।

मुझे शक था कि पुराने ब्रिटिश अधिकारियों द्वारा फैलाया गया भारत विरोधी प्रचार सैनिकों के क्षीण मनोबल का मूल कारण था। सौभाग्य से, पहली कश्मीर (एसएफ) बटालियन के सीओ हीरा नंद दुबे नामक एक बहुत ही वरिष्ठ लेफ्टिनेंट कर्नल थे, जिनके छोटे भाई भारतीय सेना में उदय दुबे (सैंडहर्स्ट कमीशन) को मैं दिल्ली में अच्छी तरह

से जानता था। मैं स्थिति को संभालने के तरीके के बारे में उनकी सलाह लेने के लिए एचएनडी गया था।

हीरा अपनी सलाह से बिल्कुल निश्चित था: "ब्रिगेड कमांडर से अपनी पूरी बटालियन को एक सैन्य कार्रवाई पर भेजने के लिए कहें। भारतीय संबोधन के अंतर्गत उन्हें ऐसा आदेश दें कि उनका खून खौलने लगे। ड्रिल, हथियार-प्रशिक्षण या ऐसी किसी गतिविधि पर अपना समय बर्बाद न करें। वे एक संगठित इकाई हैं—उन्हें अब केवल अपने अधिकारियों के विश्वास की जरूरत है।"

मुझे लगता है कि अपने पूरे करियर के दौरान सेना में शायद ही किसी ने मुझे इतनी समझ भरी और महत्वपूर्ण सलाह दी थी।

प्रीतम सिंह तुरंत राजी हो गए। उन्होंने कहा की इस शुरू किये हुए अभियान को मैं पूरा सकता हूँ।

पुंछ की चौकी तब तक बतर नदी के पूर्वी तट तक ही सीमित थी। पश्चिमी तट को शामिल करने के लिए रक्षात्मक घेरे का विस्तार करने के लिए पर्याप्त सैनिक नहीं थे। वहां से हमें लगातार गोलीबारी या मौत का सामना करना पड़ रहा था। प्रीतम सिंह ने मुझे जो काम सौंपा था, वह उत्तर-दक्षिण की ओर जाने वाले लंबे, निचले रिज पर कब्जा करना था, जो बतर के किनारे से लगभग दो फर्लांग पीछे था।

कुछ रातों के बाद हमने अंधेरे के बाद शीश महल से थोड़ी सी ऊपर की ओर एक बहुत कम पानी वाली जगह से बतर को पार किया। हमारे दल में केवल छोटे हथियार और प्लाटून मोर्टार थे (मुझे नहीं लगता कि तब तक तीन इंच की गोली वाले हथियार युक्त सैनिक आ चुके थे)। हमें अपने बल पर ही हमला करना था, क्योंकि हमारे पास कवर फायर की सुविधा नहीं थी।

हम रिज की ओर ट्रैक पर चढ़ गए, बतर के प्रवाह के शोर ने हमारी आवाजों को दबा दिया था। मेरी योजना रिज के केंद्र-बिंदु पर तीन कंपनियों के साथ हमला करने की थी (हमने पुंछ से अपने क्षेत्र के चश्मे के साथ एक रेकी की थी)। प्रत्येक कंपनी एक भारतीय अधिकारी की कमान में थी। रिजर्व कंपनी की कमान हमारे पुराने मित्र और गोरखा अधिकारी—पूर्व एस एम मान बहादुर के हाथ में थी जो केंद्र से हमारे पास सीधे कमीशन कैप्टन के रूप में लौटे थे। शिखर पर पहुंचने के बाद, दो फ्लैंक कंपनियां दाएँ और बाएँ मुड़ने वाली थीं और उन्हें रिज के साथ उत्तर और दक्षिण की ओर बढ़ना था, जिससे किसी भी बाहर छिपे दुश्मन का सफाया किया जा सकता था।

मैंने अंधेरे में आगे की रक्षा पंक्ति को एक साथ बनाए रखा था, दृश्यता सितारों की रोशनी में देख सकने योग्य क्षेत्र तक ही थी। मैं सैनिकों के भाग खड़े होने के कारण

नियंत्रण खोने का जोखिम नहीं उठा सकता था।

खैर, वे भागे नहीं: लेकिन उन्होंने उससे भी अच्छा काम किया दिया—वे मैदान पर चले गए, एक ला करियप्पा का अनुभव।

जैसे ही हमने निचली, कोमल ढलानों पर चढ़ना शुरू किया, हमारे ऊपर से हमारी दिशा की ओर कुछ फायर किए गए। हालांकि निशाना साधने के लिए बहुत अंधेरा था और मेरे सामने की पंक्ति के सारे सैनिक लुढ़कती हुई गेंदों की तरह तितर-बितर हो गए!

मैंने उन्हें डांटा, गालियाँ दी, अपनी छड़ी से उनके कूल्हों पर वार किया, लेकिन कोई फायदा नहीं हुआ। मैंने देखा कि मान बहादुर मेरे पीछे आ गए थे और वे उन पर और भी ज़ोर से चिल्लाए और मुझसे भी भयंकर गालियां दीं (गोरखाली में मेरा पहला पाठ!)।

मैं सितारों की सीमित रोशनी के कारण बाएं और दाएं नहीं देख पा रहा था, लेकिन मैं बनी की पंजाबी की गालियाँ सुन पा रहा था, उसकी आवाज को धीमा भी नहीं करवा रहा था। मैंने भी उनसे नए शब्द सीखे!

"आगे बढ़ो और ह————दों को खींच कर लाओ," मैं अंधेरे में उस पर चिल्लाया। मान बहादुर ने पहले ही ऐसा करना शुरू कर दिया था।

कुछ समय तो लगा लेकिन अंत में हमने आगे बढ़ना शुरू कर दिया। अधिक फायरिंग हुई, पर हमने कोई प्रतिक्रिया नहीं दी। जैसे ही हम चोटी के पास पहुंचे, मैं फ्लैंक कमांडरों पर चिल्लाया कि वे किर्चें न लगाएं—अंधेरे में ये काम करना समझदारी की बात नहीं है। "गोलीबारी करो," मैं चिल्लाया।

उन्होंने वैसा ही किया और चोटी पर कुछ दुश्मन सैनिकों को खदेड़ दिया।

उस रात के बाद हमने कभी पीछे मुड़कर नहीं देखा। हम पूरे युद्ध में लड़े, सैकड़ों मारे गए या घायल हुए—अधिकारी, जीओ, सैनिक—और यहां तक कि सीओ को भी घावों से उभरने के लिए अस्पताल भेजा गया; लेकिन वे फिर नहीं डगमगाए। (इस युद्ध का विवरण पृष्ठ 271 से 278 तक दिया गया है)।

पृष्ठ 255-280:

प्रीतम सिंह और पुंछ की रक्षा 1947-48

भारतीय सेना में किसी भी वरिष्ठ फील्ड कमांडर ने युद्ध में उतनी दृढ़ता, संकल्प, शारीरिक और नैतिक साहस का प्रदर्शन नहीं किया, जितना कि 4/19 हैदराबाद (अब कुमाऊं रेजीमेंट) के प्रीतम सिंह ने किया था। पाकिस्तान के खिलाफ उस पहले युद्ध में उनका नेतृत्व न केवल उनके द्वारा कमान की गई टुकड़ियों, बल्कि उस घिरे हुए इलाके में फंसे

निवासियों के लिए भी उम्मीद का सबब बना। वे उस युद्ध के सबसे महान नायक के रूप में उभरे, लेकिन जबकि उनके जैसे अन्य लोगों को डीएसओ और ओबीई या उनके भारतीय समकक्षों से सम्मानित किया गया, प्रीतम सिंह का कोर्ट-मार्शल किया गया और अपमान करके सेना से बाहर कर दिया गया। वे दो जनरलों की आपसी लड़ाई में फंस गए थे।

मैंने पुंछ में प्रीतम सिंह के साथ कार्य किया था और मुझे यह बताने में कोई संकोच नहीं है कि भारत के दुश्मन द्वारा घिरे उस हिस्से में एक खतरनाक और लगभग निराशाजनक स्थिति में प्रीतम सिंह हम सभी के लिए मनोबल और प्रेरणा का स्रोत थे। उनमें एक पूर्व-रैंकर के सांसारिक अनुभवों के साथ मिट्टी से जुड़े व्यक्ति की असाधारण संवेदनशीलता के गुणों का समावेश था—ऐसे गुण, जिन्होंने उनके साहस और नेतृत्व के अलावा उन्हें युद्ध के दौरान पुंछ के कई हजारों निवासियों की पूजा के योग्य बना दिया। वह आज तक उनके दिलों में विराजमान है; आज भी पुंछ में प्रीतम सिंह का सत्संग इस बात की गवाही देता है, जो उन लोगों द्वारा शुरू और जारी रखा गया जो आज भी उनकी स्मृति में उनकी पूजा करते हैं।

उनके नाम और प्रतिष्ठा की रक्षा करने की कोशिश में, मैं खुद सेना छोड़ने के लिए तत्पर था और शायद मैंने छोड़ ही दी होती, अगर प्रीतम के खिलाफ कार्यवाही शुरू होने पर मुझे जल्दबाजी में, उस समय देश से बाहर नहीं भेजा गया होता, जिस समय कुछ गीदड़ उन्हें फसाने के लिए उनका पीछा कर रहे थे। दो साल बाद जब मैं भारत लौटा, तब तक प्रीतम को बर्खास्त किया जा चुका था और उन्हें कलंकित करके घर भेज दिया गया था। युद्ध और युद्ध के खतरों ने मुझे व्यस्त रखा हुआ था और निस्संदेह प्रीतम सिंह की स्मृति और उनके साथ हुए अन्याय की स्मृति मन में फीकी पड़ गई।

कई सालों बाद भी ये स्मृतियाँ तब तक फीकी पड़ी रही, जब तक सेवानिवृत्त होने के बाद मैंने, यूएसआई जर्नल की एक पुरानी कॉपी नहीं पढ़ी थी, जो ब्रिगेडियर बुटालिया द्वारा संपादक को लिखा गया एक पत्र था, जिसमें यह निवेदन किया गया था कि अब तो, जबकि प्रीतम सिंह बहुत समय पहले मर चुके हैं, उनके मामले की न्यायिक समीक्षा की जाए और एक युद्ध नायक को उनके पद पर बहाल किया जाए।

बुटालिया के पत्र ने मेरी अंतरात्मा को झकझोर दिया। 1949 से 1951 तक मिस्र में मेरी पोस्टिंग के दौरान प्रीतम सिंह का कोर्ट-मार्शल किया गया था और सजा सुनाई गई थी। हालांकि, 1948 में जीओसी-इन-सी करियप्पा के ऊपर दबाव के बावजूद, प्रीतम सिंह के खिलाफ हत्या के आरोप में सबूत देने से मेरे इनकार के कारण आरोप हटा दिया गया था। प्रीतम सिंह पर मुकदमा तो चलाया गया था पर उनको पुंछ पैलेस से गबन और वस्तुओं की लूट और हथियारों की लूट के कम आरोपों के लिए सजा सुनाई गई थी।

(प्रीतम सिंह पर लगे हत्या के उन आरोपों को हटा दिया गया, जो उस घटना से संबंधित है जिसमें प्रीतम सिंह ने युद्ध के दौरान, सैनिकों के बीच दहशत फैलने से रोकने के लिए, युद्ध में पीठ दिखाकर भागने वाले एक स्ट्रेचर-बियरर को गोली मार दी थी क्योंकि उस स्थिति में यह एक पूरी तरह से वैध समाधान था चाहे इसे एक कठोर कदम कहा जा सकता है। लेकिन क्योंकि प्रीतम सिंह ने बाद में इस मौत की युद्ध में हताहत होने के संबंध में सूचना दी थी, ताकि उसके परिवार को पेंशन मिल सके, करियप्पा बदले की भावना से इस मामले को हत्या के रूप में चित्रित करना चाहते थे)।

मैंने निश्चय किया कि इस आखिरी चरण में ही सही मुझे "उनकी स्मृति में न्याय बहाल करने के लिए" कुछ करना चाहिए—अगर कोर्ट-मार्शल के फैसले और सजा को रद्द करने के लिए नहीं, तो कम से कम उनके चरित्र पर लगे दाग को मिटाने के लिए और यदि संभव हो तो, भारत के राष्ट्रपति से मरणोपरांत उनके लिए क्षमा प्राप्त करने के लिए। इसलिए मैंने संक्षेप में पुंछ की गाथा और उसमें प्रीतम सिंह की शानदार भूमिका के बारे में लिखा और मेरे एक पूर्व एडीसी—जनरल राम नायडू—की मदद ली जो अब सैन्य प्रशिक्षण के निदेशक हैं, जिन्होंने बहुत दयालुता से उनके रिकॉर्ड को खंगालने और उसका अध्ययन करने की प्रार्थना स्वीकार की। उन्होंने प्रीतम के कोर्ट-मार्शल और पूरे घटनाक्रम के बारे में मेरे पक्ष के समर्थन के लिए एक सहायक अनुलग्नक (एनेक्सचर) तैयार करने में भी सहायता की।

अब आगे पढ़ें।

मैं, यूएसआई के निदेशक (मेजर जनरल समीर सिन्हा) की सेवा में पत्र लिखने से शुरुआत करता हूँ, जिनके जर्नल में मैंने बुटालिया का पत्र पढ़ा था:

मेजर जनरल डी के पालित, वीआरसी 1/9 शांति निकेतन

नई दिल्ली 110021

2 जून 1995

मेरे प्यारे समीर,

जब मैंने आपके जर्नल की पिछली कॉपियों में ब्रिगेडियर बुटालिया के पत्र पढ़े, तो मेरी अंतरात्मा ने मुझे झकझोर डाला। ब्रिगेडियर बिल्कुल सही है: प्रीतम सिंह प्रथम कश्मीर युद्ध में सबसे मजबूत और निष्ठावान कमांडरों में से एक थे। उनका अपमान सामान्य अधिकारियों के बीच साज़िश और द्वेष का परिणाम था। मुझे लगता है: मैं भी जाने-अनजाने इसमें शामिल था।

पुंछ में उनके वीरतापूर्ण नेतृत्व के बावजूद प्रीतम सिंह के उत्पीड़न की प्रक्रिया में उनका कोर्ट-मार्शल किया; और यह जीओसी (आत्मा सिंह) की साजिश और सेना कमांडर (करियप्पा) का छल-कपट था जिसने मुझे एक साजिश में उलझा दिया, जिसके कारण अंततः मैंने मेरे ब्रिगेड कमांडर के खिलाफ मजबूरी में सबूत देने की जगह सेना को अपना इस्तीफा भेज दिया। लेकिन, सीजीएस ने मेरा इस्तीफा स्वीकार नहीं किया; और मुझे देश से बाहर भेज दिया गया, जबकि प्रीतम सिंह को दो जनरलों (करियप्पा और कुलवंत) के बीच की शत्रुता के कारण सेना से बाहर किया जा रहा था।

यह सब लगभग पचास साल पहले हुआ था। इस मामले से संबंधित सभी व्यक्ति मर चुके हैं: आत्मा, इस घटना के तुरंत बाद एक सड़क दुर्घटना में; साठ के दशक के अंत में कुलवंत; कुछ साल पहले प्रीतम; और हाल ही में करियप्पा। इतने दशकों के बाद भी मैं अपनी बात कहने में हिचकिचा रहा हूँ क्योंकि मुझे यकीन है कि इससे कोई मदद नहीं मिलेगी। मुझे संदेह है कि आज मामले के कानूनी कागजात भी उपलब्ध होंगे। साथ ही, अगर प्रीतम के मामले को फिर से खोलने और उसे मरणोपरांत बरी करने के लिए कोई औपचारिक कदम उठाया जाता है, तो मेरा बयान निश्चित रूप से इस प्रक्रिया में मदद करेगा। इसलिए, मैंने अपनी कहानी को रिकॉर्ड करने और प्रीतम के पक्ष में किसी भी तरीके के उपयोग के लिए इसे आपके पास भेजने का फैसला किया है। आप इसकी एक कॉपी बुटालिया को भी भेज सकते हैं, क्योंकि प्रीतम सिंह के पक्ष का समर्थन करने वालों में से वे सबसे अधिक संभावित व्यक्ति हैं। (जर्नल में योगदान के रूप में छपने के लिए यह बयान बहुत लंबा है; मेरी राय में, पूरी तरह से उपयुक्त भी नहीं है)। मैंने युद्ध क्षेत्र में और शांति में वरिष्ठ भारतीय जनरलों के अधीन काम किया है। लेकिन आज तक कोई भी प्रीतम सिंह जैसे नायक के निष्कलंक और निर्भीक नेतृत्व की बराबरी नहीं कर सका। घटना के लगभग पचास साल बाद, उनकी स्मृति में न्याय बहाल करने के लिए कोई क्या कर सकता है?

आप जिस तरह से चाहें 'लेख' का प्रयोग करें।

सादर,

एसडी / डीकेपी

मेजर जनरल समीर सिन्हा, पीवीएसएम

निदेशक, संयुक्त सेवा संस्थान

कश्मीर हाउस, राजाजी मार्ग

नई दिल्ली – 110011

मैं दिसंबर 1947 में 3/9 जीआर की कमान में पुंछ जाने से पहले प्रीतम सिंह से कभी नहीं मिला था। 1937 में मेरे शामिल होने से पहले उन्होंने आईएमए का कार्यकाल छोड़ दिया था और युद्ध के दौरान भी हमारी कभी मुलाकात नहीं हुई। मैंने पहली बार उनका नाम नवंबर 1947 में सुना था, जब जम्मू और कश्मीर डिवीजन (जेएके डिव) के जीओसी मेजर जनरल कुलवंत सिंह ने मुझे जम्मू आने के कुछ दिनों बाद अपने कार्यालय में बुलाया था।

दो सप्ताह पहले ही मैंने गुड़गांव में 3/9 गोरखा के पूर्व ब्रिटिश अधिकारियों से इसका कार्य-भार संभाला था। जैसा कि मैंने पहले ही उल्लेख किया है, इससे पहले भारतीय अधिकारियों को गोरखा रेजिमेंट में सेवा करने की अनुमति नहीं दी जाती थी, जो कि ब्रिटेन की युद्ध-पूर्व साम्राज्यवादी नीति का एक प्रमुख कारक था। अधिग्रहण की प्रक्रिया का अनुभव सुखद नहीं रहा। ब्रिटिश सीओ (संयोग से एक बहुत ही बहादुर सैनिक) और एक या दो अन्य ब्रिटिश अधिकारियों ने आने वाले भारतीय अधिकारियों की स्थिति को कमजोर करने के लिए हर संभव प्रयास किया। उन्होंने जीओ (जेसीओ) और सैनिकों को सलाह दी थी कि वे उन "भ्रष्ट" भारतीयों के अधीन सेवा करने की बजाय सेना छोड़ दें और घर जाएं, जिन्हें पदोन्नति के लिए पहले उन्हें रिश्वत देने की आवश्यकता पड़ेगी। परंतु ब्रिटिश अधिकारी उस समय अपने ही नैतिक मूल्यों से डिग गए, जब उन्होंने बेशर्मी से मेस सिल्वर पर कब्जा कर लिया था—या तो दिवंगत ब्रिटिश रेजिमेंटों को दान करने के नाम पर या यहां तक कि खुद के लिए ही चांदी के कुछ टुकड़े (और अन्य रेजिमेंटल निजी संपत्ति) चुरा लिए। ये मामला गोरखा एनसीओ द्वारा मेरे संज्ञान में लाया गया था, जिन्होंने लूटी गई संपत्ति का प्रभार संभाला था। यहां तक कि मुझे मेस हवलदार द्वारा बताया गया था, सीओ के टेंट में लूटे गए मेस क्रॉकरी और इंडोनेशिया से आई एक युद्ध ट्रॉफी का सामान भी था। हालांकि, मैंने इन आरोपों की जांच नहीं की, इस मामले में सभी संबंधित एनसीओ को दोषमुक्त करार दे दिया था।

कुछ दिनों बाद, ब्रिगेड कमांडर (लखिंदर सिंह) ने मुझे अपने कार्यालय में बुलाया और मुझे ब्रिटिश अधिकारियों की भारत विरोधी गतिविधियों की पुष्टि करने वाले प्रामाणिक साक्ष्य का एक अंश भी दिखाया। मैंने सीओ को उनके छुट्टी पर जाने से से दो हफ्ते पहले ही बटालियन से स्थानांतरित करने के लिए तुरंत कार्रवाई करने का फैसला किया। बाहरी दिखावे के लिए, मैंने उसे विदा करने के लिए एक औपचारिक समारोह रखा, हालांकि ये भावनात्मक नहीं था। मैंने उनसे लूटी गई रेजिमेंटल संपत्ति को अपने टेंट में छोड़ने के लिए भी कह दिया। उस दुर्भाग्यपूर्ण घटना के कुछ ही दिनों के भीतर, पहला कश्मीर युद्ध शुरू हो गया, मुझे जम्मू के रास्ते पुंछ के लिए उड़ान भरने का आदेश मिला।

उस सूचना के साथ, उस समय मेरा दिल बैठ गया जब जीओसी ने 3/9 जीआर की कंपनी, पुंछ ब्रिगेड के कार्यवाहक कमांडर लेफ्टिनेंट कर्नल (स्थानीय ब्रिगेडियर) प्रीतम सिंह, जिन्हें कुछ दिन पहले पुंछ भेजा गया था, का जिक्र करते हुए मुझे उनका सन्देश दिया (बाद में मौसम खराब हो गया था, जिससे मेरी बाकी बटालियन के शामिल होने में बाधा आ गई थी)। प्रीतम सिंह का संदेश साफ़ और स्पष्ट था: जिसमें

"युद्ध के लिए निरुत्साही 3/9 गोरखाओं को आगे से भर्ती न किया जाए और यहां पहले से मौजूद गोरखाओं को वापस बुला लिया जाए, भारतीय सैनिकों के उपलब्ध होने पर उनके साथ प्रतिस्थापित किया जाए।" का अनुरोध था।

कुलवंत ने मुझे बताया कि उसने प्रीतम सिंह से सच्चाई का पता लगाया था। पुंछ के घेरे में और संकटग्रस्त रक्षक दल की परिधि का विस्तार करने के लिए एक आक्रामक सैन्य कार्रवाई के दौरान, "ए" कंपनी 3/9 जीआर के लोग हमले में जाने का आदेश देने पर पहाड़ी पर ही लेट गए थे। केवल कंपनी कमांडर, बाबा करियप्पा और उनके अर्दली ही कार्रवाई में आगे बढ़े थे; बाकी कंपनी ने हिलने से इनकार कर दिया था।

कुलवंत सिंह ने मुझे तुरंत पुंछ के लिए उड़ान भरने का आदेश दिया। जब भी पुंछ की नई हवाई पट्टी डकोटा ले जाने के काबिल हो जाएगी, बाकी की बटालियन को भेज दी जाएगी।

जब हमने कश्मीर स्टेट फ़ोर्स बैरक (तीन तरफ से घिरी पहाड़ियों से घिरे) के बीच डाक-टिकट के आकार की हवाई पट्टी पर रोंगटे खड़े करने वाली लैंडिंग की तो हमने देखा कि प्रीतम सिंह मुझसे मिलने हवाई अड्डे पर आए हुए थे। राज्य सुरक्षा बलों के कुछ बैरकों को समतल करके न्यूनतम सुविधाओं के साथ साफ़ मौसम के लिए हवाई पट्टी तैयार की गई थी।

प्रीतम सिंह गुस्से में थे क्योंकि कुलवंत सिंह ने गोरखाओं को पुंछ में रखने पर जोर दिया था। उन दिनों के कई भारतीय अधिकारियों की तरह, वह भी "गोरखा" नाम के प्रति शक से भरे हुए और अविश्वासी थे, जिसका मुख्य कारण 1857 का महान विद्रोह था (जब गोरखाओं ने दमन में अग्रणी भूमिका निभाई)। जब मैंने ब्रिटिश से भारतीय कमान में बदलाव की विशेष परिस्थितियों का हवाला दिया, तो वह कुछ हद तक नरम हो गए।

अब मैं अपनी पुस्तक, जे एंड के आर्म्स: द हिस्ट्री ऑफ द जे एंड के राइफल्स से कुछ हवाले दूंगा:

"ब्रिगेडियर प्रीतम सिंह ने पुंछ किले से लगभग एक मील पश्चिम में बतर नाले द्वारा जेएके फोर्स बैरक के क्षेत्र में एक हवाई पट्टी का निर्माण शुरू करवाया था। हजारों शरणार्थियों ने स्वेच्छा से सैनिकों के साथ काम किया और सिर्फ दो सप्ताहों में, 12 दिसंबर को, एयर वाइस मार्शल मुखर्जी (बाद में वायु सेना प्रमुख) और एयर कमोडोर मेहर सिंह एक बीचक्राफ्ट

विमान में वहां उतरे और दस दिनों के अंदर, पट्टी डकोटा (सी-47) परिवहन विमान के काबिल हो चुकी थी।

पुंछ लगभग दो महीनों में पहली बार देश के बाकी हिस्सों से जुड़ पाया था। यह निवासियों का मनोबल बढ़ाने वाली बात थी—विशेष रूप से बुरी तरह से घायल या गंभीर रूप से बीमार लोगों के लिए जिन्हें जम्मू पहुंचाया जा सकता था। हालांकि, साजो-सामान की पूर्ति की स्थिति में कोई बड़ी राहत नहीं मिली। एक बात जानना जरूरी है कि हवाई पट्टी केवल साफ मौसम में ही प्रयोग हो सकती थी, जो कुछ बैरकों को ध्वस्त करके, कुछ फुटबॉल मैदानों को जोड़ने और एक चट्टानी नाले के तल को भरने के बाद 700 गज की लंबाई तक ही बनाई जा सकी थी। एक छोर पर बतर के तल पर 30 फुट की ढलान थी और दूसरे पर 10 फुट का तटबंध। डकोटा के भूमि पर आने पर तटबंध के ऊपर धूल के ढेर उड़ते थे और फिर उसे चट्टान से थोड़ा ऊपर खींच लिया जाता था और पायलट को अपने सामने रनवे नहीं बल्कि बतार का तेज पानी ही दिखता था। जहां तक रनवे की सतह का सवाल है, तो यह हल्की सी बौछार के बाद ही कुछ जगहों पर खतरनाक रूप से फिसलन भरी हो जाती थी और कहीं-कहीं तो दलदल में बदल जाती थी—और उस पर पहाड़ी क्षेत्रों में बारिश कम नहीं होती। इन सभी कारणों के बाद भी यह सौभाग्य की बात थी कि विमान सप्ताह में तीन दिन पुंछ पट्टी पर उतर सकता था, जबकि वह तुलनात्मक रूप से सर्दियों का शुष्क मौसम था और चूंकि पुंछ जाने के लिए आम तौर पर एक या दो से अधिक डकोटा विमान उपलब्ध नहीं होते थे, औसतन साप्ताहिक लाया जाने वाला सामान लगभग 30-40 टन होता था; एक साथ हवाई आपूर्ति के साथ (ऐसे दिनों में जब हवाई पट्टी खतरे वाली स्थिति में होती थी लेकिन मौसम साफ होता था) यह प्रति सप्ताह औसतन लगभग 50-60 टन तक पहुंच पाता था—जबकि नागरिक आबादी के लिए लगभग 50 टन आपूर्ति की न्यूनतम साप्ताहिक आवश्यकता, सैन्य चौकी के लिए 15 टन आपूर्ति (आधे राशन पर) और लगभग 15 टन गोला-बारूद और भंडार (आधे 'संपर्क' दरों पर) को मिला कर लगभग 80 टन साजो-सामान की जरूरत थी।

इसलिए, ब्रिगेड कमांडर ने फैसला किया कि जहां तक खाने के सामान का सवाल है, सुरक्षा दल को इसका इंतजाम खुद करना होगा। इस प्रकार पहली बार "अनाज संचालन अभियान" का विचार पनपा—अनाज की प्राप्ति के उद्देश्य से आसपास के गांवों (जिन पर कबाइली या अन्य पाकिस्तानी हमलावरों द्वारा कब्जा कर लिया गया था) पर छापे मारे गए। पैदल सेना की एक या दो कंपनी, 200-300 शरणार्थियों (गाइड और पोर्टर्स के रूप में कार्य करने के लिए) के साथ शाम को निकलते थे, निर्धारित गांव पर हमला करते थे और दुश्मन को पीछे हटा देते थे—फिर अनाज के स्टॉक को इकट्ठा किया जाता था जो कि समृद्ध घरों में बहुतायत में होता था। अक्सर घरों के वास्तविक मालिक शरणार्थी पार्टी के साथ ही होते

थे—और दल को बड़े स्टाक की तरफ ले जाते थे। अनाज से लदी गाड़ियां सुबह जल्दी लौट आती थीं।

पुंछ हवाई पट्टी पर पहले विमान के उतरने के कुछ दिनों के भीतर, दुश्मन अपने 3 इंच के मोर्टार को आगे लाया था और उन्हें पुल के दक्षिण-पश्चिम में पुंछ नदी के दक्षिणी तट पर फिर से प्रवेश करने वाली जगहों पर तैनात कर दिया—और हवाई क्षेत्र में गोलाबारी शुरू कर दी। वे बैराज को निशाना बनाते थे ताकि जैसे ही विमान उतरे, गोले फटने लगे। 15 दिसंबर को इस तरह मोर्टार फायर से एक डकोटा क्षतिग्रस्त हो गया।

मेरे लिए यह देखना एक नया अनुभव था कि प्रीतम सिंह ने शरणार्थियों के साथ कैसा व्यवहार किया। जहां तक उन्हें खिलाने का सवाल था, उनके साथ लगभग सैन्य कर्मियों के समान व्यवहार किया जाता था। जब हम सैन्य कार्रवाई पर नहीं होते थे, हम सभी को उनके कार्यबल के रूप में माना जाता था, चाहे वह हवाई क्षेत्र में काम करना हो या एयरड्रॉप से आपूर्ति एकत्र करना हो या गोला-बारूद और राशन लाना और रक्षा चौकियों तक ले जाना हो। हममें से कुछ लोगों ने इस समतावादी व्यवहार का विरोध किया; लेकिन उन्होंने सैनिकों और नागरिकों के बीच किसी भी प्रकार के श्रेणीबद्ध रवैये को हतोत्साहित किया—कम से कम पहले कुछ महत्वपूर्ण महीनों के दौरान। मुझे याद है कि एक बार मैंने उनके इस आदेश का विरोध किया था कि हर दिन सुबह के भोजन के लिए सैन्य चौकी के सभी उपलब्ध कर्मियों को उसी लंगर में जाकर भोजन करना होगा जो शहर में नागरिकों के लिए पकाया जाता था। (वह स्थानीय लोगों को चावल और दाल के साथ घोड़े का पका हुआ मांस खाने के लिए प्रेरित करने की कोशिश कर रहे थे)। वे इस बात पर अडिग थे; अगर हमने एक उदाहरण स्थापित नहीं किया, तो वे गरीब शरणार्थियों से उनकी बात मानने की उम्मीद कैसे कर सकते थे? और उन्होंने कहा कि विरोध करने की बजाय, मुझे उनकी आम लंगर में भाग लेने की नीति का समर्थन करना चाहिए। मैंने वैसा ही किया!

शहर के निवासियों और राज्य सुरक्षा बलों के कुछ लोगों और उनके परिवारों ने उन्हें एक तरह के रक्षक-संत के रूप में देखना शुरू कर दिया था। मुझे अच्छी तरह से याद है कि हर सुबह, जब वे मोती महल पैलेस से, जहां वे रहते थे, काम की प्रगति का सर्वेक्षण करने के लिए, या एयरड्रॉप के संग्रह को व्यवस्थित करने के लिए हवाई क्षेत्र में आते थे, कुछ स्थानीय लोग उनके सामने झुक जाते थे और कुछ उनके लंबे लहराते हुए पोशतीन (ब्रिटिश दिनों के दौरान पुराने सीमांत प्रांत में अधिकारियों द्वारा उपयोग किए जाने वाले एक चर्मपत्र बाहरी वस्त्र) को अपने माथे पर लगाते थे। यह असंभव था कि इस प्रकार की सामूहिक आराधना अंततः उनके व्यक्तित्व को प्रभावित न करती। उन परिस्थितियों में प्राप्त ऐसी महान छवि की उपेक्षा करने के लिए, एक उच्च एवं महान व्यक्तित्व की जरूरत थी। मुझे लगता है कि समय

के साथ वे खुद को पुंछ के सरोगेट महाराजा मानने लगे थे; लेकिन फिर भी, उन्होंने कभी भी ज़रा सा भी अहंकार नहीं दिखाया; और वे हमेशा किसी अन्य सैनिक की तरह खुद को युद्ध में काम आने वाले सैनिक की तरह ही समझते थे, जैसा कि मैं उनका वर्णन करूंगा।

प्रीतम सिंह ने किसी तरह की औपचारिकता नहीं दिखाई; और तुरंत मुझे प्रथम नाम से बुलाते हुए दोस्ती शुरू कर ली। पुंछ पहुंचने पर उन्होंने मोती महल (पुंछ के महाराजा देहरादून में रहने के लिए गए थे) को अपने कब्जे में ले लिया था और महल के भवन और मैदान में और उसके आसपास अपनी बटालियन के क्वार्टर बना लिए थे। उन्होंने हमें एक मील दूर स्थित शीश महल आवंटित किया था, जो कि पहले ब्रिटिश रेजीडेंसी था और जब पुंछ एक स्वतंत्र राज्य होता था तब से एक राजकुमार का निवास स्थान था। राज्य सुरक्षा बल अपने स्वयं के बैरकों में रहते थे (एक और आधा मील या इतनी दूर—नव निर्मित हवाई पट्टी के चारों ओर)।

प्रीतम सिंह ने मोती महल में अपने दफ्तर और निवास दोनों के रूप में "शाही सूट" पर कब्जा कर लिया। उनके एडहॉक ब्रिगेड मुख्यालय और 1 कुमाऊं (सीओ लेफ्टिनेंट कर्नल धरम सिंह) के सभी अधिकारी भी मोती महल में रहते थे। महल के ग्राउंड फ्लोर, बरामदे और आंगनों में और उसके आसपास की कह में एक-दो कुमाऊं कंपनियों के सैनिक रहते थे।

मैं प्रीतम सिंह के क्वार्टर में बार-बार आता था क्योंकि वे मुझसे स्टाफ प्रक्रियाओं, परिचालन रिपोर्ट, प्रशंसा और डिविजनल मुख्यालय के संचार की सलाह के लिए परामर्श करते थे। उन्होंने कभी यह ज़ाहिर नहीं किया कि वह एक कठोर, व्यावहारिक सैनिक थे। अपने दफ्तर को सजा-संवार कर रखना और कर्मचारियों की छोटी-मोटी ड्यूटी उनकी विशेषता नहीं थी। वे पूरी तरह से संतुष्ट थे और उन्हें अपनी रैंक के अन्य अधिकारियों के रुतबे को लेकर चिंतित होने की कोई आवश्यकता नहीं थी; लेकिन उनका सबसे अच्छा गुण यह था कि उनमें किसी के भी प्रति सांप्रदायिक पूर्वाग्रह नहीं था—वे न तो सिख समर्थक थे और न ही मुस्लिम विरोधी थे। (वह स्वयं सिख थे)।

वे बहुत कम संसाधनों का प्रयोग करने वाले सादगी पसंद इंसान थे और व्यक्तिगत तौर पर भी उनमें सामान इकठ्ठा करने की कोई सनक नहीं थी। जिस समय उनको बदनाम किया जा रहा था, बहुत सारी कहानियां उड़ने लगीं कि पुंछ में रहने के दौरान उन्होंने महल से महंगी वस्तुएं जैसे फारसी कालीन, फर्नीचर बहुत सी संपत्ति हथिया ली थी। एक खबर तो यह भी थी कि उन्होंने किले के खजाने से पुंछ परिवार के गहने चुरा लिए थे। मुझे यकीन है कि ऐसी सभी कहानियां कोरा झूठ थीं। वे अपनी बटालियन के अधिकारियों के बीच लोकप्रिय नहीं थे; न ही मेरे बहुत से अफसर ही उन्हें पसन्द करते थे; लेकिन किसी ने कभी भी उन पर अपने लिए कोई संपत्ति बनाने का संदेह या आरोप नहीं लगाया था। हालांकि, उन्होंने जो किया,

वह जम्मू से आने वाले महत्वपूर्ण लोगों को एक "शासक" के रूप में उदारता से "ट्राफियां" देने की तरह था। यह सब शायद उनका अपनी बहुत बड़ी आत्म-छवि के अधिकार क्षेत्र को दिखाने का तरीका था। इसके बाद, जब शस्त्रागार से लापता शिकार वाली राइफलों के बारे में पूछताछ की गई, तो कोई भी सच्चाई के साथ सामने नहीं आया—लेकिन मुझे कम से कम दो के बारे में पता है जो प्रीतम सिंह ने जनरल कुलवंत सिंह और एयर मार्शल इंजीनियर को उपहार के रूप में प्रस्तुत की थीं जब वे पुंछ गए थे।

इस बीच, डिविजनल मुख्यालय ने प्राथमिकता के आधार पर मेरी बाकी बची बटालियन को पुंछ के लिए हवाई मार्ग से भेजा दिया। प्रीतम सिंह ने मुझे अपनी बटालियन को "साबित" करने के लिए दो सप्ताह का समय दिया था। पीछे मुड़कर देखें, तो निश्चित रूप से सिर्फ आठ साल की सेवा वाले एक युवा अधिकारी के लिए यह एक मुश्किल काम था, जिसको युद्ध में बटालियन कमांड में शामिल किया गया था, पर उसे केवल तीन से चार साल की सेवा का अनुभव था और नए कंपनी कमांडरों द्वारा मदद मिल रही थे जिनमें से किसी से भी वह पहले नहीं मिला था।

मैंने अपने अधिकारियों के साथ सभी मसलों पर बात की और हम सभी सहमत हुए कि दो काम करने की जरूरत है: पहला, हमें अपने गोरखा सैनिकों को यह विश्वास दिलाना होगा कि हम भारतीय अधिकारी उनके पुराने बीओ तरह युद्ध में उनका नेतृत्व कर सकते हैं; और दूसरी जरूरत सैनिकों में आदेशों का पालन करने की आदत को फिर से स्थापित करना था। ऐसा करने का आजमाया तरीका था परेड-ग्राउंड ड्रिल की एक भारी खुराक, जिसे वे कई सालों से नहीं कर पाए थे। वे बर्मा में चिंदितों से शुरू होकर, जावा और सुमात्रा में डच उपनिवेशवादियों की तरफ विद्रोह को दबाने जैसे सैन्य कार्यों में लम्बे समय से लगे हुए थे।

मैं राज्य सुरक्षा बलों के सीओ में से एक, लेफ्टिनेंट कर्नल हीरा नंद दुबे, को बहुत पसंद करता था जो कि अनुभवी होने के साथ-साथ मुझसे कई साल वरिष्ठ थे (वह भारतीय सेना के सैंडहर्स्ट-प्रशिक्षित अधिकारी उदय चंद दुबे के बड़े भाई थे, जिन्हें मैं अच्छी तरह से जानता था)। एक रात मैंने हीरा नंद को शीश महल के हमारे मेस में आमंत्रित किया और कई स्थानीय और प्रशासनिक मामलों पर उनसे सलाह मांगी। वे बहुत मददगार थे। गोरखाओं के साथ मेरी समस्या के बारे में उन्होंने सुझाव दिया कि मुझे प्रीतम सिंह को एक पूर्ण बटालियन के रूप में एक विशेष सैन्य मिशन पर अपने लोगों को बाहर ले जाने की अनुमति देने के लिए कहना चाहिए। उन्होंने सलाह दी, "अपनी आज्ञा के तहत उन्हें जल्द ही युद्ध में ले आओ।"

मैं उनकी सलाह को मानते हुए अगली ही सुबह प्रीतम सिंह से मिलने गया। मेरे पास पहले से ही बटालियन में दो सप्ताह का "पुनर्वसन" (रिहैबिलिटेशन) प्रशिक्षण था, इसलिए प्रीतम सिंह ने मेरे सुझाव को स्वीकार कर लिया। उन्होंने कहा कि वास्तव में वे बतर नाले (उत्तर से

सिविल लाइंस क्षेत्र के पीछे दक्षिण में पुंछ नदी में बहने वाली नदी) के पार एक आक्रामक अभियान की योजना बना रहे थे। मुझे इस अभियान को पूरा करना था।

जहां तक योजना, तैनाती और पुन: आपूर्ति का संबंध था, यह एक सरल सैन्य कार्रवाई थी। हम अपने लक्ष्य को स्पष्ट रूप से देख सकते थे और सिविल लाइंस के पीछे की ऊंची जमीन से उसके लिए मार्ग और टोही दूरबीन जैसा सारा जरूरी साजो-सामान हमारे पास था। गोपनीयता बनाए रखने के लिए, मैंने नदी के पार किसी भी गश्त की अनुमति नहीं दी—और हम स्थानीय रिपोर्टों के माध्यम से जानते थे कि दुश्मन रिज पर कहीं भी बड़ी ताकत में नहीं थे। पूरे लक्ष्य क्षेत्र में उनकी गिनती एक कंपनी से ज्यादा नहीं थी।

राज्य सुरक्षा बलों को बतर पर दो कम गहराई वाली जगहों के बारे में पता था और हीरा नंद ने डोगरा की एक प्लाटून के साथ नदी के पार सामान ले जाने में मदद करने का वादा किया। चूंकि पुंछ में किसी भी प्रकार का तोपखाना नहीं था और केवल 3 इंच मोर्टार गोला बारूद की एक बहुत ही सीमित मात्रा में एयरलिफ्ट किया गया था, यह बिना बटालियन या ब्रिगेड फायर-प्लान के एक सीधा किर्चों के साथ होने वाला हमला था। सफलता के लिए मुझे चौंकाने, किर्चों और आक्रामक भावना पर निर्भर रहना था।

इस आखिरी बात के बारे में मैं निश्चित नहीं था। गोरखा एक प्रदर्शनकारी आत्मा नहीं है और मुझे नहीं पता था कि उनके ऊपर नेतृत्व थोपने की हमारी कोशिशों का कोई असर हुआ था या नहीं। मान बहादुर, पूर्व एसएम, नई अधिग्रहीत गोरखा बटालियनों में शुरू की गई प्रत्यक्ष आयोग योजना (बिना सोचे-समझे) के तहत केंद्र से तत्काल तरक्की प्राप्त करके वापस आए थे। मैंने (अब) कैप्टन मान बहादुर को राइफल कंपनी कमांडर नियुक्त किया था और तब से वे मेरे विश्वासपात्र बन गए थे। मैंने उनसे कहा कि सभी जीओ और वरिष्ठ हवलदारों को संबोधित करें और उन्हें बताएं कि अगर वे नदी के उस पार की लड़ाई में अपनी योग्यता साबित नहीं करते तो बटालियन को भंग कर दिया जाएगा और सभी गोरखा कर्मियों को नेपाल वापस भेज दिया जाएगा और मैं सांस रोक कर नतीजे का इंतजार करने लगा।

हमले के समय कमर तक गहरे पानी में तेज धारा के कारण कुछ कठिनाई के बाद हमने बतर को पार किया; लेकिन लक्ष्य तक पहुंचना काफी आसान था। रास्ते में हमें कोई दुश्मन नहीं मिला।

मेरी योजना इकट्ठे होने वाली जगह पर तीन कंपनियों को एक लाइन में तैनात करके नेतृत्व करने वाले तीन भारतीय अधिकारियों के साथ मिल कर हमला करने की थी। मान बहादुर की कंपनी रिजर्व में होनी थी। मैं एडवांस बटालियन मुख्यालय के साथ केंद्र की कंपनी के ठीक पीछे जाने वाला था।

यह एक तारों वाली रात थी और हम बिना किसी शोर-शराबे के लाइन में लग गए। 1 बजे (मुझे लगता है कि यही समय था) हमने हमला शुरू कर दिया। मैं देख सकता था कि केंद्र वाली कंपनी की लाइन का एक हिस्सा आगे बढ़ना शुरू हो गया था। रिज के तल पर ढलान कम थी लेकिन जैसे-जैसे हम ऊपर चढ़ते गए ढलान तेज होती गई। जब हमने लगभग एक तिहाई रास्ता पार किया तो रिज के ऊपर से हम पर गोलियां चलाई गईं। एक ही बार में प्रमुख कंपनी के सारे सैनिक जमीन पर लेट गए और हमारा आगे बढ़ना थम गया। मैं कई बार चिल्लाया "उठो: आगे बढ़ो!" फिर मैं अपनी लंबी चलने वाली छड़ी के साथ लेटे हुए कुछ लोगों को मारने लगा। थोड़ी देर बाद मैंने कैप्टन मान बहादुर को मेरे पास आते सुना और उन्होंने सैनिकों पर चिल्लाना शुरू कर दिया। हमने उन्हें लात मारना और उकसाना जारी रखा और आखिर उन्हें फिर से आगे बढ़ाने में सफल हो गए। बेशक, कोई हताहत नहीं हुआ था क्योंकि गोलीबारी बिना किसी उद्देश्य के और बेतरतीब थी। जब तक हम चोटी के करीब नहीं पहुंचे, तब तक हम में से बस दो या तीन लोग ही घायल हुए थे। हमने पोह फटने से पहले चोटी को अच्छी तरह से सुरक्षित कर लिया था।

हमने खुद को "साबित" कर दिया था; लक्ष्य के आधे रास्ते में हुई एक चूक के बाद, कोई और झिझक नहीं थी। मेरे सामने सैनिकों द्वारा अंतिम किर्ची वाला दल काफी उत्साही था। (दुश्मन पहले ही रिज से पीछे हट गया था, लेकिन हमारे लोग यह नहीं जानते थे)। लगभग पांच बजे, पहली रोशनी से ठीक पहले, मैंने एडजुटेंट कृष्णमूर्ति को वेरी पिस्टल द्वारा सफलता संकेत भेजने और वायरलेस द्वारा संदेश की पुष्टि करने के लिए अधिकृत किया।

हमले से पहले अपने कंपनी कमांडरों को मौखिक आदेशों में मैंने रिज पर कब्जा करने के तुरंत बाद प्लाटून रक्षात्मक चौकियों पर कब्जा करने पर जोर दिया था और पत्थर की दीवारों (सांगरों) से उनकी रक्षा करने के लिए भी कहा था जब तक कि कश्मीरी कुली अपने कांटेदार तार का भार नहीं पहुंचा देते। मुझे इस काम की खुद जांच करनी चाहिए थी, विशेष रूप से मेरे दाहिनी ओर की कंपनी में, जिस दिशा में दुश्मन पीछे हट गया था; लेकिन मूड उल्लासपूर्ण था और सभी कंपनी कमांडर बधाई के आदान-प्रदान के लिए मुख्यालय आ गए थे। हमें अपनी उपेक्षा के लिए भुगतान करना पड़ा।

हमारा दाहिना किनारा असुरक्षित होने का पहला संकेत तब मिला जब एक ब्रेन गन से हमारे ऊपर हमला हुआ जो कि दाईं ओर से थोड़ी ऊंचाई से हो रहा था। ऊंची आवाज में आदेश सुनने और दाहिने हाथ की कंपनी में हंगामा देख कर मैं तिरछे पहाड़ी पर चढ़ते हुए और पासवर्ड चिल्लाते हुए चोटी के शिखर पर पहुंचा। बहुत शोर था, घायलों की कराह और अनिर्णय के संकेत थे—लेकिन कोई घबराहट नहीं थी। शिखर के ठीक नीचे तीन या चार शव जमीन पर पड़े थे; तब तक लगभग दो सौ गज देखने के लिए पर्याप्त रोशनी थी—और तब

मुझे एहसास हुआ कि वहां पर हमसे कुछ ज्यादा ऊंचाई वाली चोटी थी जिससे हमारी स्थिति आसानी से दिख सकती थी (जिसे हमें पहले ही खोज लेना चाहिए था)। उस दिशा की ओर बनाई गई पत्थर की दीवार केवल एक पत्थर गहरी थी, जिसमें पत्थरों के बीच जगह को ढकने के लिए कुछ भी नहीं था। यहां मैंने कंपनी के वरिष्ठ जीओ, होशियार मल नामक एक काबिल सूबेदार को अपने फेफड़ों में एक गोली के साथ पड़ा हुआ पाया। एक या दो अन्य लोग थे, जो अपनी-अपनी जगह पर डटे हुए थे, जो मामूली रूप से घायल हो गए थे। इससे यकीन हो गया कि गोरखा भागने वाले नहीं थे। (होशियार मल अपने घावों से उबर गया लेकिन कभी भी ड्यूटी पर नहीं लौट सका)।

मैंने कंपनी कमांडर से कहा कि वह दो या तीन लोगों को गश्ती दल से बाहर, शिखर रेखा से परे निचे की तरफ भेज दें और फिर, उत्तर की ओर बढ़ते हुए, इसे दुश्मन के अड्डे या पिछले दल (रियर-पार्टी) का पता लगाने का प्रयास करें। उसने पहले ही सैनिकों को चोटी के साथ दाईं ओर भेज दिया था। तब तक सटीक रूप से गोलीबारी के लिए काफी रोशनी हो चुकी थी, लेकिन उन्हें स्नाइपर फायर द्वारा रोका गया था, मैंने कंपनी कमांडर को सभी सेक्शन कमांडरों को गोलीबारी पर नियंत्रण रखने और यह आदेश देने के लिए धावकों को भेजने के लिए कहा। (मैं अपनी दूरबीन के माध्यम से भी गोली चलाने का कोई लक्ष्य नहीं देख सका)।

मैं अन्य कंपनी कमांडरों को सूचित करने के लिए अपने मुख्यालय के लिए शिखर रेखा के नीचे दक्षिण की ओर चला गया और मृतकों और घायलों को वापस ले जाने में मदद करने के लिए उनकी कंपनियों के स्ट्रेचर उठाने वालों को दाहिनी ओर ले जाने का आदेश दिया।

लगभग 8 बजे मैंने फिर से दाहिने हाथ की कंपनी का दौरा किया। तब तक यह स्पष्ट हो गया था कि दुश्मन द्वारा दाईं ओर की एक ऊंची जगह पर आगे की चौकी की निगरानी की जा रही थी और थोड़ी सी हलचल पर भी स्नाइपर फायर कर देता था। इसके अलावा, हमारे दाहिनी ओर खाई में एक घायल सैनिक पड़ा था जो दुश्मन की निगाह से दूर था इसलिए उसे फिर से गोली लगने का कोई खतरा नहीं था; लेकिन सहायता भेजने के सभी प्रयासों से केवल और हताहतों की संख्या में ही बढ़ोतरी हुई।—जहाँ तक मुझे याद है, लगभग दस या बारह मृत और घायल हो गए थे। मैंने पूरी कंपनी को रिज से लगभग दो सौ गज नीचे लेकर जाने पर विचार किया जहाँ आगे की पोस्ट गोलीबारी से दूर हो जाती।

तभी बटालियन मुख्यालय से एक धावक आया और मुझे सूचित किया कि ब्रिगेडियर पहाड़ी पर जा रहा था। मैं प्रीतम सिंह से मिलने ढलान से नीचे गया। मुझे यह स्वीकार करने में कोई झिझक नहीं है कि उनकी उपस्थिति ने मुझ पर एक आश्वस्त करने वाला प्रभाव डाला और मेरी बढ़ती हुई चिंता कम हो गई।

जब मैंने उनके साथ अपनी योजना के बारे में बात की, तो वह मेरी ओर से किसी भी तरह से पीछे हटने पर सहमत नहीं हुए। उन्होंने कहा, यह मेरे लिए सैनिकों को दूसरी जगह पर तैनात करना प्रतीत हो सकता है, लेकिन दुश्मन को ऐसा लगेगा कि वे हमें पीछे धकेलने में सफल रहे हैं। हमें वहीं रहना होगा जहां हम थे—और कोशिश करें और अंधेरे के बाद दुश्मन को भगाएं। इस बीच, उन्होंने मुझे आगे की चौकी के पास एक प्रमुख स्थान पर अपना सफेद वायु संकेत पैनल लगाने के लिए कहा और उन्होंने अपने वायरलेस सेट पर एक संदेश भेजा कि वह जम्मू में भारतीय वायुसेना को हमारे दाहिनी ओर दुश्मन की पहाड़ी को रॉकेट से हमला करने के लिए कहे।

हमने तब तक सेंगर की दीवारों की मोटाई दोगुनी कर दी थी, इसलिए हम वहां तक पहुंचे और मैंने उन्हें दिखाया कि हमारा घायल स्काउट लगभग सौ गज की दूरी पर खाई में कहां पड़ा है। प्रीतम सिंह ने फैसला किया कि बीच की जमीन का जो हिस्सा दुश्मन की नजर में था, वह लगभग बीस गज का ही था। उन्होंने सेंगर की दीवार के साथ दो अतिरिक्त ब्रेन गन लगाने का आदेश दिया (जो तब तक कुछ दूरी के लिए नीचे की ओर बढ़ा दी गई थी)। उन्होंने ब्रेन्स को कवरिंग फायर देने का आदेश दिया और दो गोरखा राइफलमैन को दीवार से कूदने और घायल व्यक्ति के पास जाने के लिए कहा।

"चलो पालित, आइए हम उस सैनिक को वापस लाने में उसकी मदद करें।" इतना कहते हुए, वे चुपचाप उठे और दीवार पर चढ़ गए—मेरे पास उनके पीछे चलने के अलावा कोई चारा नहीं था! सौभाग्य से कवरिंग फायर काफी प्रभावी साबित हुई।

हमें वह सैनिक वापस मिल गया।

युद्ध के मैदान में उनके साथ यह मेरा पहला अनुभव था। पर यह पहला नहीं था, जैसा कि मैं बताऊंगा। ऐसा लग रहा था कि उन्हें व्यक्तिगत सुरक्षा की कोई चिंता नहीं थी—चाहे उच्च स्तर के साहस के कारण या डर के प्रति असंवेदनशीलता के कारण, मैं नहीं बता सकता; लेकिन जल्द ही उनका प्रभाव पूरे बटालियन में फैल गया।

दोपहर को वायु सेना एक अकेले स्पिटफायर के साथ में हमारे बचाव में आई, जिसने प्रारंभिक टोही उड़ान के बाद हमारे दाहिने ओर रिज पर हमला किया और स्नाइपर गोलाबारी को प्रभावी ढंग से रोक दिया। (अगली सुबह, जब हमने दुश्मन की चौकी पर हमला किया और कब्जा कर लिया, तो हमें "आधी-वर्दी" में तीन शव मिले)।

इस कार्रवाई के बाद "गोरखा रिज" ऑपरेशन खत्म हो गया। मैंने चोटी के उच्चतम बिंदु पर और नदी की ओर एक छोटी चोटी पर एक-एक प्लाटून को निगरानी चौकी पर छोड़ दिया और बाकी बटालियन को बैरक में वापस ले आया।

उसके बाद एक महीने या उससे अधिक समय में आसपास के सुधान गांवों से अनाज इकट्ठा करने के लिए छोटी-छोटी सैन्य कार्रवाइयां की गईं। हम दो या तीन कंपनियों के साथ अपने सौ शरणार्थियों को ले जाते, घरों से अनाज इकट्ठा करते और अगली रात रास्ते में चोटियों पर चौकीदारी करते हुए पुंछ ले जाते—एनडब्ल्यूएफपी फैशन।

फरवरी के मध्य में मुझे पीलिया होने के कारण दिल्ली ले जाना पड़ा। लेकिन, मैं एमएच में लगभग छह सप्ताह के बाद वापस लौट आया। तब तक न केवल बटालियन पूरी तरह से युद्ध में जुट चुकी थी, बल्कि कंपनी कमांडरों को भी सैनिकों का "अनुभव" हो चुका था। कुल मिलाकर भारतीय सैनिकों की कमान संभालना आसान था और वे अनुशासन के प्रति उत्तरदायी थे—लेकिन, हमने पाया, कि गोरखा और भी अधिक अनुशासन का पालन करते थे। युद्ध में आज्ञाकारिता, निष्ठा और साहस लगभग सहज है; लेकिन अधिकांश भारतीय वर्गों की तुलना में गोरखा सैनिकों को अपने अधिकारियों के साथ अधिक अंतरंग बातचीत की आवश्यकता होती है।

मेरे अस्पताल से लौटने के बाद पहली बड़ी कार्रवाई में लगभग छह-कंपनियों की ताकत, जिसमें गोरखाओं, कुमाऊंनी और कश्मीरियों का एक मिश्रित और मजबूत ब्रिगेड कॉलम था, जिसे मानचित्र पर पीटी 6005 नामक एक जगह पर एक मजबूत रक्षा चौकी बनाने के लिए बनाया गया था (अगर मुझे सही तरीके से याद है तो)। यह जगह पुंछ नदी के दक्षिण में, घाटी की ओर मुख किए हुए जो दक्षिण की ओर मंढेर की तरफ जाती थी। ब्रिगेडियर प्रीतम सिंह ने खुद कॉलम की कमान संभाली। मेरे पास करने के लिए कोई विशेष काम नहीं था (लेकिन मैं पुंछ में, किले में नहीं बैठा रहना चाहता था) इसलिए उन्होंने धरम सिंह को पीछे छोड़ दिया और मुझे अपने साथ अपने मुख्यालय में एक साथी के रूप में ले गए। इस प्रकार मुझे उस रात ब्रिगेड मुख्यालय के कर्मियों में अचानक आई घबराहट और प्रीतम सिंह के इससे निपटने के तरीके के बारे में पता चला।

जब पीटी 6005 पर हमला किया जा रहा था तो मैं रियर ब्रिगेड मुख्यालय के साथ पीछे रह गया था। उस जगह पर बिना किसी मुश्किल के कब्जा कर लिया गया था, लेकिन इसके तुरंत बाद दुश्मन ने एक उत्साही जवाबी हमला किया। मुझे बाद में बताया गया कि कुछ असैन्य स्ट्रेचर-बेयरर्स (पुंछ शरणार्थियों में से) ने अपना सामान गिरा दिया और वापस भाग गए, इस प्रकार अचानक घबराहट फैल गई। मुझे बताया गया था कि प्रीतम सिंह उन्हें भागने से रोकने में विफल रहे थे, इसलिए उन्होंने तुरंत अपनी पिस्तौल निकाली और एक आदमी को गोली मार दी क्योंकि वह उनके पास से भागा था। इस तरह उन्होंने उस अफरा-तफरी को रोक दिया। हालांकि मैंने कार्रवाई खत्म होने के काफी समय बाद यह कहानी सुनी, लेकिन ऐसा लगता था कि इसके बारे में सबको पता था।

पीटी 5006 पर एक निगरानी चौकी स्थापित करने के तुरंत बाद, दुश्मन एक माउंटेन गन लेकर आया, जो गोरखा रिज के उत्तर-पश्चिम में कहीं स्थित था और हवाई पट्टी के ऊपर हमला शुरू कर दिया—खासकर जब जम्मू से आए डकोटा उतरते थे। एक विमान इस गोलीबारी की चपेट में आ गया था और उसे तब तक हवाई पट्टी पर छोड़ना पड़ा जब तक कि जम्मू से एक मरम्मत दल को नहीं लाया जा सका। प्रीतम सिंह ने एक बार फिर निगरानी चौकियों की परिधि का विस्तार करने की ठान ली।

पीटी 5724 (कर्नल हीरानंद दुबे की कमान में कश्मीर राज्य सुरक्षा बलों द्वारा कुछ सप्ताह पहले कब्जे में लिया गया गोरखा रिज का उच्चतम बिंदु) के छोटे रिज ढलान से दुश्मन को हटाने का निर्णय लिया गया था। प्रीतम सिंह ने फैसला किया कि गोरखा फिर से कार्रवाई करेंगे और फिर से मुझे बटालियन को ले जाने की अनुमति दी—(पहले की तरह, बिना तोपखाने के समर्थन के)। मैं जम्मू-कश्मीर सुरक्षा बलों के रेजिमेंटल इतिहास (पृष्ठ 215-216) से फिर से हवाला दे रहा हूं:

"पुंछ में सबसे उत्साही कार्रवाइयों में से एक 17/18 मई की रात को हुई, जब 3/9 गोरखा राइफल्स की एक बटालियन ने पीटी 4036 पर पर हमला किया। रिज को हमारे अनुसार एक पाकिस्तानी सैनिकों की एक कंपनी ने कब्जे में लिया हुआ था। हालांकि बाद में यह पता चला कि क्षेत्र में 200 से अधिक दुश्मन तैनात थे। रात के समय नौ मील के मार्च के बाद, कर्नल पालित के नेतृत्व में गोरखाओं ने रिज पर अपना मौन हमला शुरू कर दिया। पहले पांच सौ फीट के बाद दुश्मन का सामना करना पड़ा और लड़ाई शुरू हुई। जब तक गोरखा चोटी पर पहुंचे, तब तक दुश्मन की चौकियों की लगातार तीन पंक्तियों को किर्चों की लड़ाई तक ले जाना था। हताहतों की संख्या अप्रत्याशित रूप से भारी थी (सीओ, कर्नल पालित सहित, एक अधिकारी, एक जेसीओ और 13 लोग मारे गए और 30 से अधिक घायल हुए)। अगली सुबह, जब घायलों को निकाला जा रहा था, दुश्मन के एक मजबूत जवाबी हमले को नाकाम कर दिया गया, लेकिन कुछ कबाइलियों ने दक्षिण की ओर निचली ढलानों पर मोर्चा बना लिया था-जहां उनके स्नाइपर हमले ने घायलों को ले जाने वाले स्ट्रेचर-बेयरर्स को नीचे गिरा दिया।

इसलिए, उस शाम, कश्मीर राज्य सुरक्षा बलों के कर्नल मलूक सिंह को एक हमले में शामिल होने और दुश्मन को खदेड़ने का आदेश दिया गया था। 8 जेएके दो कंपनियों (ए और बी) के साथ शाम 6.00 बजे निकली—आधी रात तक इकट्ठे होने वाले क्षेत्र में पहुंच गई। यहां 3/9 गोरखाओं के गाइड ने जेएके सैनिकों को शुरुआती लाइन तक पहुंचाया—और हमला 19 मई को सुबह 3.00 बजे शुरू हुआ। दुश्मन को शायद पुंछ सुरक्षा बलों से इस तरह की तेज प्रतिक्रिया की उम्मीद नहीं थी। कबाइलियों ने तीन मृतकों को पीछे छोड़ते हुए

पहाड़ी के दूर के हिस्से में नीचे का रुख किया। ब्रिगेडियर प्रीतम सिंह, जो 9 जेएके के पीछे आ रहे थे, अपने साथ कुमाऊंनी की एक कंपनी लेकर आए। वे व्यक्तिगत रूप से घायलों को छह घंटे की ढलान की मार्च और बतार नाले के तेज बहने वाले पानी के पार वापस पुंछ ले गए। अगली सुबह 6.00 बजे तक सभी घायलों की हवाई पट्टी पर क़तार लगी हुई थी, जो अभी भी स्ट्रेचर पर हवाई मार्ग से निकासी की प्रतीक्षा कर रहे थे।"

जब प्रमुख सैनिक अंधेरे में ही हम से लगभग सौ फीट ऊपर शिखर तक पहुंचे, तब तक मैं घायल हो चुका था। जब हम ढलान से ऊपर चढ़ते हुए पीछा कर रहे थे तो पाकिस्तानी अपने कंधों के ऊपर से नीचे की ओर हथगोले फेंक रहे थे। मैंने कई चमकें देखीं और हमारे आगे विस्फोटों को सुना। मैं सबसे आगे वाले दल के साथ था और अचानक मैने अपनी छाती और चेहरे के सामने एक ग्रेनेड पकड़ा। ग्रेनेड स्थानीय रूप से उत्पादित रहा होगा, न कि ब्रिटिश 36 ग्रेनेड जो हमारे पास थे, नहीं तो मैं बच नहीं पाता। मैं अचानक अंधा हो गया था, मेरी छाती, चेहरे और पेट पर कई चोटें लगीं और मैं जमीन पर गिर गया। लगभग एक घंटे के बाद, मुझे पहाड़ी से कुछ सौ फीट नीचे ले जाया गया और बटालियन मुख्यालय में छोड़ दिया गया जहां कृष्णमूर्ति ने मेरे घावों पर पट्टी की।

पोह फटने के समय मैं रोशनी को अस्पष्ट रूप से महसूस कर सकता था, लेकिन मुझे अपने सामने कुछ भी दिखाई नहीं दे रहा था। जैसे-जैसे यह हल्का होता गया, हम कहीं दायीं ओर एक स्पर से स्नाइपर गोलीबारी की चपेट में आ गए—लेकिन हालांकि हम पहाड़ी पर कबाइली राइफलों की गोलियों की आवाज सुन सकते थे, लेकिन हम में से कोई और हताहत नहीं हुआ। बाद में सुबह में कृष ने मुझे बताया कि वह दुश्मन को हमारे समानांतर एक पहाड़ी चोटी पर इकट्ठा होते हुए देख पा रहा था, शायद जवाबी हमले के लिए; लेकिन हमारे ऊपर एक अकेले लड़ाकू विमान की उपस्थिति के कारण (हालांकि यह उस भ्रमित स्थिति में स्ट्राफिंग रन नहीं कर सका) दुश्मन हमसे दूर ही रहा। बाद में दिन में, कर्नल मलूक सिंह अपनी बटालियन (8 जेएके) की दो कंपनियों के साथ आए और दुश्मन को चोटी से हटा दिया।

जब अंधेरा हुआ, तो हमारे स्ट्रेचर को खड़ी ढलान से रिज के नीचे तक ले जाया गया। यह एक दर्दनाक अनुभव था, क्योंकि तब तक मेरा शरीर दर्द से भरा हुआ था और मैं स्ट्रेचर के नीचे वाले सिरे को पकड़े हुए ढोने वाले के कन्धों पर फिसलता जा रहा था। मेरा मनोबल—अंधे होने के कारण, रक्त और दर्द के नुकसान के साथ कमजोर और घंटों के लिए ढलान के नीचे "गलत तरीके से" होने के कारण (या ऐसा लग रहा था)—तब तक शून्य हो गया होगा।

जब हम नीचे पहुंचे और पूछा कि सीओ साहब कहां हैं, एक आवाज सुनकर मुझे इतनी खुशी कभी नहीं हुई, जब मैंने प्रीतम सिंह को हमारी जय-जयकार करते हुए सुना। वे घायलों को वापस पुंछ ले जाने के लिए लगभग पचास कुमाऊं वासियों के साथ आगे आए थे। जब

मैंने महसूस किया कि उनका हाथ मेरा हाथ पकड़ रहा है, चुपचाप सहानुभूति दे रहा है, तो मुझे तुरंत खुशी का एहसास हुआ। ऐसा पल जीवन भर याद रहता है।

पुंछ पहुंचने पर मुझे शीश महल में मेरे कमरे में ले जाया गया, जहां ब्रिगेड सर्जन, मेजर सुले एमसी ने मेरे शरीर से हथगोले के टुकड़े निकालने में आधा घंटा बिताया। उन्होंने मुझे बताया कि बड़े टुकड़ों को निकालने के लिए एनेस्थेटिक के तहत, शायद दिल्ली जाना होगा। तब तक मैं प्रकाश और अंधेरे का पता लगा सकता था: और जब तक मुझे हवाई पट्टी पर डकोटा C47 विमान में चढ़ाया गया, तब तक मैं बहुत आश्वस्त महसूस कर रहा था क्योंकि मेरी दृष्टि वापस आ रही थी। मुझे पहले जम्मू ले जाया गया और शाम को मैंने दिल्ली कैंट के सैन्य अस्पताल के लिए उड़ान भरी।

मेरे घाव जल्दी भर गए और मेरी आंखों की रोशनी पूरी तरह से ठीक हो गई; इसलिए मैं जीएचक्यू (मेजर जनरल पीएन थापर) में एमएस के साथ, आईएमए में मेरी पोस्टिंग होने बारे में बात करने में सक्षम हो पाया था, जिसके लिए उन्होंने पहले ही आदेश जारी कर दिए थे। मैं बटालियन लौट आया—लेकिन लंबे समय लिए नहीं। एक हफ्ते के भीतर मुझे एमएस से सैन्य प्रशिक्षण निदेशालय के साथ पोस्ट करने का संकेत मिला। मैंने यह मान लिया था कि यह शायद आईएमए की पोस्टिंग से एक असंगठित उप-शाखा थी जिसे मैंने दरकिनार कर दिया था और मैंने प्रीतम सिंह को सूचित किया, जिन्होंने मुझे दिल्ली जाने और मसले को सुलझाने के लिए तीन दिन की छुट्टी दी।

दिल्ली में सेना मुख्यालय में जनरल कुलवंत सिंह (सीजीएस) ने मुझे बताया कि मुझे यूएसए में फोर्ट लीवनवर्थ के कमांड एंड स्टाफ स्कूल में एक कोर्स के लिए चुना गया था—और मंत्रालय ने इसे मंजूरी दे दी थी।

मैं इस मौके को छोड़ने वाला नहीं था! अमेरिकियों द्वारा भारतीय सेना को दिए जाने वाले प्रशिक्षण पाठ्यक्रम में यह पहली वेकैन्सी थी और मुझे चुने जाने पर खुशी हुई। हालांकि, मुझे सीजीएस (जिस पर मुझे संदेह है, मेरे चयन में एक प्रमुख भूमिका थी) से बटालियन में वापस जाने और अलविदा कहने की अनुमति प्राप्त हुई। मैं अपने नए "विजयी " गोरखाओं को निराश छोड़ कर नहीं जाना चाहता था।

जम्मू वापस जाने वाली फ्लाइट में मैं जम्मू डिवीजन के आर्टिलरी कमांडर ब्रिगेडियर साठे के बगल में बैठा, जिनसे मैं पहले भी मिल चुका था। मैंने देखा कि साठे ने मेरे साथ पुंछ के मामलों पर चर्चा करते हुए, प्रीतम सिंह के लिए अपमानजनक शब्दों का प्रयोग किया। जब मैंने इस पर लगाम लगाई, तो उन्होंने कहा कि वह और प्रीतम सिंह आईएमए में एक ही पद पर थे, जहां प्रीतम सिंह को उनके असंस्कृत व्यवहार और तौर-तरीकों के कारण "बुरछा" (या ऐसा ही कुछ कम करने वाला शब्द) कहा जाता था; और कहा कि प्रीतम सिंह भाग्यशाली

था कि उसे आईएमए में एक कार्यकाल नहीं दिया गया—या यहां तक कि एक अधिकारी बनने के लिए अयोग्य होने के कारण पूरी तरह से अयोग्य घोषित नहीं कर दिया गया।

मैंने गुस्से में उससे कहा कि कोई भी दूसरा व्यक्ति पुंछ की घेराबंदी के पहले कुछ महीनों के दौरान निराशाजनक स्थिति को संभाल नहीं सकता था। वास्तव में सैंडहर्स्ट और आईएमए के कई वरिष्ठ कर्नलों ने इस पदोन्नति के प्रस्ताव को ठुकरा दिया था। मैंने इस बात पर जोर दिया कि मेरी राय में, राज्य सुरक्षा बलों के उच्च मनोबल वाले सैनिकों और पुंछ शहर में भूखे और असहाय शरणार्थियों को उस जगह की रक्षा के लिए कोई और एक साथ नहीं ला सकता था। प्रीतम सिंह ने उच्च कोटि के नेतृत्व का प्रदर्शन किया था और यहां तक कि अगर उन्हें कभी-कभी निर्मम भी होना पड़ता था, तो भी वे हमेशा न्यायपूर्ण, निर्णायक और व्यक्तिगत रूप से निडर रहे थे। अपने तर्क का समर्थन करने के लिए मैंने सैनिकों में घबराहट को रोकने के लिए एक भगोड़े स्ट्रेचर-बेयरर को गोली मारने का हवाला दिया। साठे ने सब कुछ सुना और फिर चुप हो गए।

मैंने पुंछ से विदाई ली, हमारे और एक या दो जेएके सैनिकों और कुमाऊंनी द्वारा आयोजित निगरानी चौकी का दौरा किया और दिल्ली लौट आया। मैंने और मेरी पत्नी ने अपना फ्लैट खाली किया, अपनी मर्सिडीज 170 स्पोर्ट्स कार, फालतू फर्नीचर और अन्य बाकी बेच दीं। मैंने अपनी पत्नी और बच्ची के लिए हवाई टिकट का आरक्षण किया, जिन्हें कुछ हफ़्ते में मेरे पास अमेरिका आना था। हम बहुत उत्साहित थे।

मेरे जाने से पहले सुब्रतो मुखर्जी (एक दूर का पारिवारिक संबंधी—जल्द ही वायु सेना प्रमुख) और उनकी पत्नी शारदा ने हमें निरूला में विदाई दी। रात के खाने के आधे रास्ते में मेरे बहनोई कृष्ण सिब्बल (मेरी पुरानी रेजिमेंट द बलूचिस से) ने मुझे एमएस ब्रांच में अपने डेस्क से यह कहने के लिए बुलाया कि पश्चिमी सेना कमांडर, जनरल करियप्पा मुझे जल्द मिलना चाहते थे। मुझे उसी समय बार में किंग जॉर्ज एवेन्यू पर उनके घर जाना था।

मुझे पहले यह लगा कि जनरल शायद मेरे चयन पर मुझे बधाई देना चाहते थे। मैंने अपने मेजबान और साथी मेहमानों को विदाई दी और किंग जॉर्ज एवेन्यू की ओर चल दिया।

जनरल ने मुझे एक ड्रिंक की पेशकश की और मुझे अपने सामने सोफे पर बैठाया। जनरल ने अपने लिए व्हिस्की डालते हुए कहा:

"पालित, मुझे पता चला है कि आपने अपने ब्रिगेड कमांडर पर हत्या का आरोप लगाया है!"

व्हिस्की का गिलास मेरे हाथ से लगभग गिर गया। मुझे यह एहसास होने में, कि करियप्पा क्या कह रहे थे, कुछ पल लग गए। छह सप्ताह की अनुपस्थिति के बाद पुंछ की अपनी यात्रा के दौरान, मुझे वहां फैली खबरों से यह पता चला कि जम्मू के जीओसी, आत्मा सिंह, कुलवंत के कट्टर दुश्मन थे और यह भी कि वह उनके "संरक्षक" प्रीतम सिंह के माध्यम से कुलवंत

तक पहुंचने की कोशिश कर रहे थे और इसमें उनके सहयोगी सेना कमांडर करियप्पा थे, जिनकी सेना में कुलवंत सिंह (आपसी परस्पर विरोधी) से दुश्मनी प्रसिद्ध थी।

करियप्पा ने समझाया कि उनके पास मेरे जीओसी, आत्मा सिंह से एक रिपोर्ट आई थी, कि मैंने उनके आर्टिलरी कमांडर, साठे को एक घटना के बारे में बताया था कि प्रीतम सिंह ने एक आदमी को गोली मार दी थी—और घटना की सूचना नहीं दी थी। क्या यह सच था? यदि हां, तो मेरा बयान हत्या की रिपोर्ट के समान है।

जब मैं सदमे से उबरा, तो मैंने जनरल को परिस्थितियों के बारे में बताया: कि मैंने अपने ब्रिगेडियर के समर्थन में उस उदाहरण का हवाला दिया था जब साठे ने उनके बारे में अपमानजनक शब्दों का प्रयोग करते हुए बात की थी। मुझे यकीन था कि करियप्पा जैसा निष्पक्ष और सदाचारी व्यक्ति एक प्रतिष्ठित व्यक्ति की भावना की सराहना करेगा।

मैं करियप्पा से कई साल पहले युद्ध के दौरान पहली बार मिला था, जब मैं टैक्टिकल स्कूल, डेक्कन कॉलेज, पूना में क्लास "सी" (कप्तान) इंस्ट्रक्टर था। उन्हें अभी-अभी एक इन्फैंट्री बटालियन के कमांडिंग ऑफिसर के रूप में नियुक्त किया गया था। वे इस प्रकार पदोन्नत होने वाले पहले भारतीय अधिकारी थे (1942, मुझे लगता है)। उन्हें बटालियन कमांड के विभिन्न सामरिक और संगठनात्मक पहलुओं पर निर्देश देने के लिए टैक्टिकल स्कूल में कुछ समय के लिए भेजा गया था—और मुझे उनका संरक्षक और संपर्क अधिकारी नियुक्त किया गया था। मैंने उनके तौर-तरीकों में पाया था कि वे ब्रिटिश लहजे का इस्तेमाल करने की कोशिश कर रहे थे। उनके ब्रिटिश तौर-तरीके कुछ हद तक असंगत थे; लेकिन मैं सभी भारतीय अधिकारियों में सबसे वरिष्ठ अधिकारी के तौर पर उनके लिए बहुत सम्मान महसूस करता था।

1947 में, जब मैं दिल्ली में रॉबर्ट्स रोड पर थिमय्या के घर में (बंटवारे के सांप्रदायिक दंगों के दौरान) रहा था, करियप्पा वहां नियमित रूप से आया करते थे (लंदन में आईडीसी में भाग लेने के लिए जाने से पहले) लेकिन, निश्चित रूप से, उन्होंने और मैंने शायद ही कभी बातचीत की हो क्योंकि वे एक बड़े और अधिक वरिष्ठ अधिकारी थे। फिर भी, अधिकांश भारतीय अधिकारियों की तरह, मैं अच्छी तरह से जानता था कि करियप्पा ने हमेशा ब्रिटिश अधिकारियों के गुणों-निष्पक्षता और न्याय के मॉडल पर खुद को ढालने की कोशिश की।

इसलिए, जब करियप्पा ने प्रीतम सिंह के खिलाफ तीखा हमला करना शुरू किया, तो मुझे काफी हैरानी हुई और यह एहसास हुआ कि वे न्यायपूर्ण और निष्पक्ष तो बिलकुल नहीं थे। जाहिर है, वे मेरे कमांडर को एक आपराधिक घटना में फंसाना चाहते थे।

जब मैंने इसमें शामिल होने से इनकार कर दिया, तो वे सख्त हो गए। जब उससे भी कोई फायदा नहीं हुआ, तो उन्होंने मुझे अगली सुबह नौ बजे अपने कार्यालय में रिपोर्ट करने के लिए कहा।

मैंने उन्हें बताया कि मुझे संयुक्त राज्य अमेरिका में एक कोर्स के लिए दोपहर में एक विमान पकड़ना है। उन्होंने कोई प्रतिक्रिया नहीं दी।

"मैं आपको नौ बजे मिलूंगा", उन्होंने मुझे खारिज करते हुए कहा।

जब मैंने अगली सुबह उनके कार्यालय में फोन किया, तो उनके साथ उनके सहायक न्यायाधीश, एडवोकेट जनरल, कर्नल सेन भी थे। उन्होंने कहा कि वे चाहते हैं कि मैं रिकॉर्ड के लिए अपनी कहानी एजेएजी को सुनाऊं। जब मैंने ऐसा करने से मना किया तो करियप्पा ने मुझे डांटना शुरू कर दिया:

"चिंता की कोई बात नहीं है, पालित। मैं आपको विश्वास दिलाता हूं कि हम आपके बयान का उपयोग नहीं करेंगे। मैं इसे सिर्फ एक रिकॉर्ड के तौर पर चाहता हूं, सबूत के तौर पर नहीं।" मुझे वह आश्वासन स्पष्ट रूप से याद है। अनिच्छा से मैं गलियारे के पार सेन के कार्यालय गया और उन्हें बताया कि मैंने ब्रिगेडियर साठे को क्या कहा था, जिसे उन्होंने अपनी लिखावट में दर्ज किया था। फिर मुझे पैकिंग के लिए घर जाने दिया गया।

दोपहर के समय करियप्पा ने मुझे फिर बुला लिया। जैसे ही मैंने उनके कार्यालय में प्रवेश किया, उन्होंने कहा:

"आपको इस पर हस्ताक्षर करने होंगे, पालित।" उन्होंने मुझे बयान दिखाते हुए कहा।

जब मैंने पूछा क्यों, उन्होंने कहा कि मेरा बयान कोर्ट-मार्शल में सबूत के रूप में प्रयोग करने योग्य था और मुझे इस पर हस्ताक्षर करने चाहिए!

करियप्पा के इस दोहरेपन से मैं भयभीत भी था और क्रोधित भी। मैने बयान देने से पहले उन्हें उनके आश्वासन की याद दिलाई तो उन्होंने इसे दरकिनार कर दिया।

"आपका बयान सबूत के रूप में प्रयोग करने योग्य है, इसलिए मेरे पास यह होना चाहिए। आपने कुछ घंटों में विमान पकड़ना है। दस्तावेज़ पर हस्ताक्षर करें—और आप अभी भी वहां समय पर पहुंच सकते हैं।"

मैंने मना कर दिया; और मैंने यह भी कहा कि मैं अपने ब्रिगेडियर के खिलाफ किसी भी किस्म का मौखिक या लिखित सबूत नहीं दूंगा। इसके बाद सेना कमांडर ने मुझे बयान पर हस्ताक्षर करने का आदेश दिया। मैंने फिर भी मना कर दिया।

"आपको इसके लिए खेद होगा, पालित। मैं अमेरिका में आपका कोर्स रद्द करने जा रहा हूं।" और उसने फोन उठाया, डीएमटी से बात की और वही किया।

करियप्पा के दोहरेपन और बदले वाली प्रतिक्रिया ने हमें एक बड़ा घरेलू झटका दिया। हमने अपनी कीमती मर्सिडीज 170 स्पोर्ट्स सैलून (जिसे मैंने ग्वालियर के गैरेज से रियायती कीमत पर खरीदा था) के साथ-साथ, अपना अधिकांश घरेलू सामान बेच दिया था। हम

ये सब अमेरिका में खरीदने वाले थे। हम केईआर मेस में कठिन परिस्थितियों में रहने के लिए मजबूर हो गए थे (लेकिन सौभाग्य से, हमने सामान दोबारा खरीदने के लिए तत्काल कदम नहीं उठाए)।

अगली सुबह करियप्पा ने मुझे फिर से बुलाया। पहले की तरह, उन्होंने दयालु और सहानुभूति के साथ शुरुआत की और कहा कि मेरे पास अभी भी एक या दो दिन में दूसरा विमान पकड़ने का समय था—अगर मैं अपने बयान पर हस्ताक्षर कर देता। मैंने तब तक उनके प्रति सम्मान खो दिया था और जैसा कि परिस्थितियों में होता है, मेरा क्रोध उस विस्मय और भय से अधिक प्रबल था जो मैंने पहले महसूस किया था। मैंने उनसे दृढ़ता से कहा कि मेरे कमांडरों को नीचा दिखाना मेरा स्वभाव नहीं था और किसी भी कारण से मैं दस्तावेज़ पर अपने हस्ताक्षर नहीं करूंगा। इसके बाद उन्होंने मेरे खिलाफ कानूनी कार्रवाई की धमकी दी। शायद जल्दबाजी में, मैंने उनसे कहा कि मैं उनकी इच्छा के अनुसार काम करने से पहले अपने कमीशन से इस्तीफा दे दूंगा।

"ठीक है," उन्होंने कहा, शायद उनको मुझ पर पूरा विश्वास नहीं हो रहा है। "मुझे अपना त्याग पत्र दो।"

इस आदान-प्रदान में अपना एकमात्र अंक स्कोर करते हुए मैंने उनसे कहा कि चूंकि मैं अपने निर्देशों के लिए डीएमटी के तहत आता हूँ, इसलिए, मैं अपना इस्तीफा सीजीएस में ले जाऊंगा।

मैं घर गया और लगभग आंसुओं में अपना इस्तीफा लिख दिया। मैंने अपनी पत्नी को इस निर्णय के बारे में नहीं बताया; बाद में मेरे पास काफी समय होगा। यह एक हृदयस्पर्शी क्षण था और मैंने भारी मन से अपने बूढ़े पिता के बारे में सोचा। जब मैं उनके बाद सैन्य सेवा में आया था, तब उन्हें अपने बेटे से बहुत उज्ज्वल उम्मीदें थीं। जहां तक मेरे भविष्य का सवाल था, मुझमें अभी तक इसके बारे में सोचने की हिम्मत नहीं थी।

मैं सेना मुख्यालय में सीधे सीजीएस कार्यालय गया। उनके सैन्य सहायक के कार्यालय में केवल एक पल के इंतजार के बाद, मुझे कुलवंत सिंह के कमरे में ले जाया गया।

मैंने कुलवंत को पूरी कहानी सुनाई और कहा कि कोर्ट-मार्शल में सबूत देने के लिए कानूनी कार्रवाई में शामिल होने की बजाय, मैंने अपने कमीशन से इस्तीफा देने और एक नागरिक के रूप में घर जाने का फैसला किया था। कुलवंत सिंह मेरे इस बड़बोलेपन से काफी नाराज़ थे, फिर भी मेरे रवैये पर प्रसन्न थे और करियप्पा की धमकियों का सामना करने के लिए मेरी सराहना की।

"ठीक है, पालित। सबूत देने के लिए मजबूर होने के बारे में चिंता न करो, आपको ऐसा करने की ज़रूरत नहीं है और मैं आपका इस्तीफा फाड़ रहा हूं—आपको किसी भी नाटक में शामिल होने की जरूरत नहीं है।"

मैंने उनसे कहा कि मेरे ऊपर कानूनी रूप से मुकदमा चलाने की करियप्पा की धमकी के कारण और मुझे सबूत देने के लिए मजबूर करने के कारण ही मैंने सेना छोड़ने का फैसला किया था।

"करियप्पा कौन होता है?" कुलवंत सिंह ने अपनी विशिष्ट तेजतर्रारता के साथ पूछा। "मैं आपको अपनी शाखा में पोस्ट करूंगा और देखूंगा कि वह आप तक न पहुंच सके। फिर सब खत्म हो जाने के बाद, मैं तुम्हें कुछ वर्षों के लिए विदेश भेज दूंगा, जहां भी तुम जाना चाहो।"

कुलवंत सिंह ने अपनी बात पूरी तरह से निभाई। उन्होंने मुझे एसडी निदेशालय (जी1 एसडी1, कम नहीं!) में पोस्ट किया। किसी कोर्ट ऑफ इंक्वायरी या कोर्ट मार्शल में सबूत देने के लिए मुझे किसी ने संपर्क नहीं किया। क्या इस तरह के किसी भी कदम को सीजीएस ने अवरुद्ध किया था, मुझे नहीं पता। सीआईएच (आईएमए में मुझसे एक टर्म जूनियर) के "ज़ोरू" ज़ोरावर सिंह को जल्दी से मेरे स्थान पर फोर्ट लीवन-वर्थ कोर्स में भेज दिया गया।

लगभग दस महीने की नौकरी के बाद, कुलवंत सिंह ने किसी को मुझे यह बताने के लिए भेजा कि वह हमारे नए खुले दूतावासों में हमारे कुछ पहले सैन्य सहचरियों की पोस्टिंग की योजना बना रहे थे। मैं अपनी मर्जी से कोई भी जगह चुन सकता था!

मैंने अपनी पत्नी से सलाह ली। हम यूरोप नहीं जाना चाहते थे, जो छह साल के युद्ध की तबाही के बाद अभी तक पटरी पर नहीं आया था। अमेरिका के बारे में पहले से ही बात हो चुकी थी (दिलू चौधरी—मुझे लगता है)। इसलिए हमने युद्ध के वर्षों का ग्लैमर केंद्र चुना—काहिरा, जिसका फायदा यह था कि एमए काहिरा के दायरे में एक बड़ा इलाका—इथियोपिया, लीबिया, सूडान, साइप्रस, ट्रांस-जॉर्डन, सीरिया और लेबानॉन शामिल थे। हम जुलाई 1949 में अपनी नियुक्ति के लिए निकल गए।

एक आखिरी ग्रेस नोट: जीएचक्यू में अपना कार्यालय छोड़ने से कुछ समय पहले, प्रीतम, सिंह, जिनके ऊपर विभिन्न आरोपों पर कोर्ट मार्शल चल रहा था, (लेकिन हत्या सहित नहीं!) एक दोपहर मेरे कार्यालय में आए, मुझसे हाथ मिलाया और कहा कि वे मुझे सिर्फ यह बताने के लिए आए थे कि वे मेरी भारी भूल की पूरी कहानी जानते थे। उन्हें विश्वास था कि मैंने चाहे कितनी ही मूर्खता से बात क्यों न की हो, फिर भी उन्हें एक वरिष्ठ और एक मित्र के प्रति मेरी वफादारी का जरा सा भी संदेह नहीं था।

मैं ऐसे बहुत से लोगों के बारे में नहीं सोच सकता जो प्रीतम सिंह की तरह किसी के दिमाग को इतने प्रभावी ढंग से शांत करने के काबिल थे।

एक गुमनाम नायक के लिए अपील

कमज़ोर कभी माफ नहीं कर सकते। क्षमा ताकतवर की विशेषता है।

—महात्मा गांधी

1896 में फ्रांस में एक ऐसी घटना घटी जिसने देश के जनमत को विभाजित कर दिया और फ्रांसीसी गणराज्य पर इसका दूरगामी प्रभाव पड़ा। यह आरोप लगाया गया था कि एक यहूदी सेना अधिकारी, कैप्टन ड्रेफस को झूठे आरोपों और जाली दस्तावेजों पर एक सैन्य न्यायाधिकरण (ट्रिब्यूनल) द्वारा दोषी ठहराया गया था और दंडित किया गया था। मशहूर लेखिका एमिल जोला भी अपने मशहूर खुले पत्र 'आई अक्यूज' के साथ मैदान में कूद पड़ीं। इस मामले ने फ्रांसीसी राष्ट्र को झकझोर कर रख दिया और जनता के दबाव ने अंततः उन्हें क्षमादान दे दिया गया।

ब्रिटिश भारत में भी, ऐसे मामले हुए हैं, जहां लॉर्ड क्लाइव और वारेन हेस्टिंग्स पर गंभीर गलत कामों और धोखाधड़ी का आरोप लगाया गया था। उनके खिलाफ कई आरोपों के बावजूद, दोनों ने अंततः ब्रिटिश साम्राज्य के लिए अपनी त्रुटिहीन सेवाओं के बल पर एक सम्मानजनक क्षमा हासिल कर ली थी।

अब यह सवाल खड़ा होता है—क्या 1947-48 के कश्मीर युद्ध के सबसे महान सेना नायक के लिए कोई राहत या क्षमा नहीं है? एक आदमी जिसने कोई गलत काम नहीं किया,

लेकिन जिसे जाली दस्तावेजों और झूठे आरोपों के आधार पर उसके ईर्ष्यालु विरोधियों द्वारा फसाया गया था?

ब्रिगेडियर प्रीतम सिंह, एमसी की अविश्वसनीय कहानी को फिर से जीने के बाद, सम्मानित पाठक को आत्मनिरीक्षण करना चाहिए और इस बात पर गंभीरता से विचार करना चाहिए कि भारत के सर्वोच्च कमांडर इस सैनिक-देशभक्त को क्षमा करें और उनका सम्मान बहाल करें।

यह एक अविश्वसनीय बात है कि ब्रिगेडियर प्रीतम सिंह, एमसी को कोर्ट-मार्शल द्वारा सजा सुनाए जाने के सत्तर साल से भी अधिक समय के बाद, बहुत कम लोग उनके खिलाफ वास्तविक आरोपों के बारे में जानते हैं और यह कि इस बहादुर सैनिक को कैसे गलत तरीके से दोषी ठहराया गया था। आमतौर पर कहा जाता है कि '... उसने पुंछ के महाराजा के महल से एक कालीन चुराया था...'। जबकि अज्ञानी लोग अक्सर इस हास्यस्पद आरोप को दोहराते हैं, प्रीतम सिंह ने अपने वीरतापूर्ण कामों से जो सफलताएँ हासिल की हैं, वे सब बहुत आसानी से भुला दी गई हैं। यह बात लगभग पूरी तरह से अस्पष्ट है कि कैसे कश्मीर और पुंछ को हमलावरों से जीता गया और भारत का हिस्सा बनाया गया और कैसे प्रीतम सिंह के महत्वपूर्ण योगदान ने इसे एक वास्तविकता बनाया था!

आज भारत के भूले-बिसरे सैनिक-देशभक्त ब्रिगेडियर प्रीतम सिंह, एमसी, हमारे बीच नहीं हैं। कुछ साल पहले पंजाब के ग्रामीण इलाकों की गुमनामी में उनका निधन हो गया, जिसका अखबारों में कोई भी जिक्र नहीं था। दुख की बात है कि भारत के प्रथम कश्मीर युद्ध के सबसे महान सेना नायक की एक निराश और उपेक्षित व्यक्ति के रूप में मौत हो गई, देश के मीडिया ने उनके बारे में और अपनी मातृभूमि के लिए उनके महान कार्यों के बारे में दो-पंक्तियों में मृत्युलेख भी नहीं लिखा।

भारतीय राष्ट्र को एक सैनिक-देशभक्त के रूप में उनके महान कार्यों को याद करना चाहिए और भारत के राष्ट्रपति को उनके बहादुर कार्यों के लिए क्षमा करने और सम्मानित करने की कृपा करनी चाहिए।

> "...मैंने भारत के प्रति अपना कर्तव्य निभाया है और एक दिन सच्चाई सबके सामने होगी।"
>
> —*ब्रिगेडियर प्रीतम सिंह, एम सी*

शेषसंग्रह 1

ऑपरेशन पुंछिंग

ऑपरेशन पुंछिंग के अंश, शिव कुणाल वर्मा (वायु 2000 ऐरोस्पेस रिव्यू, लेखक की अनुमति से):

...

एयर मार्शल गरेवाल याद करते हैं, "हमने अपने सैनिकों को पुंछ में स्थानांतरित किया था, लेकिन जल्द ही वे पूरी तरह से हमसे कट गए क्योंकि पाकिस्तान ने घाटी को पूरी तरह से चारों ओर से घेर लिया था और हवाई मार्ग ही एकमात्र रास्ता था। कोई हवाई क्षेत्र नहीं था, हालांकि एक छोटा समतल स्थान उपलब्ध था जहां घोड़ों को कसरत कराई जाती थी। एक तरफ सौ-सौ फुट की एक तीखी गहराई के साथ नदी थी, दूसरी तरफ एक झोंपड़ी थी। मैदान की कुल लंबाई लगभग 600 गज थी। वहां किसी भी परिस्थिति में विमान को उतारना बहुत मुश्किल होता लेकिन उस समय हमारे पास एक बेहद काबिल नेता थे... एयर कमोडोर मेहर सिंह। लेकिन उनके बिना, मुझे लगता है कि वायु सेना के लिए यह कार्रवाई असंभव होती।"

ब्रिगेडियर प्रीतम सिंह 'एक सख्त आदमी' थे, और आने वाले दिनों में उल्लेखनीय साहस और दृढ़ संकल्प का प्रदर्शन करने वाले थे। न केवल पुंछ ब्रिगेड के लिए बल्कि 10,000 स्थानीय लोगों और 35,000 शरणार्थियों के लिए साजो-सामान के एक नियमित प्रवाह की सुविधा के लिए, उन्होंने एक तात्कालिक हवाई पट्टी के निर्माण के लिए सैकड़ों शरणार्थियों को संगठित किया।

प्रीतम सिंह और मेहर सिंह सशस्त्र बलों के दृढ़ संकल्प और साहस के प्रतीक थे जिन्होंने पुंछ को बचाने के लिए तालमेल बिठाया था। प्रधान मंत्री नेहरू ने घोषणा की थी कि पुंछ को 'हर कीमत पर' बचाया जाएगा। दक्षिण से आगे बढ़ते हुए भारतीय सैनिकों द्वारा कोटली को पहले ही मुक्त कर दिया गया था, लेकिन उस स्तर पर आगे बढ़ने की कार्रवाई को भी अस्थायी रूप से रोक दिया गया था। पुंछ के आसपास, भारतीय निगरानी चौकियां हर

तरफ से हमलावरों के खतरे से निपटने के लिए अच्छी तरह से तैनात थीं। जम्मू में स्थित आरआईएएफ टेम्पेस्ट फाइटर-बॉम्बर्स और हार्वर्ड्स ने दुश्मन के ठिकानों पर हमला किया। 4 दिसंबर को, टेम्पेस्ट ने दुश्मन के ठिकाने को पुंछ के उत्तर-पूर्व और उत्तर-पश्चिम में 20 मिमी तोप की गोलीबारी की सीमा के अंदर कर दिया और फिर 7 दिसंबर को, पुंछ के तत्काल आसपास के क्षेत्र में दुश्मन के ठिकाने, रॉकेट हमले और हवाई हमले के अधीन थे।

8 दिसंबर को, एक डकोटा ने साजो-सामान को सफलतापूर्वक उतारा और हमले के लिए बदले गए एक विमान ने पुंछ के उत्तर में दुश्मन के ठिकानों पर बमबारी की, जबकि 9 दिसंबर को गोला-बारूद की आपूर्ति उतारी गई। एयर मार्शल गरेवाल याद करते हैं, "रात में हमलावर काफिले स्वतंत्र रूप से इधर-उधर घूमते थे क्योंकि दिन के दौरान अंधाधुंध हमले उन्हें बार-बार परेशान करते थे, जिससे उनका भारी नुकसान होता था। मेहर सिंह के पास एक बहुत अच्छी योजना थी... क्यों न एक डकोटा विमान के कार्गो डिब्बे में बम लोड किया जाए और उसे दरवाजे से बाहर गिरा दिया जाए। हमने ठीक वैसा ही करना शुरू कर दिया, एक मशाल के साथ विमान में लाइव-फ्यूज़िंग करते थे और उसे बाहर फेंक देते थे। बम आधा मील के दायरे में कहीं भी गिर सकता था, लेकिन इससे एक बड़ा धमाका होता था... और जमीन पर मौजूद व्यक्ति को यह भी नहीं पता चलता था कि वह कहां गिरेगा।"

दुश्मनों के मोर्टार फायर के बीच, शरणार्थियों को पुंछ लैंडिंग स्ट्रिप को पूरा करने के लिए छह दिनों का समय लगा, जिसमें लड़ाकू विमान ऊपर से कवर प्रदान करते थे। डेसमंड पुशोंग की लॉग बुक के अनुसार, उन्होंने पहली बार 10 दिसंबर को फ्लाइंग ऑफिसर चौधरी के साथ एक हार्वर्ड में जम्मू से पुंछ की तरफ उड़ान भरी। वे कहते हैं, "मैं एक नज़र डालने गया और इलाके से खुद को परिचित किया। दो दिन बाद, मेहर सिंह भी हार्वर्ड में उतरे और उसके बाद डकोटा लैंडिंग की। जम्मू में उन्होंने हमें बताया कि यह एक मुश्किल काम है लेकिन इसे किया जा सकता है। हम सभी जाने के लिए बहुत उत्सुक थे और मैं पहली बार 12 दिसंबर को वहां पहुंचा।

पुशोंग के चालक दल में डकोटा II (वीपी 903) उड़ाने वाले एफजी ऑफर्स मेनन, रॉय और डब्ल्यू ओ नानू शामिल थे। यह जल्द ही पुंछ सुरक्षा घेरे के लिए एक परिचित विमान बनने वाला था। फिर भी एक अन्य डकोटा पर गोला-बारूद गिराते समय हमला हुआ, लेकिन विमान पुंछ में सुरक्षित रूप से उतरने में कामयाब रहा।

13 दिसंबर को दिन में तीन बार वीपी 903 पुंछ में उतरे। लेकिन भारतीयों के लिए जश्न मनाना जल्दबाज़ी थी। हमलावरों ने फील्ड गन को आगे बढ़ाया और शाम तक मोर्टार और फील्ड आर्टिलरी द्वारा एयरफील्ड को ब्रैकेट में लेकर हमले शुरू किए गए। विंग कमांडर पुशोंग के अनुसार, "वहां पहुंचने के बाद, अब यह नया संकट था।" मैं मेस के बार में था

जब मेहर सिंह अंदर आए और उन्होंने गरेवाल और मुझे एक तरफ बुलाया। उन्होंने हम दोनों से पूछा कि क्या हम इन तोपों के हमले के बीचो-बीच फिर से उड़ान भरने और रात में बिना किसी रोशनी के पुंछ में उतरने के लिए तैयार हैं। मैंने कहा कि हम कोशिश कर सकते हैं। हमारे लिए उनका संक्षिप्त विवरण यह था कि यदि हम रनवे से आगे निकल जाते हैं, तो हमें अपने हवाई जहाज के पहिये को वापस लेना होगा! बहरहाल, गरेवाल ने कहा कि वहां गोलीबारी हो रही होगी और उन्होंने मजाक में कहा कि स्क्वाड्रन में से दो डकोटा कम हो सकते हैं। मेहर सिंह ने हमारी तरफ देखा और कहा कि इतना तो स्वीकार्य है।

3.7" होविट्ज़र चौथी (हजारा) माउंटेन बैटरी (एफएफ) के दाहिने हिस्से पर थे। लोड होने के बाद, दोनों डकोटा ने एक चमकदार चांदनी रात में उड़ान भरी। मेहर सिंह उम्मीद कर रहे थे कि दुश्मन ने अपनी बंदूकें ढंक ली होंगी और सो रहा होगा। एयर मार्शल गरेवाल कहते हैं, "मुझे पहले उतरना था लेकिन हमारे पुशोंग ने कभी कोई ब्रीफिंग नहीं सुनी और उसने मुझे काट दिया और पहले उतरा, इसलिए मुझे पहाड़ियों के पीछे एक होल्डिंग सर्किट लगाना पड़ा और इंतजार करना पड़ा।"

जमीन पर पहला डकोटा मुश्किल से ही रुका था जब एक कुमाऊंनी अधिकारी वहां पहुंच गया। पुशोंग ने उसकी खुकरी को पकड़ लिया और उन्होंने उन रस्सियों को काट दिया जिनसे बंदूकें बंधी थीं, हवाई पट्टी पर सैनिक बंदूकों के साथ इंतज़ार कर रहे थे। कुछ ही मिनटों में, वीपी 903 फिर से हवा में उड़ गया। "कोई हवा नहीं थी और चूंकि हवाई पट्टी एक कच्चा स्थान था, पुशोंग के उड़ान भरने के बाद उस पर धूल उड़ रही थी। मैं बहुत लंबा इंतजार नहीं कर सकता था और मुझे लगता है कि यह अब तक की सबसे बेवकूफी भरी लैंडिंग थी। मैं किनारे पर पहुंचा और इंजनों को बंद कर दिया, लेकिन मैं कुछ भी देख नहीं पा रहा था। मैं बस उम्मीद कर रहा था कि विमान उतर जाएगा। कुछ मिनट बाद, हमने दूसरी बंदूक को खोला और फिर से उड़ान भरी...मैं जमीन से उठा ही रहा था कि दुश्मन की गोलीबारी शुरू हो गई। लेकिन अब घिरे हुए पुंछ रक्षक बलों को अपने होविट्ज़र मिल गए थे।

शेषसंग्रह 2

ब्रिगेडियर जसबीर सिंह और नायब सूबेदार भीम सिंह के बीच बातचीत

जुलाई 2019 में, मैंने 1 कुमाऊं (पैरा) के नायब सूबेदार भीम सिंह नामक 98 वर्षीय बुजुर्ग के साथ बातचीत की, जो अक्टूबर 1947 में श्रीनगर गए थे और ब्रिगेडियर प्रीतम सिंह, एमसी के तहत शालतेंग और पुंछ में लड़े थे। इतनी उम्र के बावजूद, भीम सिंह स्पष्ट थे और साफ-साफ बात कर रहे थे और 1947-48 की अधिकांश घटनाओं को स्पष्ट रूप से याद कर रहे थे। हालांकि, कभी-कभी वह कुछ अस्पष्ट सी बातें करने लगते थे और मुझे उन्हें धीरे से वर्तमान समय में वापस लाना पड़ता था। इस बातचीत ने सत्तर साल पहले भारत की खातिर कश्मीर और पुंछ को बचाने के लिए बहादुर सैनिकों और उनके द्वारा किए गए वीर कार्यों का बहुमूल्य विवरण प्रदान किया:

नायब सूबेदार भीम सिंह

नायक भीम सिंह

[लेखक] आपका नाम क्या है और आपकी व्यक्तिगत जानकारी क्या है?

[भीम सिंह] मैं नंबर जेसी 27828, नायब सूबेदार भीम सिंह हूं। मेरे पिता भगवान सिंह थे और मेरा जन्म 6 मई 1923 को गांव खनिया, तहसील रानीखेत, जिला अल्मोड़ा में हुआ था। मेरी पत्नी लक्ष्मी देवी है और वह अभी भी जीवित है। मेरे दो बेटे और एक बेटी है। मैं दूसरे विश्व युद्ध के दौरान सेना (1 कुमाऊं) में शामिल हुआ और जर्मन और जापानी सेना के खिलाफ मध्य पूर्व और इंडोनेशिया (जावा) दोनों जगह लड़ा। युद्ध के बाद, मेरी बटालियन भारत लौट आई और इसे पैराशूट यूनिट में बदल दिया गया। मुझे लगता है कि अविभाजित भारत में हमने चकलाला में छलांग लगाई और मुझे अपना 'पैराशूट विंग्स' बैज मिला।

21 जुलाई 2019 को लेखक के साथ

[लेखक] आपका कमांडिंग ऑफिसर (सीओ) कौन था?

[भीम सिंह] मुझे उसका नाम याद नहीं है, लेकिन वह एक 'गोरा' था।

[लेखक] क्या यह आपका सीओ था (लेफ्टिनेंट कर्नल जी बी बीयर की तस्वीर दिखाने के बाद)?

[भीम सिंह] हां, हां (मुस्कान के साथ), वह सीओ थे। उनके बाद दिल्ली में लेफ्टिनेंट कर्नल प्रीतम सिंह नामक एक सिख अधिकारी आए थे। वह यूनिट के पहले भारतीय सीओ थे और उन्होंने हमारे साथ कश्मीर के लिए उड़ान भरी थी।

[लेखक] मुझे दिल्ली से कश्मीर की ओर आपकी यात्रा और पुंछ के रास्ते में आपके द्वारा लड़ी गई कार्रवाइयों के बारे में बताएं।

[भीम सिंह] दो कंपनियों और बटालियन मुख्यालय ने सुबह-सुबह विलिंगडन हवाई अड्डे से उड़ान भरी, जबकि अभी भी अंधेरा था। मैं एक नाइक था और 'डी' कंपनी का हिस्सा था और मेरी बांह पर दो धारियां थीं (3 साल से ज्यादा का अनुभव)। अन्य कंपनियों ने बाद में उड़ान भरी। हम लगभग 9 बजे श्रीनगर एयरफील्ड पर उतरे और जल्दी से विमान को खाली कर दिया। हमने अपना साजो-सामान गैर-फौजी बसों और लारियों पर लाद दिया और श्रीनगर चले गए। रास्ते में हमलावरों के साथ मुठभेड़ हुई और यूनिट के कुछ सैनिक हताहत हुए। हालांकि, मेरी गाड़ी पर हमला नहीं हुआ था। बाद में, हम श्रीनगर के पास शालतेंग चले गए और हमलावरों से भिड़ गए। सीओ ने हमें गोली चलाने का आदेश दिया। बख्तरबंद कारों ने भी हमारी बाईं ओर से भारी स्वचालित गोलाबारी की। हमारी भारी गोलीबारी के कारण ज्यादातर हमलावर जोते हुए खेत में मारे गए। हमारे दो विमानों से बम और मशीन-गन की गोलियां चलाई गईं और इससे हमलावरों की अधिकांश बसें और लॉरियां तबाह हो गईं। बचे हुए हमलावर मुख्य सड़क के किनारे भाग गए। हम मैदान में गए और मृत हमलावरों की तलाशी ली। लगभग 600 मृत हमलावर खेत में ढेर पर पड़े थे।

कुछ देर बाद हमारे लिए वाहन आ गए। हम उन पर चढ़े और भागते हुए हमलावरों का पीछा शुरू किया। हमारे वाहनों का नेतृत्व दो बख्तरबंद कारों ने किया था। रास्ते में हम महुरा में भारी गोलीबारी की चपेट में आ गए, जहां हमलावर बिजली स्टेशन को नष्ट करने के लिए रुके थे। हम उतरे और हमलावरों पर हमला किया, जो सड़क से नीचे भाग गए। पावर स्टेशन को बचा लिया गया था। हम फिर भागते हुए दुश्मन का पीछा करने लगे। उरी में हमने मुख्य सड़क को छोड़ दिया और 'बाएं' मुड़ गए। एक छोटी सी सड़क पर कुछ दूर चलने के बाद हम पर भारी गोलीबारी हुई। हमारे सामने वाहन में कई हताहत हुए। कुछ हमलावरों ने लकड़ी के एक बड़े पुल को आग लगाकर नष्ट कर दिया। हमने हमला किया और हमलावर भाग गए। हमने रास्ता बदला और नाले के पार पहुंचे।

हमने आसपास के पेड़ों से शाखाएं काट दीं और हमले में मारे गए सैनिकों के शवों का अंतिम संस्कार किया। फिर, हम आगे बढ़े और पुंछ में प्रवेश किया। हमले के कारण हमें काफी देर हो गई थी। पुंछ में प्रवेश करते हमने देखा की शहर भूतहा लग रहा था क्योंकि लोग बहुत डरे हुए थे। वे अपने घरों में छिपे हुए थे और हमें अपनी खिड़कियों के पीछे से ध्यान से देख रहे थे। पुंछ में राज्य सुरक्षा बलों की दो बटालियन थीं जिनकी सैन्य क्षमता बहुत कम थी। उनके मुस्लिम सैनिक पहले ही भाग गए थे और दोनों बटालियन

पुंछ छोड़ने के लिए तैयार थीं। हमारे सीओ ने उन्हें जाने से रोक दिया और वे हमलावरों से लड़ने के लिए हमारे साथ शामिल हो गए, जिन्होंने शहर के चारों ओर की पहाड़ियों पर डेरा डाला हुआ था।

[लेखक] मुझे पुंछ में अपने अनुभव के बारे में बताएं।

[भीम सिंह] पुंछ में प्रवेश करने के बाद, हमलावरों ने उस रास्ते को बंद कर दिया जिससे हम उरी से आए थे। इस तरह हम अगले एक साल तक पुंछ में घिरे रहे। इस दौरान हमने बार-बार पुंछ का बचाव किया और दुश्मन को खदेड़ दिया। नागरिकों के साथ, हमने शहर के बगल में और बतर नाले के साथ एक हवाई क्षेत्र का निर्माण किया। शहर में हजारों शरणार्थी भी थे, जो हमलावरों की क्रूरता से खुद को बचाने के लिए पड़ोसी क्षेत्रों से इकट्ठे हुए थे। पाकिस्तानी सेना की मदद से हमलावरों ने पुंछ के आसपास की पहाड़ियों पर तोपें चलाईं और हम पर और नवनिर्मित हवाई पट्टी पर भी गोलाबारी शुरू कर दी। जल्द ही, सीओ ने बंदूकें मंगवा लीं और हमने भी हमलावरों को मारना शुरू कर दिया। हमारी इस कार्रवाई से दुश्मन ने तोपखाने की फायरिंग बंद कर दी और उन्होंने अपनी तोपें भी वापस खींच लीं।

पुंछ में हमेशा खाने की बहुत कमी रहती थी। हजारों शरणार्थियों की आबादी ने शहर में राशन की कमी को और अधिक प्रभावित किया था। हमें बहुत कम राशन के साथ गुज़ारा करना पड़ता था, लगभग पूरे एक महीने तक कोई भोजन नहीं था। सीओ हमारे गश्ती दल को पड़ोसी गांवों में छापा मारकर अनाज इकट्ठा करने के लिए भेजते थे। एक बार हमने अनाज के लिए खड़ी फसल को भी काटा था। इस तरह शहर में सभी को भोजन दिया गया।

सीओ महाराजा के महल में रहता था और हम अक्सर महल में एक पहरेदार को बिठाते थे। पुंछ में एक गोरखा यूनिट हमारे साथ आई। बाद में हमारी यूनिट के सीओ बदले और मेजर धरम सिंह ने यूनिट की कमान संभाली। उनको ब्रिगेडियर के पद पर पदोन्नत किया गया था और उन्होंने पुंछ सुरक्षा घेरे का पदभार संभाला। हमारी यूनिट को हवाई मार्ग से पुंछ से बाहर ले जाया गया।

हम जम्मू से आए और एक बहुत कठिन लड़ाई के बाद पीर बदेसर नामक एक बड़े पहाड़ी क्षेत्र पर हमला किया और कब्जा कर लिया। मैं तब सिग्नल हवलदार था। सीओ ने अच्छा काम किया और उन्हें महावीर चक्र (एमवीसी) से सम्मानित किया गया। अन्य पुरस्कार भी मिले थे।

[लेखक] मुझे लेफ्टिनेंट कर्नल (बाद में ब्रिगेडियर) प्रीतम सिंह, एमसी के बारे में बताएं।

[भीम सिंह] सीओ साहब एक नेक इंसान और एक बहादुर सिपाही थे। वे एक अच्छे सीओ थे और उन्होंने बहुत कठिन समय के दौरान यूनिट को अच्छी तरह से संचालित किया।

वे बड़े देशभक्त व्यक्ति भी थे। मैंने सुना है कि वे अक्सर यह सुनिश्चित करने की बात करते थे कि भारत पाकिस्तान द्वारा भेजे गए सभी बलों को हरा दे।

[लेखक] ब्रिगेडियर प्रीतम सिंह के साथ बाद में जो हुआ उसके बारे में आप क्या महसूस करते हैं?

[भीम सिंह] साहब, मैं ज्यादा नहीं जानता क्योंकि हम पुंछ से निकल गए थे। लेकिन मैंने सुना है कि उन पर कोर्ट मार्शल द्वारा मुकदमा चलाया गया और गलत तरीके से दंडित किया गया था। सीधे-साधे और बहादुर आदमी को गलत तरीके से सजा देना बहुत गलत है। जैसा कि आपने कहा है, भले ही वे मर चुके हैं, वे क्षमा के योग्य हैं। मैं प्रार्थना करता हूँ कि मेरे मरने से पहले मेरे सीओ साहब को इंसाफ मिले! राम-राम साहब।

विदाई नायब सूबेदार भीम सिंह

पुंछ में प्रथम की प्रतिमा

लेखकों के बारे में

स्वर्गीय ब्रिगेडियर जसबीर सिंह, एसएम, कुमाऊं रेजिमेंट से भारतीय सेना के अधिकारी के रूप में सेवानिवृत्त हुए। वह पूर्वी पाकिस्तान (1971 के युद्ध) में शत्रु पंक्तियों के पीछे ऑपरेशन के दौरान घायल हुए थे और ऑपरेशन के दौरान दो बार वीरता के लिए सम्मानित किए गए थे। 34 वर्षों तक सेना में सेवा करने के बाद, वे रानीखेत की पहाड़ियों में बस गए और सैन्य विषयों पर लेखन और चित्रकला में अपना समय बिताया। वे सात पुस्तकों के लेखक हैं और कई लेखों के लेखक हैं। उनके पिता, ब्रिगेडियर बलबीर सिंह, एमसी, भी कुमाऊं रेजिमेंट से थे, और उन्होंने द्वितीय विश्व युद्ध के दौरान सिंगापुर में एक जापानी पीओडब्ल्यू शिविर से भाग निकले थे, जैसा कि इस पुस्तक में परब और प्रीतम के साथ उल्लेखित है।

पंकज पी सिंह एक सॉफ्टवेयर इंजीनियर से उद्यमी बने हैं और पिछले छब्बीस वर्षों से 'बुक ट्रेड' में काम कर रहे हैं। वे और उनकी पत्नी मिलकर चंडीगढ़ में स्थित एक प्रकाशन घर और किताबों की दुकान, द ब्राउज़र (The Browser) का संचालन करते हैं। दिसंबर 2022 में डिजिटल स्टार्टअप 99beagles के साथ मिलकर फौजी डेज प्लेटफॉर्म शुरू करने के बाद, जिसका ध्यान सैन्य प्रकाशन पर है, वे faujidays.com को युवा सैन्य प्रेमियों के लिए एक प्रमुख संसाधन बनाने पर भी काम कर रहे हैं। एक उत्साही पाठक के रूप में, किताबों और लेखन की दुनिया में व्यस्त न होने पर, पायथन में प्रोग्रामिंग उनकी रचनात्मकता को बहने देती है। यह उनकी पहली सह-लेखित पुस्तक है।

Fauji Days Military classics

On War
General Carl Von Clausevitz
ISBN: 978-93-92210-13-6

Hira Singh
Talbot Mundy
ISBN: 978-93-92210-09-9

Generals Die in Bed
Charles Yale Harrison
ISBN: 978-93-92210-44-0

Three Soldiers
John Dos Passos
ISBN: 978-93-92210-14-3

War Is a Racket
Smedley D Butler
ISBN: 978-93-92210-15-0

The Red Badge of Courage
Stephen Crane
ISBN: 978-93-92210-16-7

Fauji Days Oral History

More From Fauji Days

Military Pensions Simplified:
Commentary, Case Law & Provisions
Navdeep Singh
ISBN: 978-93-92210-06-8

Gyan Chakra on India's Military Strategy
Edited by Major General Amarjit Singh
ISBN: 978-93-92210-18-1

The Crossover Girl & Other Stories
Ashok Ahlawat
ISBN: 978-93-92210-22-8

Pick of the Army: Guns, Gunners and Mules
The Indian Mountain Artillery, 1851–1985
Lieutenant General NS Brar
ISBN: 978-93-92210-20-4

Drummers Call:
An Anthology of Writings While Following the Drum
Lieutenant General NS Brar
ISBN: 978-93-88150-00-2

Engineering the Victory March:
Bangladesh Liberation War 1971
Brigadier RB Singh
ISBN: 978-93-92210-03-7

The General Called Tsunami: Memoir of a Sapper
Lieutenant General BS Dhaliwal
ISBN: 978-93-92210-05-1

The POW Who Saved Kashmir:
Unsung Saga of Sher Bachha Brig Pritam Singh, MC
Brigadier Jasbir Singh and Pankaj P Singh
ISBN: 978-93-92210-26-6

Dusk over the Mustard Fields
Ranjit Powar
ISBN: 978-93-92210-21-1

Other Titles From The Browser

Ekarat: Stories He Left Behind
ISBN: 978-93-92210-08-2

Mahroks: The Story of the Kambojas, Sikhs and Shaheeds
Jewan Deepak
ISBN: 978-93-5737-645-7

The Nightingale and Other Stories
Maniki Deep
ISBN: 978-81-94954-27-9

In and Out of Step
GS Aujla, IPS (Retd)
ISBN: 978-93-88150-17-0

Techtopia : How Carbon Met Silicon and Humans Entered the AI Black Hole
Kunal Nandwani
ISBN: 978-93-92210-94-5

Wilderness Is Us: Hiking, Thriving and Learning in the Great Outdoors
Vipul Negi
ISBN: 978-93-88150-07-1

Because Time Does Not Heal
Sahar Gharachorlou
ISBN: 978-93-92210-10-5

Twice Born
Sahar Gharachorlou
ISBN: 978-93-88150-12-5

Wall Paintings: The Vanishing Treasure
Ram Partap Verma
ISBN: 978-93-88150-15-6